故宮

博物院藏文物珍品全集

故宮博物院藏文物珍品全集

玉器

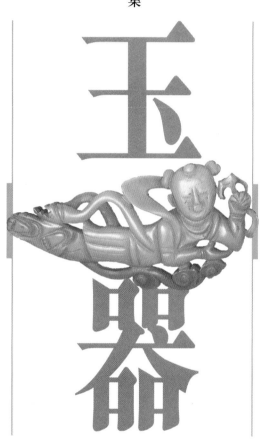

（中）

唐代至明代

主編：周南泉

商務印書館

玉器（中） Jadeware（II）

故宮博物院藏文物珍品全集
The Complete Collection of Treasures of the Palace Museum

主　　編 ···················· 周南泉

副 主 編 ···················· 張廣文　張壽山

編　　委 ···················· 宋海洋　楊　杰　趙桂玲

攝　　影 ···················· 胡　錘

出 版 人 ···················· 陳萬雄

編輯顧問 ···················· 吳　空

責任編輯 ···················· 陳　杰

裝幀設計 ···················· 三易設計有限公司

出　　版 ···················· 商務印書館（香港）有限公司
　　　　　　　　　　　　香港筲箕灣耀興道 3 號東滙廣場 8 樓
　　　　　　　　　　　　http://www.commercialpress.com.hk

發　　行 ···················· 香港聯合書刊物流有限公司
　　　　　　　　　　　　香港新界大埔汀麗路 36 號中華商務印刷大廈 3 字樓

製　　版 ···················· 昌明製作公司
　　　　　　　　　　　　香港北角英皇道 430 號新都城大廈 C 座 536 室

印　　刷 ···················· 中華商務彩色印刷有限公司
　　　　　　　　　　　　香港新界大埔汀麗路 36 號中華商務印刷大廈

版　　次 ···················· 2006 年 2 月第 1 版第 3 次印刷
　　　　　　　　　　　　© 商務印書館（香港）有限公司
　　　　　　　　　　　　ISBN 13 - 978 962 07 5188 2
　　　　　　　　　　　　ISBN 10 - 962 07 5188 4

總序

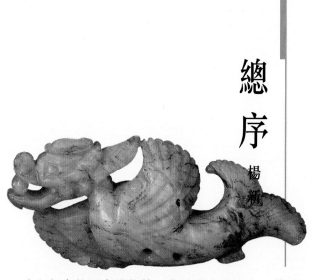

楊新

故宮博物院是在明、清兩代皇宮的基礎上
建立起來的國家博物館，位於北京市中心，佔地72萬平方米，收藏文物近百萬件。

公元1406年，明代永樂皇帝朱棣下詔將北平升為北京，翌年即在元代舊宮的基址上，開始大
規模營造新的宮殿。公元1420年宮殿落成，稱紫禁城。正式遷都北京。公元1644年，清王朝
取代明帝國統治，仍建都北京、居住在紫禁城內。按古老的禮制，紫禁城內分前朝、後寢兩
大部分。前朝包括太和、中和、保和三大殿，輔以文華、武英兩殿。後寢包括乾清、交泰、
坤寧三宮及東、西六宮等，總稱內廷。明、清兩代，從永樂皇帝朱棣至末代皇帝溥儀，共有
24位皇帝及其后妃都居住在這裏。1911年孫中山領導的“辛亥革命”，推翻了清王朝統治，
結束了兩千餘年的封建帝制。1914年，北洋政府將瀋陽故宮和承德避暑山莊的部分文物移
來，在紫禁城內前朝部分成立古物陳列所。1924年，溥儀被逐出內廷，紫禁城後半部分於
1925年建成故宮博物院。

歷代以來，皇帝們都自稱為“天子”。“普天之下，莫非王土；率土之濱，莫非王臣”（《詩
經·小雅·北山》），他們把全國的土地和人民視作自己的財產。因此在宮廷內，不但匯集了
從全國各地進貢來的各種歷史文化藝術精品和奇珍異寶，而且也集中了全國最優秀的藝術家
和匠師，創造新的文化藝術品。中間雖屢經改朝換代，宮廷中的收藏損失無法估計，但是，
由於中國的國土遼闊，歷史悠久，人民富於創造，文物散而復聚，清代繼承明代宮廷遺產，
到乾隆時期，宮廷中收藏之富，超過了以往任何時代。到清代末年，英法聯軍、八國聯軍兩
度侵入北京，橫燒劫掠，文物損失散佚殆不少。溥儀居內廷時，以賞賜、送禮等名義將文物
盜出宮外，手下人亦效其尤，至1923年中正殿大火，清宮文物再次遭到嚴重損失。儘管如
此，清宮的收藏仍然可觀。在故宮博物院籌備建立時，由“辦理清室善後委員會”對其所藏

進行了清點，事竣後整理刊印出《故宮物品點查報告》共六編28冊，計有文物117萬餘件（套）。1947年底，古物陳列所併入故宮博物院，其文物同時亦歸故宮博物院收藏管理。

二次大戰期間，為了保護故宮文物不至遭到日本侵略者的掠奪和戰火的毀滅，故宮博物院從大量的藏品中檢選出器物、書畫、圖書、檔案共計13427箱又64包，分五批運至上海和南京，後又輾轉流散到川、黔各地。抗日戰爭勝利以後，文物復又運回南京。隨着國內政治形勢的變化，在南京的文物又有2972箱於1948年底至1949年被運往台灣，50年代南京文物大部分運返北京，尚有2211箱至今仍存放在故宮博物院於南京建造的庫房中。

中華人民共和國成立以後，故宮博物院的體制有所變化，根據當時上級的有關指令，原宮廷中收藏圖書中的一部分，被調撥到北京圖書館，而檔案文獻，則另成立了"中國第一歷史檔案館"負責收藏保管。

50至60年代，故宮博物院對北京本院的文物重新進行了清理核對，按新的觀念，把過去劃分"器物"和書畫類的才被編入文物的範疇，凡屬於清宮舊藏的，均給予"故"字編號，計有711338件，其中從過去未被登記的"物品"堆中發現1200餘件。作為國家最大博物館，故宮博物院肩負有蒐藏保護流散在社會上珍貴文物的責任。1949年以後，通過收購、調撥、交換和接受捐贈等渠道以豐富館藏。凡屬新入藏的，均給予"新"字編號，截至1994年底，計有222920件。

這近百萬件文物，蘊藏着中華民族文化藝術極其豐富的史料。其遠自原始社會、商、周、秦、漢，經魏、晉、南北朝、隋、唐，歷五代兩宋、元、明，而至於清代和近世。歷朝歷代，均有佳品，從未有間斷。其文物品類，一應俱有，有青銅、玉器、陶瓷、碑刻造像、法書名畫、印璽、漆器、琺瑯、絲織刺繡、竹木牙骨雕刻、金銀器皿、文房珍玩、鐘錶、珠翠首飾、家具以及其他歷史文物等等。每一品種，又自成歷史系列。可以説這是一座巨大的東方文化藝術寶庫，不但集中反映了中華民族數千年文化藝術的歷史發展，凝聚着中國人民巨大的精神力量，同時它也是人類文明進步不可缺少的組成元素。

開發這座寶庫，弘揚民族文化傳統，為社會提供了解和研究這一傳統的可信史料，是故宮博物院的重要任務之一。過去我院曾經通過編輯出版各種圖書、畫冊、刊物，為提供這方面資料作了不少工作，在社會上產生了廣泛的影響，對於推動各科學術的深入研究起到了良好的作用。但是，一種全面而系統地介紹故宮文物以一窺全豹的出版物，由於種種原因，尚未來得及進行。今天，隨着社會的物質生活的提高，和中外文化交流的頻繁往來，無論是中國還是西方，人們越來越多地注意到故宮。學者專家們，無論是專門研究中國的文化歷史，還是從事於東、西方文化的對比研究，也都希望從故宮的藏品中發掘資料，以探索人類文明發展奧秘。因此，我們決定與香港商務印書館共同努力，合作出版一套全面系統地反映故宮文物收藏的大型圖冊。

要想無一遺漏將近百萬件文物全都出版，我想在近數十年內是不可能的。因此我們在考慮到社會需要的同時，不能不採取精選的辦法，百裏挑一，將那些最具典型和代表性的文物集中起來，約有一萬二千餘件，分成六十卷出版，故名《故宮博物院藏文物珍品全集》。這需要八至十年時間才能完成，可以說是一項跨世紀的工程。六十卷的體例，我們採取按文物分類的方法進行編排，但是不囿於這一方法。例如其中一些與宮廷歷史、典章制度及日常生活有直接關係的文物，則採用特定主題的編輯方法。這部分是最具有宮廷特色的文物，以往常被人們所忽視，而在學術研究深入發展的今天，卻愈來愈顯示出其重要歷史價值。另外，對某一類數量較多的文物，例如繪畫和陶瓷，則採用每一卷或幾卷具有相對獨立和完整的編排方法，以便於讀者的需要和選購。

如此浩大的工程，其任務是艱巨的。為此我們動員了全院的文物研究者一道工作。由院內老一輩專家和聘請院外若干著名學者為顧問作指導，使這套大型圖冊的科學性、資料性和觀賞性相結合得盡可能地完善完美。但是，由於我們的力量有限，主要任務由中、青年人承擔，其中的錯誤和不足在所難免，因此當我們剛剛開始進行這一工作時，誠懇地希望得到各方面的批評指正和建設性意見，使以後的各卷，能達到更理想之目的。

感謝香港商務印書館的忠誠合作！感謝所有支持和鼓勵我們進行這一事業的人們！

1995年8月30日於燈下

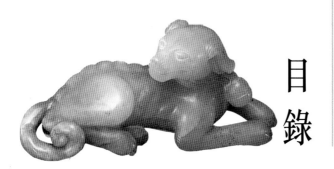

目錄

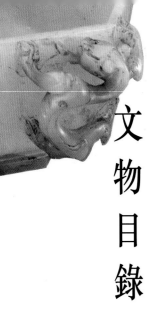

文物目錄

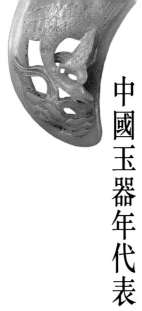

中國玉器年代表

公元 A.D.

隋	587-618
唐	618-906
五代	907-960
遼	907-1125
宋	906-1279
北宋	960-1127
南宋	1127-1279
金	1115-1234
元	1279-1368
明	1368-1644

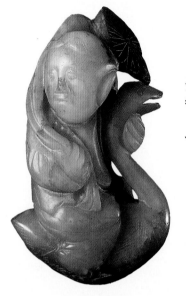

導言

周南泉

中國玉器，自經歷魏晉南北朝大衰落後，至重新統一的隋代，復又恢復了元氣，並進入了新的發展期。隋至明代玉器，雖仍是在舊有基礎上發展的，但從整體看，又可以說是"脫胎換骨"的變化，各方面都步入另一個新天地。

此期玉器選用的玉料，絕大多數仍用新疆崑崙山系玉[1]。這正如明代宋應星在其著《天工開物》中指出的那樣："凡玉入中國（按即新疆崑崙山系玉進入中原地區），貴重用者，盡出於闐（按即和闐）、葱嶺（崑崙山為其主要山脈之一）。"玉器的琢磨工具和原料，仍是金屬器具和解玉沙。又，玉器的一些品種，如玉璧、玉璜、玉圭、玉帶鈎、玉組佩等，亦是早期延續下來的。此外，擁有玉器的，仍是帝王官宦，一般平民百姓是很少能擁有的，時稱"黃金有價玉無價"，正是當時社會價值觀的反映。以上這些都說明此期玉器是在舊有基礎上發展的。

隋至明代玉器"脫胎換骨"的發展則表現在更多方面。如玉器的主要品種、用途、造型、紋飾圖案、製造技術和內容含義等，幾乎都以全新的面貌出現。下面就此期玉器的基本情況分述之。

承前啟後的隋唐五代玉器

公元581年，隋重新統一中國，結束了長期分裂的魏晉南北朝局面。但僅維持了30餘年，618年便由唐王朝取代。因此，隋代玉器很少，以至僅從傳世品看，很難確定其面貌。幸好近年來相繼出土一批隋代玉器，才對其情況略有所知[2]。

隋代玉器中玉珩、玉璜兩種形式，是此前特別是南北朝的基礎上延續下來的，其他玉器多是新出現的。當中具鮮明時代風格的有雙股玉簪⑶，一改以往單股為叉之形，對宋、元玉簪有重要的影響。又如出土的一件鑲金、圓形、矮圈足，口沿包金片的玉杯，雖光素無紋，但極富華貴感，開創了矮足圓體和玉嵌金器的先例⑷，對此後玉杯的發展有重要的影響。此外，如出土的一件圓雕且腹部橫穿一孔的玉兔⑸，形如今日的玉戒指和玉鈕扣等，亦為玉器的新形式和新品種增添了內容。凡此說明，隋代玉器品種和形式，既繼承，亦有發展，在玉器發展史中，起着承前啟後的作用。

唐代玉器是一個時間較長的全新發展期。唐代玉器中，此前已有的種類多已消失或衰落，惟極興旺發達的是佩飾和實用器皿兩大類。值得指出的是，這兩大類玉器中在具體品種和造型紋飾上又出現了新的變化。如唐代佩飾中的頭飾，僅玉簪就有兩種系列，即一式是隋代延續下來的雙股叉；一式是新出現的扁首圓尖單股叉。後者從遺存品看，前端的叉股多用金或銀製成，現已散失，今所見者，皆僅留扁形簪首部分（見圖13）。唐代飾品中的玉梳，亦有二式，一式是梳柄和梳齒由一塊玉料製成；一式是梳柄為玉料製作，而梳齒則是金屬，以防使用時折斷損壞。這兩式梳，皆作扁平的半月形（見圖14至16），但從現存的數量上看，顯然是以整塊玉料製成的佔多。

唐代玉佩中的玉鐲，由以往的寬高薄邊形變為橫斷面的圓形或橢圓形。有的採用隋代玉嵌金杯的技術，嵌綴黃金，極富豪華感。唐代玉佩中一種較突出的新形器，是所謂的飛天形佩。飛天為印度佛教諸神之一，約於東漢時傳入中國，融入中國傳統文化中。今所見時代最早的玉飛天遺物，皆為唐代製作。故宮博物院收藏傳世品較多。玉飛天多為扁平的不規則三角形，鏤雕而正背面完全相同，通常作一仙女或童子形，手中持物（鮮花或珠寶等），身披雲帶，着束腰長裙，赤足，下托祥雲，呈側身飛舞於天際態（見圖17至19）。

唐代佩飾中，數量最多和富有時代特色的，首推嵌綴在玉帶上的玉帶板。據文獻和實物看，玉帶之用早在南北朝和隋代已有。陝西省咸陽市北周王士良墓出土的一套玉帶，為迄今所知最早和最完好的⑹。及至唐代，不僅沿用其制，且非常流行。唐時玉帶是一種"等貴賤"的禮器，一般二品以上文武官員方許佩用。其上嵌綴的帶板從10塊至16塊不等，主要有方形、半月形或半圓形和圓首圭形三式，有的背面對穿隧孔，有的兩面對穿若干個卯孔供結綴革帶（古稱鞓）用。亦有一些在帶板之形的下方琢透一半圓環，是專供結掛日用雜物和信器用的。凡是方形或半月形的玉帶板，古稱銙；圓首圭形者，古稱鉈尾；下側有環者稱蹀躞帶板。玉帶板多於正面琢飾紋圖，其紋有寫實的鹿和獅子紋；神獸中的龍紋；植物中的花草紋和人物中的道士及"胡人"紋等。其中以胡人紋最多和最富特色。所謂胡人，是指居住在中國西北部的突厥、吐蕃等族和阿拉伯民族等。他們在玉帶板上以紋圖形式表現時，為深目高鼻，鬈髮，少數留顝鬚，身着窄袖束腰衣，肩披雲帶，足穿長靴，於地毯上或擊鼓奏樂，或翩翩起舞，或呈雜要狀，或一足跪地，手持奇珍異寶向主人獻寶態（見圖20至27）。唐代玉帶板，不僅是當時儀禮制度和藝術風格的反映，而且是當時中西文化融合的證據，是研究唐代歷史的重要資料。

對於唐代玉帶板，今有兩個問題引起文物界的爭論，其一，是以前有人根據文獻中有西域進獻玉帶之載，把有胡人紋之玉帶歸為西域製作品[7]。據筆者研究和觀察，並從這些胡人紋玉帶之製作法及飾紋風格看，它與非胡人紋玉帶板形式構造等相差甚微；而且在一些胡人紋玉帶板的背面，曾多次見到琢刻漢文"十一、十二"或"一、二"等銘文（見圖24、25）。這些銘文顯然是結綴在玉帶上時的排列次序號，而且是在製作帶板的同時刻上的。凡此說明，文獻雖有胡人紋玉帶是由西域貢入的記載，但真實情況很可能是西域的地方官員向中原地區定製或購買後向帝王進獻的，而其製作地點，顯然是以漢族為主體的中原地區。

唐代玉帶板的另一問題是有關其特殊形狀的出現。玉帶板都正面面積較小而背面面積較大，周邊由正面向底面傾斜呈坡狀（見圖26、27）。這與後世玉帶板兩面面積大小相等、四邊垂直的情況形成鮮明的對比（見圖77、140、168）。筆者認為，導致這種特殊形狀的原因是它們結綴於玉帶時，排列間距十分接近。不使用時，為防止碰磨損壞，將有帶板的一面向內捲盤，便於收藏。若玉帶四邊垂直，玉帶只能平放而不可能捲曲成盤。唐代玉帶板在玉帶上結綴緊密相近的情況，從當時的繪畫、壁畫和雕塑中，亦可以得到證實。

唐代玉器中的人物圖形，除上述的飛天、胡人形象外，尚見官員像、胡人騎象雜要像，戲獅胡人像、道士像和寬衣博袖、不重儀表的文人士大夫像等（見圖17至31）。這些圖形多以現實人物為題材，生動逼真，與早期玉器中的人物圖像多以神仙鬼怪為主的情況截然不同，對其後同類體材玉器的發展有一定影響。

在唐代以神異和寫實為本摹作的像生器及紋圖中，除傳統中的龍、鳳外，尚有一批自西周以後漸漸消失的像生物，如玉羊、玉鹿、玉獅、玉象、玉狗、玉豬、玉馬、玉孔雀、玉雁、玉鴛鴦、玉鸚鵡、玉鶴、玉鴨、玉魚等。值得指出的是，以往出現的像生物，或是出於人們的喜愛，或是因為它們與人們日常生活關係密切。而此時出現的，大多以其特性與人們推崇嚮往的社會倫理道德有關。如龍鳳已具有帝王后妃的含義；鴛鴦有夫妻和愛情的含義；又如鶴表長壽，雁表長幼有序和羣體團結等。這為宋代開始的“圖必有意，意必吉祥”的先兆。

唐代玉製器皿，有杯、盤、盒等，幾乎全是生活中的實用品。而其形式已突破以往長高形、橢圓形、鳥或獸角形等而演變為仿自然界中的花木禽鳥、瓜果及雲月形（見圖33至37）。唐代玉器的飾紋線條，常在淺浮雕（又稱隱起）的地子上再施砣短而密、成平行或放射狀的陰線，所飾禽鳥紋往往成雙成對，有的口銜花草、有的相對而立，或展翅而飛或行走狀；所飾雲紋一脫以往流暢連接成線的形態而變換為雲頭如盛開的花朵狀，其形一端有尖尾，而另一端呈花形；所飾龍紋，上唇長且尖，身粗足長如獸，尾與後一足相交纏。唐代玉器上飾紋最明顯的變化，是首次以寫實的形式表現花草樹木和瓜果等植物紋。

五代玉器以江蘇省南京市南唐二陵[8]和四川省成都市前蜀王建墓[9]出土的玉器最重要，所見出土品中有玉飛天紋嵌飾、玉謚冊和哀冊、玉珩佩和玉龍紋大帶等[10]。玉冊為首見；玉珩為鐽形，幾與唐代物相同；而王建墓出土的玉龍帶，共八塊帶板，其形其紋皆為今日古玉研究和斷代提供了重要的依據。

由大變改至成熟期的宋遼金元玉器 宋（北宋和南宋）、遼、金、元各朝玉器，總的來說，是對隋唐五代的繼承和發展，但在某些方面又取得了前所未有的新成就。

此期的玉器製作最突出的變化是圓雕、鏤雕和浮雕的增多，而用隱起法和單陰線飾紋圖的大大減少。其中最引人注目的是多層鏤雕和立體鏤雕的出現。它們是從具有數千年歷史的單層鏤雕的基礎上創造出來的。

所謂多層鏤雕，是指玉器上採用雙層乃至三層鏤空紋圖，如一件有山水人物和植物的複合式紋圖，最下一層鏤雕遠山或流雲，中層則鏤雕出山石、流水和樹幹等，而最上一層是樹木的枝葉和人物等。用此法琢製的玉器，頗有圖畫的藝術效果，能產生層次有序，遠近分明的立體視覺感（見圖46至52）。

所謂立體鏤雕，是指從周身各方面皆可觀賞的鏤空圓雕通景器。它比其他鏤空器物在製作上更繁複，更困難，表現了這個時期琢玉技術的重大進步。此類玉器，因去掉了鏤空處的餘料，從而減輕了器物本身的重量，製成輕巧、透過鏤孔放出香味之器，如帽頂或爐頂、香料

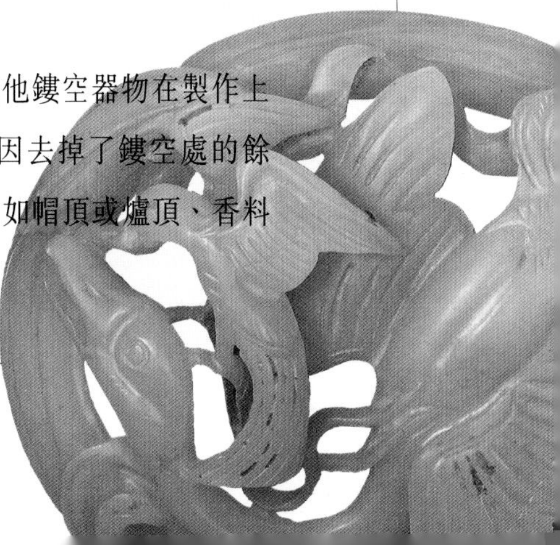

盒等，有一舉兩得之妙（見圖97至100）。

此期玉器製作的另一特點是在器具上有意保留玉璞的皮色（見圖46）。這種做法雖在漢代已
開始出現，但其後曾一度消失。其實，玉璞原有的皮浸沁色，應是玉料的缺陷，通常稱為瑕
斑。長期埋藏的出土玉器也會出現近似瑕斑的玉色。估計這個時期開始流行仿古玉器，古玉
鑒賞者和收藏者以皮浸沁色的有無、多寡作為評價玉器的標準之一。可能就是出於古玉愛好
者和鑒賞者的倡導，琢玉工匠保留了玉璞的皮浸沁色。

此期玉器亦延用唐代興盛的短平行或放射式陰線飾紋圖法，一般用它作動物的羽翅和毛髮。
其線條的間隔較唐時長且寬。又此期玉器的邊緣及主體動物的羽翅上，還經常看到一種鋸齒
牙式脊齒。此種齒牙飾，早在商周玉器已出現，漢魏已消失。但早期的齒脊飾，一般齒形不
規則且較寬疏，與此期的細密且有規律不同（見圖46至52）。

兩宋遼金元玉器的品種多與唐代相似，仍以佩飾和實用器具兩大類為主，但具體的器物較之
隋唐五代又有發展變化和創新，而且數量極多。

佩飾中的頭飾和頭上用具方面，以前已有的雙股玉簪仍然保留，惟唐代極盛行的玉梳已很少
見。玉簪之頭端，以前所見的扁平且薄之飾已消失，但偶有發現一端為鳥獸頭，下端為身或
尾成錐形的簪（見圖96），它與唐代玉簪中多為簪頭和釵插分別以不同質料製作的特點有所
區別。此時頭飾中出現帽前嵌綴用的“綦”，帶飾中出現作帶頭結綴用的飾物。其形正面略
弧凸，背面為平而略弧凹的橢圓或圓形，周邊或兩側有隧孔以供與帽或革帶上結繫（見圖45
至48）。

此期的帶飾，除唐代盛行的玉帶外，又復出現早期已有的玉帶鉤，還新出現了玉鉤扣環、玉
環及可能作帶飾的其他的玉器。玉帶上的帶板，其品種和形式基本上與前期相同，只在局部
結構有變化。帶板四邊垂直且正背兩面大小完全相等。帶板與革鞓結綴時的穿孔和構造，極
少用卯釘插嵌於革鞓上，而以背面有三至四個隧孔以供綴用的一式為主。還有一種新出現的
是在帶板兩側邊各有一扁長形隧孔，以供革鞓直接插入孔內將帶板掛住（見圖73、74）。至
於玉帶板的構造，以前只是偶有所見的“蹀躞帶”（即帶板下部有一環供掛生活用品的一類
玉帶），至此期則較多，尤以少數民族地區更流行（見圖73、74）。

玉帶鈎在隋唐五代極罕見，及至此期，特別是元代，復又大量出現。其形體形式雖與以前各代相似，但其上的鈎首、鈎鈕和鈎腹上飾紋略有變化（見圖144），此外，新出現一種鈎環與玉帶配套的帶鈎，形式很特別。這種有環帶鈎，以玉鈎鈕嵌於革帶的一端，而壤扣結於单帶的另一端，將鈎首穿入環後即可束腰（見圖145）。 玉緱環主要出現在元代，它由一塊玉料琢出三件環扣套連的玉飾組成。兩端的玉飾形狀相同，委角方形或橢圓形，正面略弧凸，背面內凹，靠內側的鏤孔與中央玉飾相連接。此類器與革帶結綴的結構有多種，如有的於兩側各一節的中央穿一圓孔以供與革帶結在腰帶上用；有的於外兩側邊一節各有一隱孔供掛帶鈎用；也有於兩側邊再穿一環供繫結腰帶用。玉緱環除一部分為光素無紋外，大多有浮雕或多層鏤空雕紋飾，有的飾螭或龍，有的飾花鳥紋[11]。

隨着民間用玉漸多，這個時期的玉佩飾走上了世俗化的道路，大量出現各類以動物、人物、花鳥和龍、鳳、螭為題材的品種。當中或單體單形，或多種內容組合為器。在後一種中，常見的有"連生貴子"佩、"連年有餘"佩、飛天佩、魚龍變化佩等。

"連生貴子"佩形作一肥頭大腦、腦門上有方形撮髮，短腰叉足，身着開胸短褂和肥腿長褲，手執蓮花舉於肩，呈天真活潑的童子像（見圖81至83）。 這類玉佩，始於宋並延續至明清，其題材含義似源於當時流行的"顰摩竭樂"或"鹿母蓮花生子"故事。

"連年有餘"佩亦始於宋，多圓雕或鏤雕而成，形作口銜折枝蓮花在水中游動的魚形（見圖116）。 惟此期所飾的魚多為草魚和鱖魚，身飾網狀鱗，圓圈目。

玉飛天佩在唐已開始出現。此類器皆鏤空而成，形作一美女或童子像，下托祥雲，作於空中側身赤足浮游狀（見圖88）。 值得注意的是，玉飛天不僅有大量的傳世品，且先後於宋墓、遼墓和金墓出土一批。一般早期多呈美女像，晚期多呈童子像，與當時的壁畫相同。

玉魚龍變化形佩，多見於宋、元。但以其他質料製作的藝術品或圖紋則出現較早，所見有唐代物。此類玉佩形作一龍首魚身，腹有展開的雙翅（見圖60）。 玉魚龍變化佩在明清亦有所見，但其含義似從早期有神異色彩轉變為具有"鯉躍龍門"之意。

此期玉嵌飾頗多，較多見的是玉帽頂飾或爐頂兩種。此種玉器皆主體鏤雕，多呈圓柱形，其上飾紋亦不固定，鳥獸魚蟲、花草樹木均可為飾。器上部弧凸，底內凹並有隱孔以與他物結繫（見圖97至100），此類器始於宋晚期，興盛於元明，一般較小者作帽頂，較大而重者作爐頂或他物的嵌飾。

此期出現的陳設用品，有的似兼作文房用具，如鎮紙、筆架等，但大多數以寫實或神奇動植物為本摹作，具體形象有龍、鳳、鹿、羊、神獸等。其中尤以鹿、羊和神獸形為最多，而龍、鳳形較少（見圖53、54、57、58）。

值得指出的是，此期除了上述常見的品種以外，尚有一些雖具有時代特點，但較少見的品種。如以人物為題材的玉飾，僅本卷所錄者就有蕃人、持葉童子、騎葉童子、持盒童子、捉鳥童子、戲鵝童子、習武童子等（見圖79至88）。其他如長條形墜，鳥形墜（見圖38、39）和山水人物與山形飾等（見圖68、94）。

此期的實用器具類，無論數量和品種，都較前期多。以用途分，計有玉盒、玉碗、玉盤、玉器柄、玉杯、玉洗等，其中又以玉杯最具特色。如本卷所錄的玉杯，其形有圓、橢圓、多角、花式、動物等形。其中圓和橢圓、花式杯，以前已有，而多角、動物形杯則是此期新創（見圖102至105）。此期玉杯的另一特點是大多有耳（即柄），除前期已有的單耳杯外，新出現了雙耳對稱式杯和單耳活環套鏈式杯等。其耳形有龍耳、螭耳、扁三角形耳、枝葉式耳、動物首頸合成耳和人形耳等（見圖106至110），具有鮮明獨特的時代風格。

此期玉製器皿大都有飾紋，常見的有龍、鳳、螭、火珠、人物、鹿、雲、花草、鴛鴦等。值得注意的是，這個時期玉杯飾紋多用浮雕和剔地陽紋，部分更在幾何形錦地上再施其他紋飾和於器皿內腹和器底飾紋，以此來擴大裝飾面和增加紋圖的真實與層次感（見圖110、114）。

兩宋遼金元玉器上的紋圖極為豐富多姿，自然界常見的和傳說中的神靈，幾乎都有。其中有自然界中的日、月、雲、水、山、石等；植物和果實中的松、竹、梅、梧桐、水草、蘆葦、牡丹、荷葉、蓮花、桃、石榴、荔枝、靈芝等；動物中的虎、獅、鹿、羊、狗、兔、鴨、鵝、鸚鵡、鸂鶒、鴛鴦、孔雀、天鵝、雁、海東青、鷹、喜鵲、鶴、龜、魚、蝴蝶、蛙等；神靈動物中的龍、螭、鳳、辟邪、四不像、神獸等；人神仙佛中的有蕃人、官吏、仕女、童子、老婦、長者、道士、仙女、飛天、樂士、耍獅人、牧馬人、侍女、士大夫等；建築和器皿中的橋梁、房舍、碗、杯、盤、香爐、燈籠、手杖、如意、桌、椅、笙、排簫、笛、琵琶等；幾何形裝飾圖案中的回紋、雲紋、牆格紋、網格紋、竹節式紋、連珠紋、渦紋、繩索紋、變形山紋、水波紋等。這些飾紋，有的在一器上單個形成紋圖，或數種組合為一組數紋圖，有的則多至十餘種複合於一器上組圖。

玉器圖紋中的人物題材，構圖繁簡，主紋輔飾皆有現實生活的依據。非人物題材雖山林水泉、花草蟲魚、飛禽走獸、樣樣俱全，但在濃郁的生活氣息背後大多有特定的意義蘊含其中，反映當時人們的生活觀念和倫理道德。匠師常常引申題材的本質特徵，或利用諧音取意等手法來達到“圖必有意，意必吉祥”的目的。如據松、鶴、龜之長青和長壽之特性以寓意壽或成仙；以“鹿”諧音為高官厚祿的“祿”；以水和石的永恆和博大，寓意壽山福海；以“魚”與“餘”，“蓮”與“連”同音便用魚銜蓮花來寓意“連年有餘”，“連生貴子”；以圖案中出現鶴、鹿和梧桐樹，便諧音為“鶴鹿同春”，意即永享高壽和高官；以小小的海東青鳥能啄殺大其數倍的大雁或天鵝，寓意以小勝大的民族氣節和英雄氣質；以生活中有不同特性的鳳、鴛鴦等五種鳥寓“五倫”（又名“五常”），即君臣、父子、夫妻、朋友、兄弟之間的上下次序等等。這種以取意的手法，古已有之，但在唐代以前並不明確，唐代有的已開始明確，但不像此期那樣普遍，幾乎達到了“無孔不入”和“見縫插針”的地步。

值得注意的是，從過去沿襲的各種紋飾圖案，或多或少有了新的變化。龍紋至此期已由漢唐的獸形變化為長粗的蛇形身，梳形鳳目，多而且濃的長髮後飄，身披火焰狀飄帶等（見圖61至71）。又如螭紋，早在戰國至漢代已極盛行，及至魏唐和宋則很少見，自元代始又大量出現，其特點是頭大嘴短，腦後有長髮，背脊兩側有竹節式骨脊紋，腿關節有毛並飾渦紋等（見圖132）。 此期的鳳更加美麗和富有神采，尾分三或五叉且上翹，每叉尾上有鋸齒狀飾，形似飄動狀，梳形鳳眼，頭有高冠和下唇有髮，形如公雞。其他如雲雷紋（又名回紋）早期只在良渚文化中見過，但早期回環的轉角是較圓弧的，而此期則表現為直角式回轉，且回環的圈數也較簡潔，各組並不單獨為飾而是作連續的延長相接等。

因建立政權時間上有交叉，加之文化交流和武裝掠奪等因素，兩宋、遼、金、元玉器（包括墓葬中的出土物）的風格特點相似，一般不易區別。但細加審鑒，因民族和民俗的不同而有一些差別：一、在數量上，兩宋居首，金元次之，遼代最少；二、在製作水平上，兩宋和金最精，遼元較次，選用玉料亦較雜；三、在題材上，兩宋着重傳統題材中的龍、鳳和吉祥含義較濃者，而遼、金、元則喜用神異怪獸、飛天和凶猛珍奇的虎、海東青及反映捕獵情趣的鹿和山林景物等。

全面繼承與發展期的明代玉器

經過四百餘年不同民族政權統治的更替，中國歷史進入了由漢族建立政權的明代。明代玉器展現出新的格局，除少數作品仍沿續宋、遼、金、元典範之外，大多數則或恢復發展宋元以前的傳統，或變化創新。

此期對玉材的選擇更加嚴格，統治者所用玉器約98%以和闐玉製作，僅少數仿古玉選用能偽造古色的雜料玉製作；大部分玉器仍由帝王階層擁有，但明中期以後，民間也或明或暗地擁有了一些，甚至按照自己的需要製作玉器。這種情況除多集中發生在京城，還出現在蘇杭等地。

唐代盛行的隱起法製作技術又再流行，宋元時最盛行的立體鏤雕和多層鏤雕相對減少。在唐代，此法多用於扁平玉器，琢出的紋圖凸起較高；而在明代，則多施於圓雕物和器皿上，紋圖凸起極低，撫摸時往往感覺不出是淺浮雕。本卷所錄玉器上飾紋，凡非圓雕者，絕大多數是用上述方法琢製（見圖158、186）。

此期琢玉的另一大特色，是凡光素無紋和浮凸與鏤雕葉枝樹幹處琢磨平滑，拋光瑩潤，外表多有玻璃質的光澤感；而在淺浮雕處之外的內凹空地上，往往留有原用實心鑽取地子時的未磨平痕跡，即俗所謂的"麻地"。此外，在一些要表示圓凸目和穀紋等的地方，其周亦留下圓形管鑽環磨時的痕跡。說明工匠在琢磨紋圖時，為減少工時而在一些地方是省去進一步的琢磨和拋光工序；在一些明顯和浮凸及易於琢磨的地方，則用細且周微之工藝法琢磨飾紋；在表面拋光時，是用極細且具韌性之物琢磨，從而才有上述效果。上述琢玉的粗細、精簡和用料的不同，為今天識別此期玉器及其斷代提供了重要的科學依據和方法。

此期鏤雕玉器，除立體鏤雕器外，其他無論單或多層鏤雕器，一般只正面表示紋圖，而另一面則僅留鏤空痕，不再施琢細紋；或如漢時和其前玉器那樣，大多數琢飾兩面相同的紋圖。若非鏤雕或作嵌飾的扁平玉器，若兩面都有紋圖，大多是兩面飾紋不同。如本卷所錄的玉璧、玉圭等，其兩面形式和飾紋是不同的，其中玉璧是一面飾螭紋，一面飾臥蠶紋（見圖156）。

明代玉器一般較單薄，尤其是那些器皿類玉器更為明顯，有的僅0.1至0.2厘米厚度（見圖186）。這與此前及此後的清代玉器有明顯的差別。又此期玉器的陰線飾紋線條，一般琢砣得較粗些，尤突出地表現在圓雕玉器的飾紋，而且用在一條線條上有粗細不等和深淺不同斜坡感，從而達到更完美的藝術效果（見圖206、207）。

唐至元曾一度中斷或很罕見的禮器，在明代雖沒有全部恢復，但見者也有玉璧和玉圭兩種。玉璧中主要的一式是一面浮雕兩條或兩條以上的螭紋，另面是飾如戰國至兩漢時流行的穀紋或臥蠶紋。一般器物較小，最大直徑不足20厘米，而厚度相對的厚些，見者有達1厘米者（見圖156）。明代玉圭，形與兩漢同，但多有飾紋，且有的是一面較平，而另一面中央從尖首至底中有一凸脊，所飾紋有日、月、星、海水、山石、弦紋和穀紋等；器均較長寬。這與漢代玉圭較短窄，面無飾紋，兩面皆平等情況，形成鮮明的對比。本卷收錄的一件即為其中的代表作（見圖155）。

明代玉器中的佩飾，多是從宋元時延續下來的，但在數量上略有變化，仿古佩飾又在統治者提倡“法先王”的復古思想下出現。如宋元時流行的玉海東青啄雁飾，此期數量極少，本卷中所錄一件，形作半月，背面有“大明宣德年造”六字款的鏤雕器是十分罕見之一例（見圖208）。 其他如爐頂，一面弧凸、底面內凹且有一橢形環的帶飾，連年有餘和連生貴子佩等都相對減少，製作也不如前期精美。反而是帶飾中的玉帶板和帶鉤數量大增。明代早期的玉帶板作品有的仍保留宋元的遺風，塊數不定，亦見有“蹀躞”帶板。明宣德年始，帶板的數目已有確定，就是一套（條）玉帶上附有的玉帶板共20塊，分前後兩節結綴。前一節帶的正中為一塊長方形，其兩側順序延續分別是長扁條形1塊，桃形3塊，長扁條形1塊和呈圓首圭形的鉈尾1塊等6塊，兩側加中央1塊，合計13塊。背腰一節的嵌玉共7塊，皆呈扁長方形，等距分佈（見圖172、173）。玉帶板上的飾紋極為豐富，有龍紋、螭紋、飛龍紋、嬰戲紋、松竹梅紋、鹿紋、凌霄花紋、獅子紋、瓜果紋等。明代玉帶鉤，多為龍首螭紋帶鉤，一般長而粗，有達10厘米以上者，皆用上好玉料製作。此期的復古玉佩中以仿春秋、戰國和魏晉南北朝常見的成組玉佩為主，惟其形式有別，上結綴玉器的數量亦較多，一般都在數十件。其結串方式為上有一玉珩，下有三至五串由小玉件但無珠管組成的佩，長至五、六十厘米，別有一種風采（見圖164）。 其他復古玉飾如漢代盛行的玉翁仲、玉剛卯與嚴卯、玉劍首、玉劍璏與玉璲和玉珌等也偶有所見。玉翁仲由早期無鬍鬚變為一長髯老人像，且較長粗；玉雙卯有八角形者，上書刻楷和篆體銘文，玉韘形雖如前，但飾紋極繁；而玉劍首等玉具劍飾物則均製作粗糙，用料不精，且多有偽作的浸蝕顏色，有形似而飾紋不精巧之感。

明代以動物和人物形為主體的佩飾中，凡寫實性動物，與前期大多相似，新增加的有玉蟹、玉蟾蜍和玉蝙蝠等。惟玉龜一種則因有辱人之意而消失。玉人神仙佛類中，除上述在唐宋消失後復又出現的玉翁仲和宋元時已有者外，新增加的有壽星、觀音、彌勒、羅漢、太白醉酒、八仙等。其中壽星最多，形作光頭長髯，手持龍手杖（見圖214）。其次是太白醉酒像，作閉目醉漢狀（見圖213）。其他各形人神則較少（見圖212、215）。此期的神異性動物，除傳統的龍、鳳、螭之外，新增加的還有麒麟，自唐以後中斷的辟邪復又以新的面貌出現。麒麟有髯和角，蹄足，身有鱗，似綜合魚、龍、羊、獅等動物之某一特徵而作。

明代玉製器具是此期重要物種，主要的有實用和陳設用兩種。實用的除有此前已見的杯、碗、盤、勺、樽、盒、爐、卣、硯滴、洗、硯等；新出現的有執壺、壺、瓶、筆、筷、笄等。非實用的器物主要有磬、插屏、山子、鼎、如意、花插、匜等（見圖174至207）。

實用玉器皿中，數量最多、形式變化最大的是玉杯。其形式有雙耳杯、鏤雕花式杯、合巹杯、竹節形杯、英雄杯、爵式杯等。每一類的數量都相當多，而且造型變化多端，幾乎沒有一件是相同的。以往較少見的雙耳杯，至此時其體多呈圓形，其雙耳均鏤雕而成，呈對稱狀，形式有龍耳、螭耳、鳳耳、橋耳、雲耳、花耳、人耳，如意式耳等。

雖然文獻記述在宋代已開始製作仿古式器具，但今所見的最早者為數量極少的元代物。及至明代，仿古式器具的數量和品種才明顯地增多。這裏選錄的數件即為典型的精品，從中可了解明代古玉器的風采。

文具類實用具方面，除了玉硯滴及玉硯外，又新出現了玉筆、玉筆架、玉臂擱和玉洗等與筆有關的品種。

明代製作玉器具類的最新成就，便是能製作一批有新用途的器具——可盛酒茶的執壺。其形有扁圓寬腹形、長方委角形、扁圓多角形、蓮花式形、竹節形等。造型多變，飾紋典雅，無疑是明代玉器中精美實用的工藝美術品佳作，可以說是代表了當時琢玉成就的最高水平（見圖205至207）。

明代玉器的飾紋圖案已達到了無所不包的境界，凡此前有的和此後清代有的幾乎都能在明代玉器中見到。出現在仿古器上的飾紋，有戰國至漢代流行的穀紋、雲紋、臥蠶和蒲紋等。而宋元以來和明代新出現的紋圖互相融合，又產生了一批富有時代氣息的新紋圖。其中有天體自然界的日、月、星、辰、雲、水、河、石和山等；以花草樹木為本摹作的有松、竹、梅、梧桐、桃、牡丹、山茶花、蓮荷、菊、凌霄花、靈芝、蘆葦、水草、荔枝、葡萄、芭蕉等；以寫實動物為本摹作的除龜一種外，凡在宋元時已有的，加上新出現的有虎、鹿、獅、猴、牛、羊、狗、獾、鵝、鴨、馬、鶴、喜鵲、青蛙、蟾蜍、螃蟹、鸚鵡、孔雀、鴛鴦、鷺鷥和蝴蝶等；神異動物中有龍、鳳、螭、麒麟、再端、辟邪、天雞等；以人神仙佛為題材的有童子、仙女、老婦、長者、侍童侍女、文人士大夫（如李太白和王羲之）、飛天、觀音、彌勒、壽星、羅漢、八仙、道士、十二生肖等；建築和家具中的樓、台、殿、閣、橋梁、水榭、船、棹、椅、板凳等；器皿和陳設品中的有杯、碗、執壺、盤、洗、香爐、錢幣、琴、棋、書、畫、筆、墨、紙、硯、寶劍、花籃、樂器、繡球、扇、燈籠、如意、磬等；幾何式紋圖中有回紋，牆壁紋、窗格紋、"卍"字紋、圓圈紋、變形雲紋、變形螭紋、網紋、扭絲紋等。

上述紋圖，除了少數以單個形式出現者外，大多以複合和輔助的形式出現。以複合形式出現的，其內容是以同音、諧音和借物組合為有一定寓意和典故的圖案：有連年有餘、連生貴子、八仙過海、八仙獻壽、羲之愛鵝、太白醉酒、會昌九老、竹林七賢、竹溪六逸、劉海戲蟾、蕃人進寶、喜上眉梢、鶴鹿同春、一路連科、一路榮華、一甲一名、八蠻進寶、二龍戲珠、獅子滾繡球、萬壽無疆、萬事如意、馬上平安、馬上封侯、走馬觀花、馬到成功、五福捧壽、五倫圖、麒麟送子、鯉跳龍門、天下無敵、天中辟邪、太師少師、丹鳳朝陽、吉慶有餘、竹報平安、竹梅雙喜、壽山福海、和合二仙、鴛鴦臥蓮、鴛鴦貴子、五子登科、福壽雙全、福祿壽三星等。

這些吉祥紋圖，有的形式上比以前有了新的變化，如連年有餘的魚，宋代多為長條形的草魚，而明代多為寬扁形的鯉魚或鱖魚，其身上的鱗紋也多由網狀紋改變為米字形紋。又如連生貴子的童子，此期多呈髻髮，足作抬起跨步而行狀。其他如龍紋，明代又別具一格，形作細長，頭髮上伸或前衝（即所謂"怒髮衝冠"者），如意形豬鼻，萬字式爪等。明代出現的圖紋，早期多以花鳥龍鳳等為主組圖表現，而中晚期，特別是嘉靖、萬曆年間，則民間以吉祥圖案為主，而官方則多提倡以長壽為主的道教題材，如八仙、壽星、松樹、仙鶴、靈芝等。

飾紋中亦見一批以詩詞配合景物的圖紋。詩有七言和五言兩種，其中又以五言詩為多，皆用剔地陽文琢草書、行書、篆書，內容多為祝壽和描寫山水人物的題材。此外，也有用一兩個字概括圖中內容者（見圖202、204、219、220、221）。

明代製作玉器的中心，民間以蘇杭，特別是蘇州為主，官方則在北京。而官方的玉匠中，其高手也多來自蘇州。這正如明晚期宋應星《天工開物》所載，"良玉（料）雖集京師（北京），而名工首推蘇郡（即蘇州）。"明地方志和野史筆記中記載了一些著名琢玉工匠。其中以生於太倉州（今上海市太倉縣），後轉至蘇州琢玉，名氣可與士大夫匹敵的陸子剛（亦寫作岡）為最突出，其年代約在嘉靖、萬曆年間。他是歷史上唯一敢於在所製器物上琢本人姓名的，至今仍有一些作品傳世[12]。本卷所錄數件原清宮舊藏，即為其精美的代表作。由此看來，到了明晚期，以蘇州為中心琢製的玉器，幾可與官方製作的媲美（見圖219至222）。

註釋：

(1)　拙作〈中國古玉料定義和產地考〉《文博》1988年1期。

(2)　陝西省文管會〈西安郭家灘隋墓清理簡報〉《文物參考資料》1957年8期。

(3)　唐金裕〈西安西郊隋李靜訓墓發掘簡報〉《考古》1959年9期。

(4)　楊伯達、周南泉《中國美術全集》工藝美術編9、玉器卷圖217，文物出版社1986年版。

(5)　同上註圖216。

(6)　同上註第四卷圖150。

(7)　楊伯達等編著《中國玉器全集》第五冊（隋唐－明卷）總論（七）〈西域玉器〉。

(8)　南京博物院〈南唐二陵發掘簡略報告〉《文物參考資料》1951年2卷7期；南京博物院編著《南唐二陵發掘報告》文物出版社1957年12月版。

(9)　馮漢驥著《前蜀王建墓發掘報告》文物出版社1964年6月版。

(10) 同註(4)圖版232至234及總論插圖11之一，之二；同註(6)第五卷圖版66。

(11) 故宮博物院編《古玉精萃》上海人民美術出版社1987年版圖版90、91。

(12) 拙作〈明陸子岡及"子岡"款玉器〉《故宮博物院院刊》1984年3期。

唐

Tang
Dynasty

1

玉鏤雕雙雁佩
唐
長4.4厘米 寬4.2厘米 厚0.4厘米

Jade pendant with double wild goose design, openwork
Tang Dynasty
Length: 4.4cm Width: 4.2cm
Thickness: 0.4cm

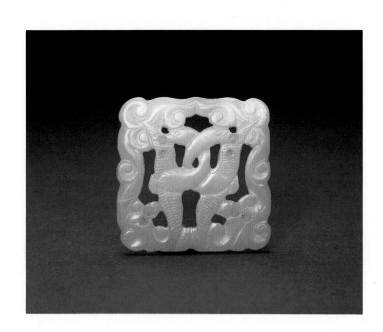

玉質潔白，瑩潤無瑕。呈方片狀，兩面紋飾同，鏤雕雙雁，頭頸相交、雙翅展開，四周飾捲雲紋。一面有對穿孔四個，可供繫佩用。

唐代玉雕着重向寫實方向發展，除了玉禮器外，又出現許多帶有濃郁生活氣息的玉器，與同期的雕塑、繪畫和工藝美術有一定關連性。一般玉質潔白瑩潤。動物形象往往兩兩相對雕刻，體積也不大，形成了一種既不同於漢代，更不同於商周的全新的裝飾風格。

由於雁在羣飛時，排成一隊，前後有次，象徵倫理中的上下長幼有序的道德觀念，自唐代開始，常出現在玉器圖紋上。此為其中最早實例之一。

玉鏤雕雲鶴飾
唐
長8.8厘米 高6.4厘米 厚1厘米

Jade ornament with clouds and two
cranes design, openwork
Tang Dynasty
Length: 8.8cm   Height: 6.4cm
Thickness: 1cm

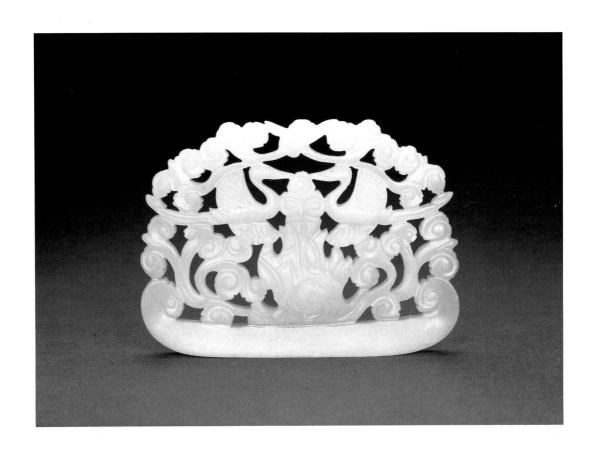

玉料白如凝脂，潤澤無瑕。厚片狀，兩面紋飾相同，皆在長條形底托上鏤
雕山石、祥雲和兩隻翔鶴。底托下部有一長深的凹槽，當作嵌飾用。

此器上的花朵式長尾雲紋，是唐代所創。唐代玉鶴雙目往往以小圓坑和陰
刻三角形紋飾之，且長尾、雙翅尖上翹。此器即為一例。

玉鏤雕雙鶴佩

3

唐
寬5厘米 高4.7厘米 厚0.6厘米

Jade pendant with
double crane design, openwork
Tang Dynasty
Width: 5cm Height: 4.7cm Thickness: 0.6cm

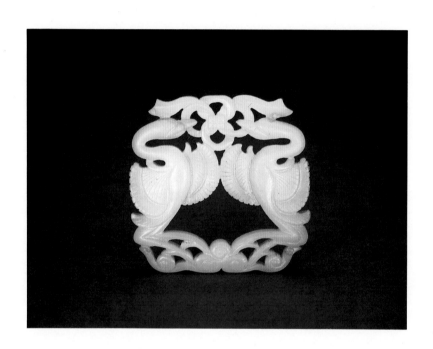

玉質潔白，局部有沁色，片狀。鏤雕雙鶴，各銜綏帶一端，爪踏祥雲，呈展翅飛翔狀。

唐代玉鳥，往往成雙成對，如對鳳、對鳧等。鳥形對稱，呈展翅飛翔狀。綏帶，是古代帝王和百官穿禮服時的佩飾，因官級高下而有別。古代人稱鶴為仙，寓長壽。如《淮南子·説林訓》："鶴壽千歲，以極其游。"綏、壽同音，故寓雙鶴獻壽之意。

玉鏤雕雲鳥佩
唐
長7.8厘米 寬5厘米 厚0.6厘米
清宮舊藏

Jade pendant with
clouds and bird design, openwork
Tang Dynasty
Length: 7.8cm Width: 5cm Thickness: 0.6cm
Qing Court collection

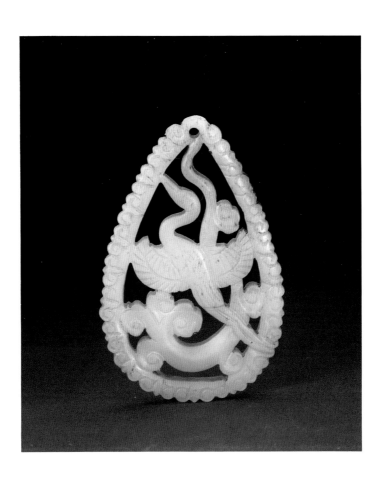

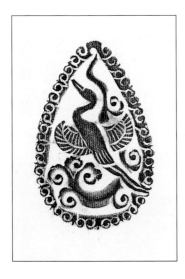

玉料青白色，局部略有雞骨白色斑沁，體扁平形似水滴，透雕一鳥昂首，
圓眼，雙翅展開呈扇形，長尾，身飾細細的陰線紋為羽。佩上部有圓孔，
可繫繩，佩周邊飾連珠紋。

此器之鳥似鶴。其上飾珠紋，始見於漢，唐代尤興盛，當是受西域文化的
影響。

拓片

玉孔雀佩

5

唐
長5.5厘米 寬4.5厘米 厚0.8厘米
清宮舊藏

**Jade pendant with peacock
design, openwork**
Tang Dynasty
Length: 5.5cm Width: 4.5cm Thickness: 0.8cm
Qing Court collection

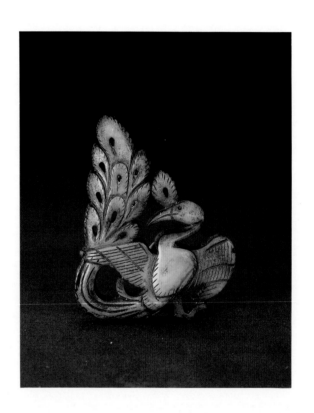

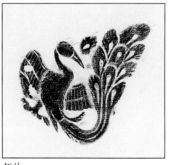

拓片

玉料青白色,局部有淺褐色沁斑。體呈扁平鴨蛋形,兩面形式和飾紋相同。通體透雕加陰刻細線紋,作一孔雀,昂首挺胸,尖嘴,圓眼,長尾下垂後飄,呈展翅飛翔狀。周圍為如意狀朵雲,外圈有花邊紋,頂尖部有一小圓孔,可供繫繩之用。

玉器上寫實的孔雀紋飾,最早見於唐代製品。此前,雖有鳳凰、朱雀等近似孔雀的紋飾,但只是結合局部而為,且為神鳥。唐代玉器上的孔雀雖是初次出現,但數量非常多,且生動逼真,並對後來的同類作品有重要的影響,此為一例。

玉鏤雕孔雀銜花佩

唐晚期
長6.4厘米　高4.2厘米　厚0.7厘米

Jade pendant with design of a peacock holding
flower in its bill, openwork
The latter part of Tang Dynasty
Length: 6.4cm Height: 4.2cm Thickness: 0.7cm

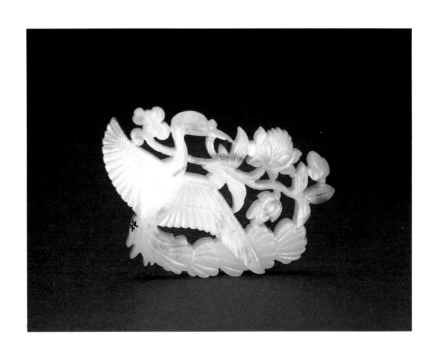

飾件由新疆和闐白玉琢製而成，一面有淺赭色斑。厚片狀，兩面紋飾相同。皆鏤雕一孔雀，展翅長尾，口銜折枝牡丹，腦後飾一長尾雲。

唐代玉鳥，有的不飾眼，有的飾小圓坑眼，或陰刻三角形眼，口中往往銜綬帶或花卉。玉器中的牡丹紋最早出現於唐代並被大量使用，造型簡練寫實，富於變化。牡丹花為花王，寓富貴意，此器之多瓣朵雲和鳥翅下有鋸齒紋，具唐晚期或宋代之特點，故此器應為唐末至宋初期間的作品。

玉鳥銜花佩
唐
長7.8厘米 寬4.5厘米
清宮舊藏

**Jade pendant with design of a bird holding
flower in its bill, openwork**
Tang Dynasty
Length: 7.8cm Width: 4.5cm
Qing Court collection

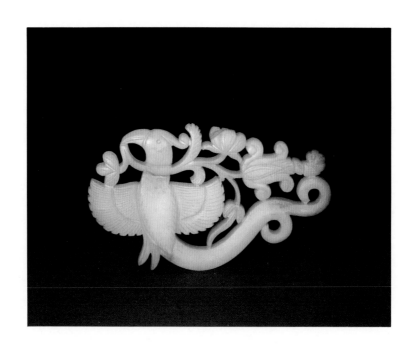

玉料白色，體扁平，兩面飾紋相同，皆鏤雕綬帶鳥，口銜花枝，呈側面
形，作飛舞態。

漢代之前的玉器中很少有以花鳥為題材的作品，唐代玉器中開始增多，有
些為單純的花卉圖案，有些為花與鳥結合組成的圖案。花鳥結合的圖案有
兩類，一類是將鳥置身於花叢中，鳥小而花較大；另一類以鳥為主，以少
許花枝點綴。這件作品中花鳥相宜，恰到好處。在古代，一種好的玉器造
型和紋圖能延續使用很多年代，鳥銜花玉佩就明顯地表現出這幾類特點，
它對後來的宋、金時代的玉器就有很深的影響，如黑龍江哈爾濱香坊墓出
土的金代綬帶鳥就同這件作品類似，但該作品中的綬帶鳥為回首狀，鳥翅
長而尖，翅端下垂，而這件唐代玉佩中的鳥為昂首，鳥翅短而寬，翅端向
上挑，造型與表現手法較宋、金時的作品古樸。

玉鏤雕雙鳳踩蓮佩
唐
寬4.8厘米 高6.2厘米
清宮舊藏

**Jade pendant with design of double
phoenix stepping on lotus**
Tang Dynasty
Width: 4.8cm Height: 6.2cm
Qing Court collection

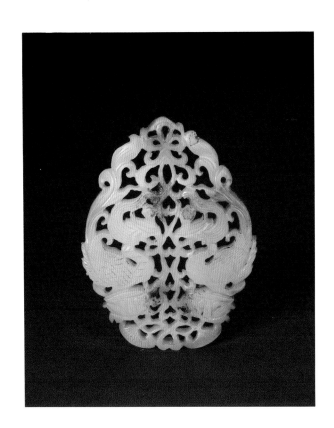

玉料青白色，局部有褐色沁，體扁平，近似橢圓形，兩面形式和紋飾相
同。鏤雕雙鳳踩蓮圖，雙鳳翅部用網格紋表現羽，尾端分三岐，中一岐長
大，兩鳳之間有細長繩帶結成的花朵。

鳳鳥是古代玉雕的重要題材，在新石器時代的玉器中已有出現。漢代以前
玉器中的鳳鳥非常誇張，在頭、翅、足、尾等部進行變形處理，以表現鳳
鳥的威嚴和神秘。唐代玉器中的鳳鳥形象比起漢代以前，有了較大的變
化，造型上追求美感表現，減少了威嚴與神秘，較接近於某些野生動物的
形象。這件玉佩中的繩帶上還有隨形的陰刻細線，其手法在唐代玉梳等作
品中也曾出現，是唐代玉器特有的裝飾手法。上述琢刻法及飾紋風格表現
出較高的鏤雕技巧和時代特點。

玉鸚鵡
唐
長7.8厘米　寬2厘米　高4.4厘米
清宮舊藏

Jade parrot
Tang Dynasty
Length: 7.8cm　Width: 2cm　Height: 4.4cm
Qing Court collection

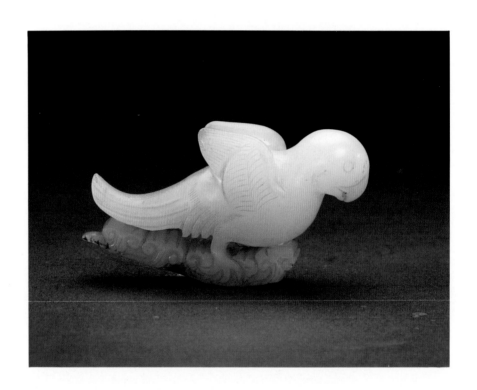

新疆白玉，以圓雕加透雕琢製。形作鸚鵡，圓眼，短喙，口部一橫穿孔，
短翅、長尾，身下飾五朵長尾雲紋。器底部有一對璲孔，可穿綴於他物。

鸚鵡是美麗的飛鳥，因會學人語而討人喜愛，早在商代已有玉製品，亦是
唐代流行的裝飾紋樣，所見有祝願美好長壽的鸚鵡銜綬帶等。此器似一隻
活潑可愛的鸚鵡飛翔於雲端。比例適度，造型生動，可謂頗具匠心，不失
為一件精妙的藝術佳作。

玉鏤雕鴨墜
唐
長3.1厘米　寬1.7厘米　高3.5厘米
清宮舊藏

Jade duck-shaped pendant, openwork
Tang Dynasty
Length: 3.1cm　Width: 1.7cm　Height: 3.5cm
Qing Court collection

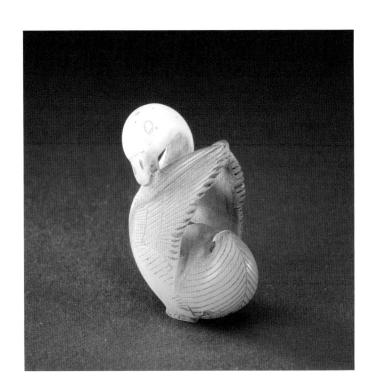

墜白玉質。以圓雕加鏤空技藝琢製一鴨，形作臥狀，圓眼，扁喙，長頭，雙翅翹起且翅尖並攏，尾尖向上翹捲，身下隱足掌，以細長彎陰線飾各部羽紋。腹部上下一圓形貫孔。

作品造型生動，栩栩如生，似一活潑的小鴨（或鳧）在梳理羽毛，表現出作者細緻的觀察力和高超的藝術表現力。此器因雙翅後沿有齒狀紋，並有間距相等的平行短陰線紋飾羽翅，具唐代琢玉的典型風格，故可定為唐代晚期物。

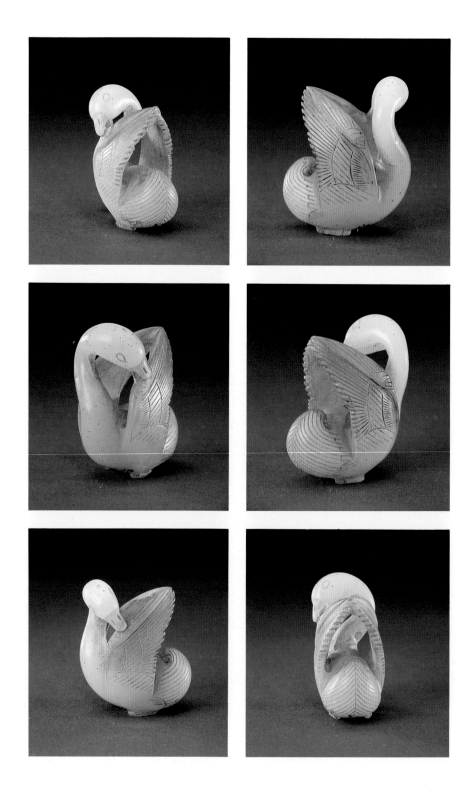

玉臥馬

11

唐
長6.8厘米　寬3厘米　高4厘米
清宮舊藏

Jade crouching horse
Tang Dynasty
Length: 6.8cm　Width: 3cm　Height: 4cm
Qing Court collection

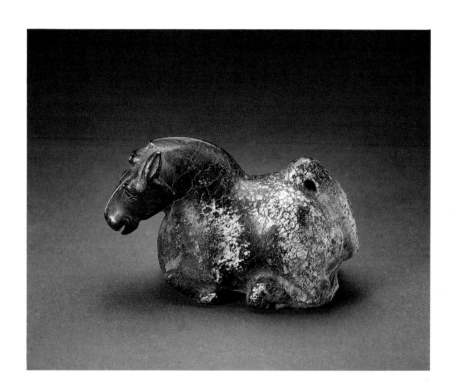

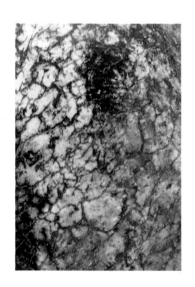

玉料經火後通體呈黑色，圓雕玉馬。形作臥狀，四肢壓於腹下。以淺浮雕或陰線刻紋飾眼、口、鼻、耳及鬃，尾根處透雕一橫穿孔。

唐代玉馬造型溫馴，而不似漢玉馬凶猛驃悍。體肥碩，肌理清晰，尾飾於後背上。此器即為典型實例之一。

玉獅
唐
長6厘米 寬4.5厘米 高1.5厘米
清宮舊藏

Jade lion
Tang Dynasty
Length: 6cm   Width: 4.5cm   Height: 1.5cm
Qing Court collection

12

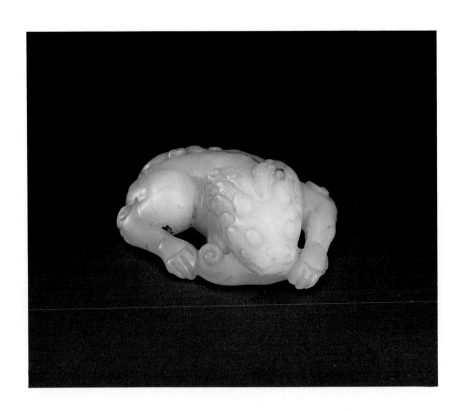

玉料青白色，局部有深褐色斑點。器圓雕一雄獅，怒髮結絡且衝於頭頂，圓眼珠突出，小翹鼻，張口露齒，細尾下垂盤捲，前爪伸出，爪尖鋒利，後腿彎弓，身上有細細的毛紋。

據載，獅子從漢代始由西域傳入中國，此後有關獅子的形體常在藝術品中出現，惟以玉作獅，今所見最早者為唐代品，此為一例。

玉鏤雕丹鳳紋簪頭
唐
長11厘米 厚0.2厘米
清宮舊藏

**Jade hair pin with design of
a phoenix, openwork**
Tang Dynasty
Length: 11cm Thickness: 0.2cm
Qing Court collection

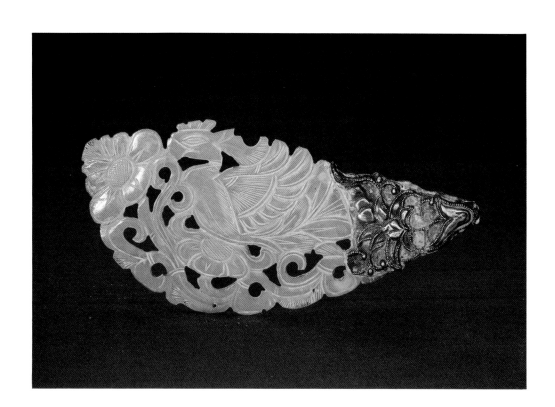

玉質白色。體作扁平的水滴形，兩面飾紋和形式相同，皆以鏤雕加陰線琢
紋法飾丹鳳朝陽紋，一端嵌有銀鍍金飾，而簪體已斷缺無存，從斷痕看亦
當為銀質。

玉簪古今皆有，惟簪頭為玉，簪體為金屬製作者此為初見。又鳳飾玉器早
已出現，但鳳與花草，特別是與牡丹花雕在一器者亦始於唐，此為典型代
表之一。

玉雙鳥紋梳背
唐
長5.7厘米 寬2厘米 厚0.2厘米

Jade comb-back with double bird design
Tang Dynasty
Length: 5.7cm　Width: 2cm　Thickness: 0.2cm

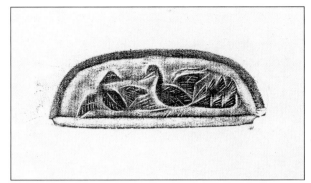

拓片

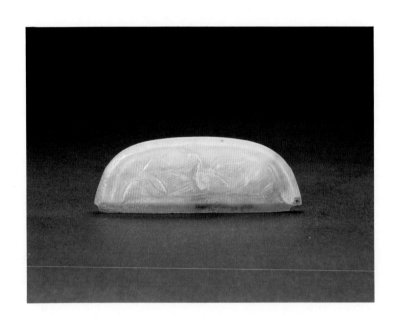

玉質青白色,局部稍有黃沁。器呈片狀,上部為弧形,兩面紋飾相同,皆有作飛翔狀的雙鳥紋。梳背下方有榫,用來鑲嵌梳齒。

從唐代開始,中國玉雕製品在做工上逐漸走向精緻,風格與前代迥然不同。鳳鳥紋是盛行於商周青銅器上的紋飾,以後各代仍見沿用,惟風格特點不同。唐代的鳳鳥紋皆飾有細密而短、直且平行的陰刻線,給人一種栩栩如生的感覺。

玉花卉紋梳背
唐
長13.8厘米 寬4.8厘米
厚0.2厘米

Jade comb-back with floral design
Tang Dynasty
Length: 13.8cm Width: 4.8cm
Thickness: 0.2cm

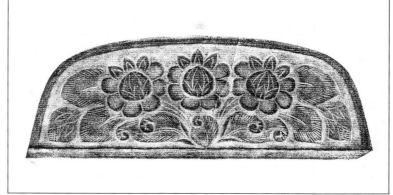

拓片

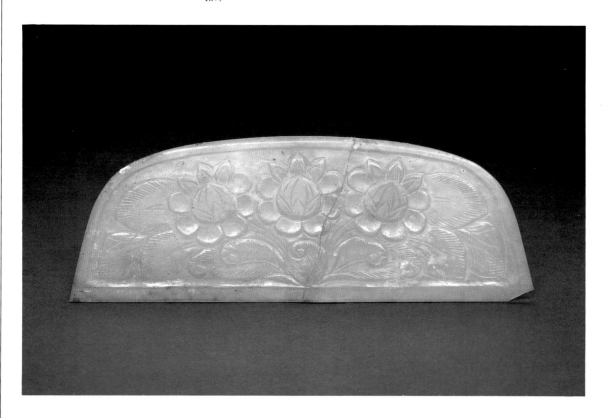

梳背用半透明新疆優質白玉琢製而成，呈薄片狀，兩面施紋，隱起三朵盛
開的形狀略異的花及葉紋。

此梳背所飾花卉是唐代新創紋飾。網格形花蕊，係仿戰國之網格紋。花瓣
採取打窪刀法雕琢，瓣上有凹坑，顯示出唐代玉匠的高超技藝。花葉上施
細密陰刻線，也是始自唐代，對後期玉器影響很大。而勻、細、精、美以
唐代為冠。

玉雙鳥紋梳
唐
長10.5厘米 寬3.5厘米 厚0.4厘米

Jade comb with double bird design
Tang Dynasty
Length: 10.5cm Width: 3.5cm Thickness: 0.4cm

16

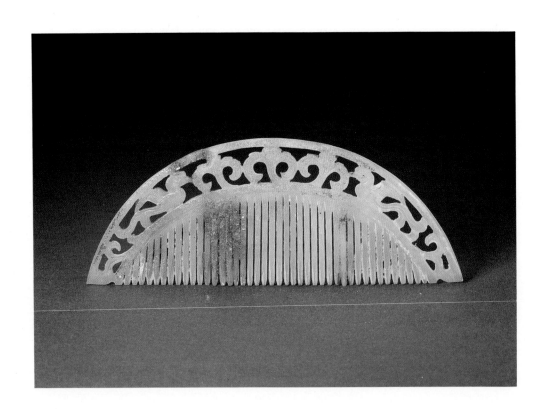

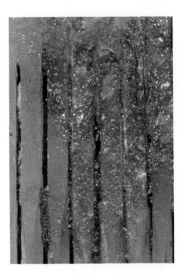

玉料青綠色，局部有土沁斑蹟。體扁薄，呈半圓形，兩面形式和飾紋相同。以鏤空透雕加陰刻線紋而作。梳上部正中有三朵形式相似的花，兩側各有一鳥，頭相對，尾翅飛翔，長尾下垂。下部隨形切割成長短不一但底端平齊的梳齒。

目前發現的玉梳，還有商代及戰國時的作品，這些作品較窄，自齒到梳背的距離較大，是一種實用的玉梳。

唐代玉梳，與前代作品有別：其形，唐以前多呈長半橢圓形，而此期多呈半圓形；其紋，唐以前無紋飾，或飾夔鳳和獸面紋，唐代作品則多飾花鳥紋；其齒，唐以前梳齒長且粗，此期則密且細。

玉飛天
唐
長8厘米 寬4厘米 厚0.7厘米
清宮舊藏

Jade flying Apsaras
Tang Dynasty
Length: 8cm Width: 4cm Thickness: 0.7cm
Qing Court collection

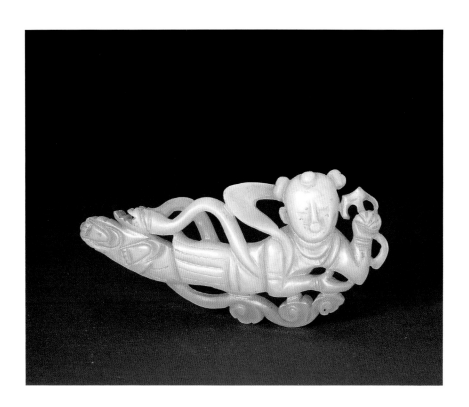

玉料青白色。局部有白色土沁。體呈長方形，兩面飾紋相同，通體透雕一少女飛天形，身披雲帶，下托祥雲，手持一朵盛開的鮮花；長裙後飄，細眼，三角形鼻，一字狀嘴，細線髮，頭頂有一髮髻，呈側身飛舞於天際狀。

玉飛天，今所知，傳世品最早為唐代物，而出土品最早為南唐墓中出土的一件殘物。此器為傳世珍品之一，從藝術風格看，為唐代作品。

玉飛天
唐
長7.2厘米 高4.2厘米 厚0.5厘米
清宮舊藏

Jade flying Apsaras
Tang Dynasty
Length: 7.2cm Height: 4.2cm Thickness: 0.5cm
Qing Court collection

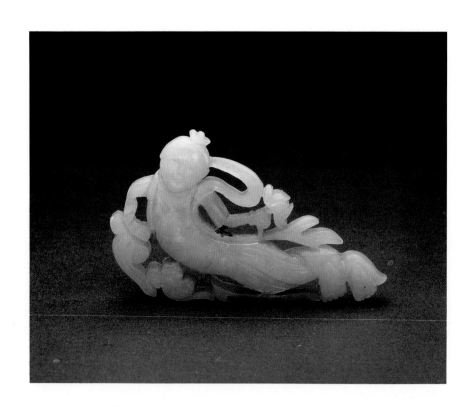

玉料青色。體扁，兩面飾紋相同，鏤雕飛舞於天空狀的少女。

飛天是佛教諸神之一，在漢代已從印度傳入中國，但玉製飛天形象至唐代
始出現。飛天傳入中國後，逐漸中國化，形象已由最初的男身演變為女身
或童子；其作用從專事音樂和為兒童消災，變為採百花雨露，向人間撒播
幸福。這件玉飛天，長袖衣裙飄飄，又極類似"紅衣舞女壁畫"（唐，
1957年陝西西安執失奉節墓出土）和"褐釉人物貼花壺"（唐，1973年湖
南衡陽井戶遺溝出土）中的人物，具有唐代民間服飾的特徵。

玉飛天
唐
長7.1厘米 寬4厘米 厚0.7厘米
清宮舊藏

Jade flying Apsaras
Tang Dynasty
Length: 7.1cm   Width: 4cm   Thickness: 0.7cm
Qing Court collection

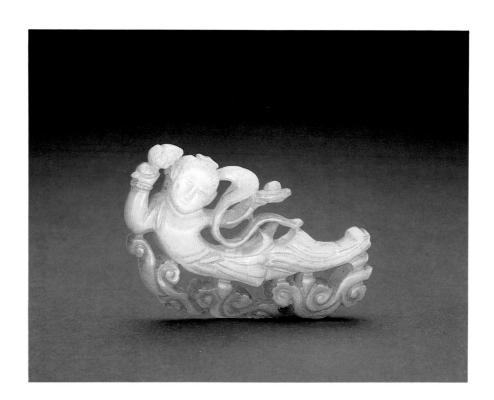

白玉。微有瑕斑。片狀。鏤雕一飛天，形作半躺臥，臉型豐滿，椎髻高盤
於頭頂。上身裸而無衣，下身呈水平狀，著貼身長裙，肩披飄帶，左手托
寶珠，右手高擎蓮花，身下有捲雲三朵承托。

唐及遼代的玉製飛天，一般為佩飾，形作身上飄帶翻飛，迎風招展，衣裙
緊貼於身，姿態優美，舒展自如，凌空飛舞狀。與唐代繪畫中盛行線描的
特點相通。

玉耍鼓胡人紋帶板
唐
寬4.5厘米　高4.5厘米　厚7厘米

Jade belt tablet with figure design plaging a drum
Tang Dynasty
Width: 4.5cm　Height: 4.5cm　Thickness: 7cm

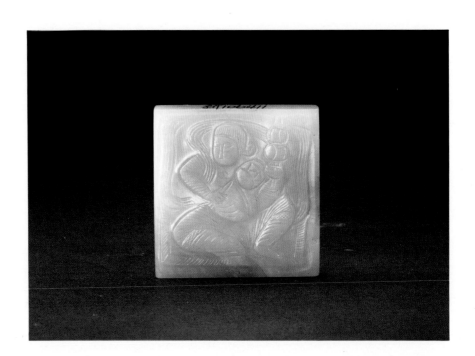

玉料青白色。器扁方形，四側邊由正面向底面斜下呈坡狀。正面於隱起的人形上再施陰線紋飾一胡人擊鼓紋。胡人披髮，方臉，身著窄袖緊身衣，肩披雲帶，足穿尖嘴長靴，右手持鼓鎚，盤腿而坐，呈拋耍三鼓而擊狀。背面四角各有一對穿隧孔以供與革鞓結綴用。

帶板是指嵌綴在腰帶上飾物的總稱。製作時所用的地有玉、金、銀、犀牛角、鐵和石等，其中嵌綴有玉帶板者，等級最高，一般二品文武官員方許用。據載，玉帶之用始於南北朝，唐至明一直沿用。

玉胡人紋帶板
唐
長3.2厘米 寬4厘米 厚0.8厘米

Jade belt tablet with figure design
Tang Dynasty
Length: 3.2cm   Width: 4cm   Thickness: 0.8cm

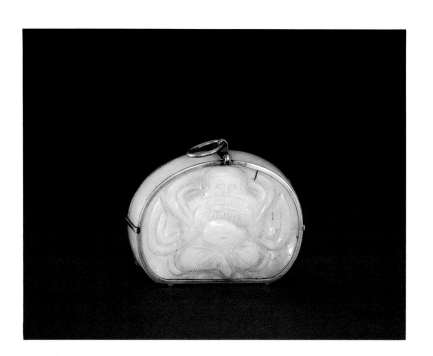

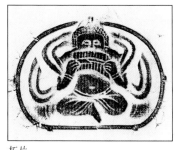

拓片

玉料青白色，體呈扁平橢圓形，正面減地浮雕一胡人，手持排簫吹奏，雙目緊閉，身披細長飄帶，髮斜梳，盤腿而坐。帶板的外沿嵌有銅鍍金框和一個銅鍍金小環，似係後人改作。背面平磨，兩邊各有一對小孔。

唐代玉帶板一般都較厚，正面大多用淺浮雕的方法，琢出人物、花鳥、動物等紋飾。雕琢方法也極有特點，即圖案中有細而短的密集陰刻線，飾紋處自邊沿向內緩緩凹下呈坡面，人物或動物在中部凸起，與邊沿同高，此種飾紋今稱剔地陽紋。

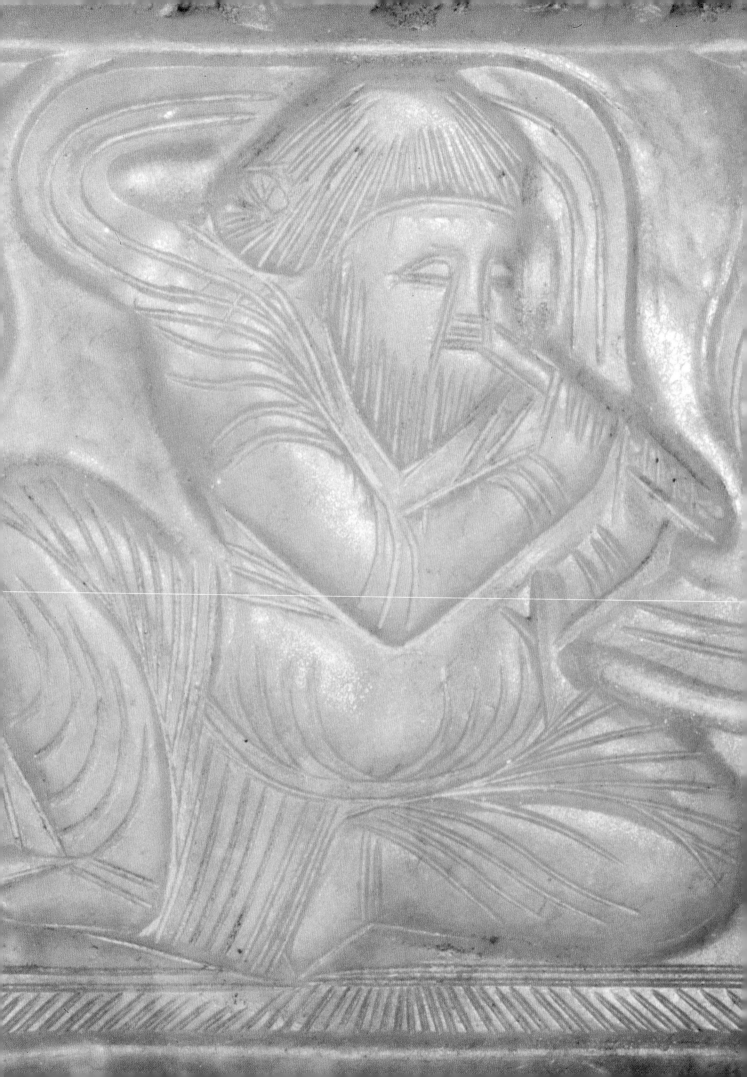

22

玉胡人吹簫紋帶板
唐
寬4厘米　高3.8厘米　厚0.6厘米

Jade belt tablet with design of a figure
playing a vertical bamboo flute
Tang Dynasty
Width: 4cm　Height: 3.8cm　Thickness: 0.6cm

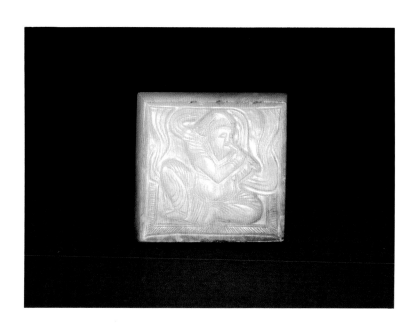

玉料灰白色，有深褐沁斑。器呈方形片狀。表面與底面四邊略成坡狀。正面減地浮雕胡人吹簫圖。胡人作大眼，捲髮，長髯，著窄袖衣，雙手執簫，坐於氈毯之上，身有飄帶。帶板飾紋中的胡人髮、鬚、服飾及氈毯之邊沿均琢有排列整齊的極細的陰刻線。底面四角有對穿隧孔各一。

玉拍板伎樂胡人紋帶板
唐
寬3.6厘米　高3.45厘米　厚0.65厘米

**Jade belt tablet with
design of musical figure**
Tang Dynasty
Width: 3.6cm　Height: 3.45cm
Thickness: 0.65cm

23

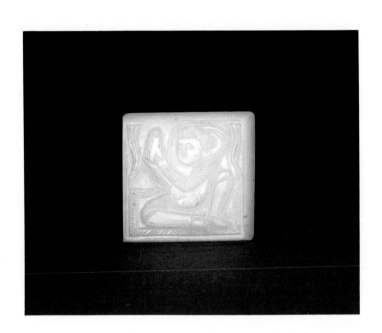

白玉，光澤瑩潤，微有瑕斑。帶板呈片狀，近於方形。浮雕一拍板伎樂胡人。胡人長髮曲捲，深目大鼻，身著窄袖小衣，衣袖緊箍於臂，其上飾以密集的陰刻細線。腿穿靴，高筒至膝。身旁有飄帶。呈席地而坐態。背面四角各有一對穿孔，以供與革帶結紮用。

玉帶板因形式和結綴部位不同，其名也不同，嵌飾於玉帶端部的較大飾件，稱為“鉈尾”，其餘則稱為“銙”。

26

玉擊鼓胡人紋帶板
唐
寬4.05厘米　高4厘米　厚0.6厘米

Jade belt tablet with
design of figure beating a drum
Tang Dynasty
Width: 4.05cm　Height: 4cm　Thickness: 0.6cm

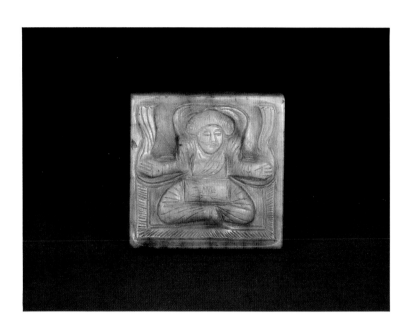

玉料沁成黃褐色。器作方形片狀。正面減地浮雕一擊鼓胡人。形作長髮，
兩側捲曲，雙手張開，身飾細陰線，做擊鼓狀。背面略向內凹，四角有對
穿孔，正中陰刻“十、一”二字。

唐代的玉帶板，飾人物紋者居多，人物大多著胡服，席地坐於氈毯之上，
高鼻深目，長髮曲捲，緊衣窄袖，手中大多持有器物，或歌舞，或作樂，
具有明顯的西域色彩，時稱其為“胡人”。

玉飲酒胡人紋帶板

唐

長4.5厘米 寬4.1厘米 厚0.8厘米

Jade belt tablet with
design of figure drinking wine
Tang Dynasty
Length: 4.5cm　Width: 4.1cm　Thickness: 0.8cm

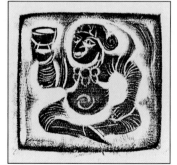

拓片

白玉。器呈扁長方形，正面用減地浮雕的手法雕琢出一舉杯飲酒的西域胡人；背面平素無紋，四角各有一對穿隧孔，以供結繫用，並陰刻"十一六"三字。

本件玉帶板背面刻的漢字"十一六"字樣，據推測可能是表示帶板的塊數為十一，而玉帶板所處的位置當為六。

玉獻寶胡人紋帶板
唐
長6.5厘米 寬6.2厘米
清宮舊藏

Jade belt tablet with design of figure offering treasures
Tang Dynasty
Length: 6.5cm   Width: 6.2cm
Qing Court collection

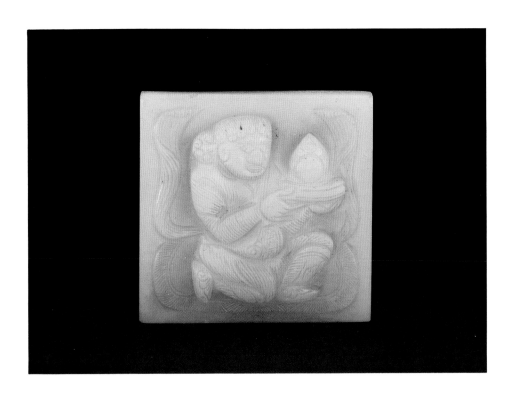

玉料白色，扁方形，正面浮雕獻寶胡人圖案，胡人單膝跪地，捲髮，高鼻深目，肩披雲帶，雙手托盤，盤中有火焰寶珠，作獻寶狀。

中國先民非常重視寶珠，如古史中就有關於漢江珠和隋侯珠的記載，世人皆認為它們是具有很高價值的稀世珍品。又考古發掘中亦發現了許多戰國時期的彩色玻璃珠，這些珠多數無穿孔，因此不是佩飾，而是被當做珍寶收藏的，這種彩色料珠或寶石珠在西亞地區也有發現，説明以珠為寶是一種在廣大區域內出現的普遍現象，唐代對外經濟文化交流非常活躍，尤其同西域地區交往密切，西域物產大量流入中原，這件玉帶板所雕獻寶胡人為西域人，表現了唐代西域珠寶進入中原的情況。

玉執壺胡人紋帶板
唐
長6.6厘米 寬6厘米
清宮舊藏

Jade belt tablet with
design of figure holding a teapot
Tang Dynasty
Length: 6.6cm Width: 6cm
Qing Court collection

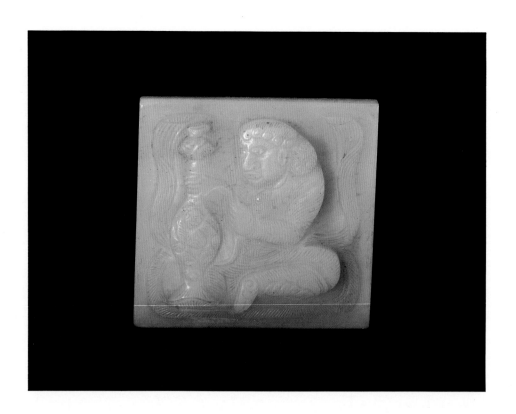

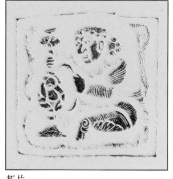

拓片

玉料青白色，長方形，正面浮雕一執壺胡人，胡人深目高鼻，身著窄袖緊身衣，足著長靴，一足跪地，手扶執壺作獻物狀。背面光素無紋，僅四角各有一對隧孔，以供與革鞓結綴用。

唐代時，中原同西域各國的官方往來及民間交流都很頻繁，較多的西域及阿拉伯人進入中國，玉帶板上的圖案生動地表現出了這種情況。

玉直立人
唐
寬1.5厘米 高4.6厘米 厚0.8厘米
清宮舊藏

Jade standing figure
Tang Dynasty
Width: 1.5cm Height: 4.6cm Thickness: 0.8cm
Qing Court collection

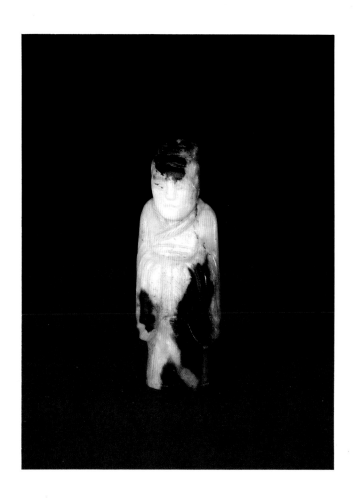

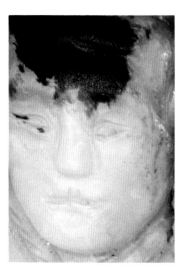

玉料青色，局部有黑褐色。器半圓雕一直立人，頭戴矮樸頭帽，身着右衽寬袖束腰長袍，方臉，呈正視拱手直立狀。

此器從沁色看，當為出土物，清宮收貯時，曾引起清高宗弘曆極大的興趣，命玉工仿製一個配成一對，以冊頁式小盒盛之，上書御製詩一首，末署乾隆戊寅，並題名"藝圃"、"拳珍"，親自畫梅竹，題為"冰肌"和"雪節"。據此可知，此器最晚在清乾隆二十三年（公元1758年）出土並進入清宮。

玉耍舞胡人
唐
高5.5厘米

Jade dancing figure
Tang Dynasty
Height: 5.5cm

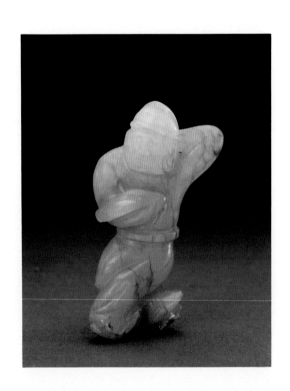

玉料青白色，局部受沁成深褐色，體呈扁平不規則的長條形。圓雕一胡人，作雙腿交叉，頭帶帽，呈舞蹈姿態。

玉舞人早在戰國就出現，漢代繼續大量製作，早期舞人大都是大裙垂地，手上長袖揮舞，均為女性形象。而唐朝時造型大體是以男性胡人為主，身著窄袖束腰短衣褲，足穿長靴，與戰國或漢代舞人截然不同。

玉戲獅胡人
唐
寬2.2厘米 高5.7厘米
清宮舊藏

Jade figure playing with lion
Tang Dynasty
Width: 2.2cm　Height: 5.7cm
Qing Court collection

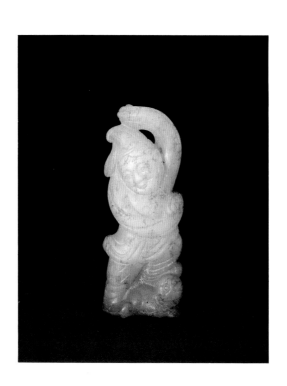

玉料青白色，圓雕一頭戴橄欖式帽胡人與一側臥的小獅。胡人起舞，與獅戲耍。

戲獅題材作品在元、明玉器中有很多，一般獅子的體積較大，樣貌凶猛，動態感很強，以此襯托戲獅人的英武。唐代的玉雕戲獅人作品非常少。這件作品是僅見的作品，獸為幼獅，較小，動態不明顯，戲獅之人則顯得很高大，一動一靜形成了鮮明的對比。唐代玉器中的人物裝束各異，玉雕飛天以袒露上身為特徵，展現人體；玉帶板上的胡人以窄衣瘦褲為主要裝束；還有一些作品中的人物為博衣廣袖，從多方面反映出唐代的社會生活。這件戲獅胡人所穿為長袖寬衣，左臂舉起，右臂橫於胸前，造型中略有漢代玉舞人遺風。

玉胡人騎象飾
唐
寬2.4厘米 高5.5厘米
清宮舊藏

**Jade figure riding on
the back of an elephant**
Tang Dynasty
Width: 2.4cm Height: 5.5cm
Qing Court collection

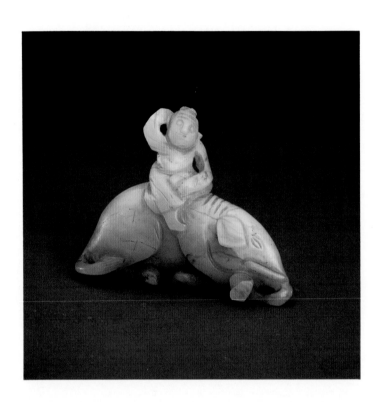

玉料青色，圓雕一胡人騎象。象為臥式，四肢伏地，象頭較小，小耳，小眼，長鼻，與通常見到的清代玉象在造型上有很大區別。人的比例稍大，圓目高鼻，騎於象背。其人窄衣，長袖，右臂舞於肩，左臂置胸前，雙眼斜視。

象早在遠古時期已被馴化役用，商周時期玉器中出現了以象為題材的作品，戰國至漢代由於玉器紋飾的細瑣化及玉佩造型的型體化，以象為題材的作品反而罕見。唐代玉器中復見玉象，這與唐代大量使用馴象是分不開的，也反映出唐代玉器題材的普遍化、生活化。

玉湯匙
唐
長20厘米
清宮舊藏

Jade spoon
Tang Dynasty
Length: 20cm
Qing Court collection

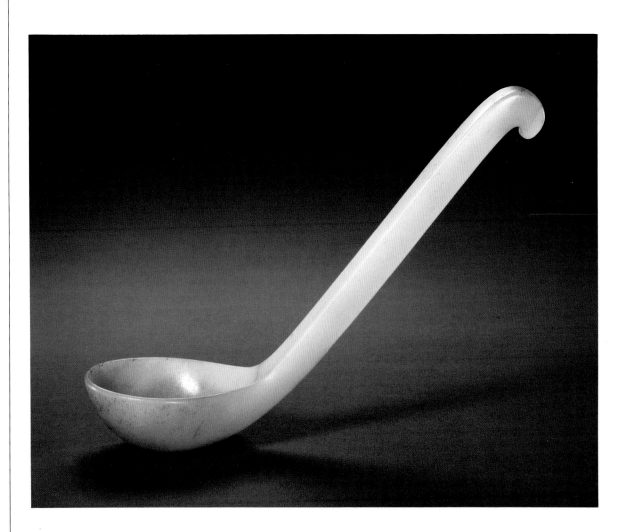

玉料青綠色，局部有土沁痕蹟。勺把細長，把端回捲，勺部凹進較深。通體無紋飾。

玉勺早在新石器時期的含山文化中發現一件，此後很長一段時間內，未有發現。此為唐代遺物，形較大，且玉質優良，堪稱稀世之寶。

玉三鳩罐
唐
寬8厘米 高6.8厘米

Jade jar with three turtledoves
Tang Dynasty
Width: 8cm Height: 6.8cm

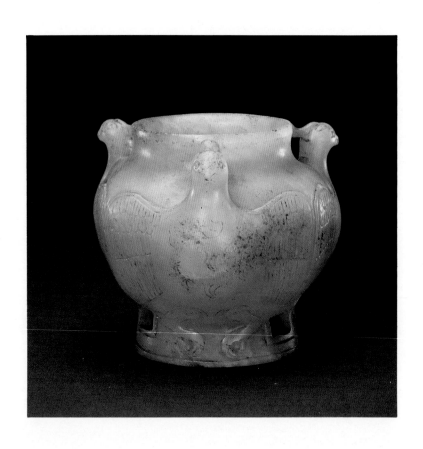

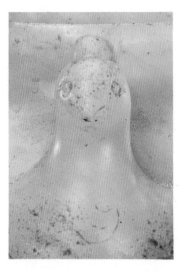

玉料青白色，局部有褐色斑沁。體圓形，腹鼓，高沿口，撇足，腹沿外周有三隻鳩鳥，高昂頭，髮與口沿相連，嘴微張，小圓眼，展開的翅膀刻在罐的腹部，足部兩邊各有一長方形孔。

此器造型獨特，可以說是一件難得的藝術品。據稱，鳩為"不噎之鳥"，故以此寓意剛直和祝年長者不得"噎病"。

玉三鳩罐

玉雲耳瓜棱式杯

唐
高4.3厘米　口徑17.6×11.2厘米
清宮舊藏

Jade cup with design on the handle
Tang Dynasty
Height: 4.3cm　Diameter of mouth:
17.6×11.2cm
Qing Court collection

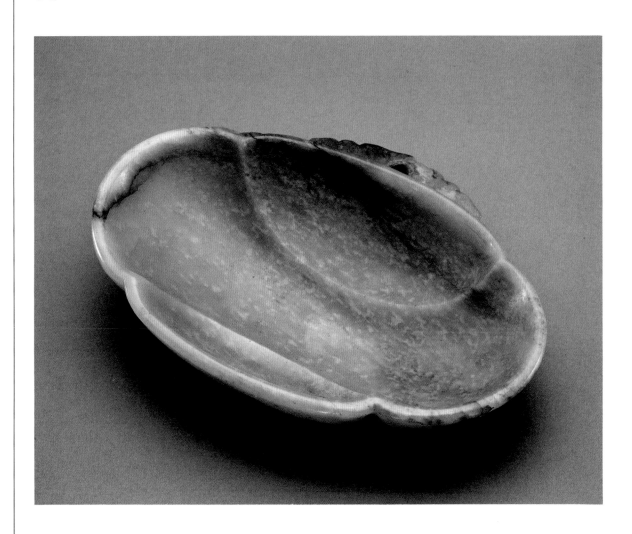

玉料青色，局部有瑕斑及褐色沁。器呈長圓形，光素，淺腹。單柄上有一
桃形孔；海棠式口，其中兩片相對的瓣較長；杯內有兩道凸起的瓜棱。

唐代玉杯的數量較多，其造型、紋飾具有寫實的特點。此為一例。

玉雲形杯
唐
最寬19.9厘米 高5.7厘米
清宮舊藏

Jade cloud-shaped cup
Tang Dynasty
Maximum width: 19.9cm Height: 5.7cm
Qing Court collection

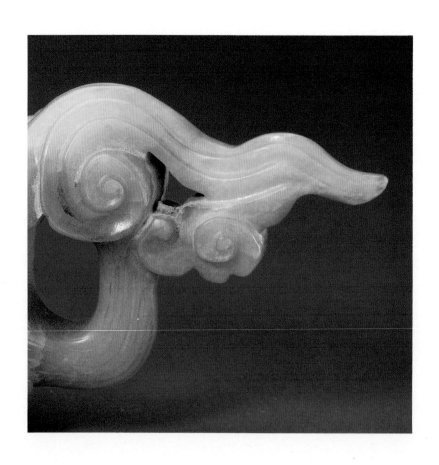

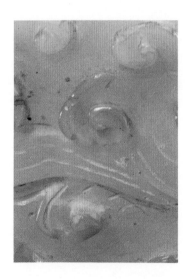

玉料青綠色。器為一立雕器皿，形作朵雲形，亦於腹外壁飾浮雕朵雲紋，以鏤雕朵雲之尾巧作柄。

雲紋自古皆有，但如此式那樣以朵雲為飾者，則始自唐代。此器以朵雲作杯，不僅為首見，且迄今所知僅此一件，堪稱絕品。

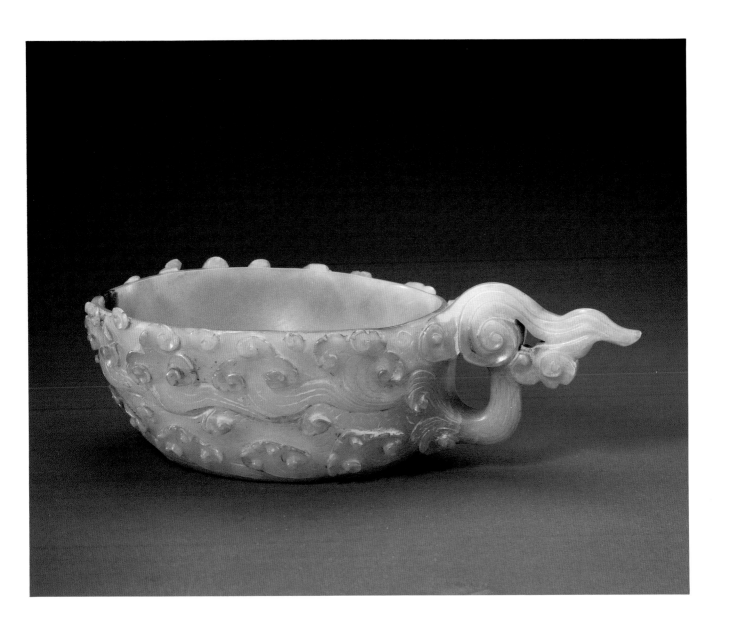

玉蓮花式杯
唐
高6.2厘米 口徑8.2厘米 足徑4.5厘米
清宮舊藏

Jade cup with lotus design
Tang Dynasty
Height: 6.2cm Diameter of mouth: 8.2cm
Diameter of foot: 4.5cm
Qing Court collection

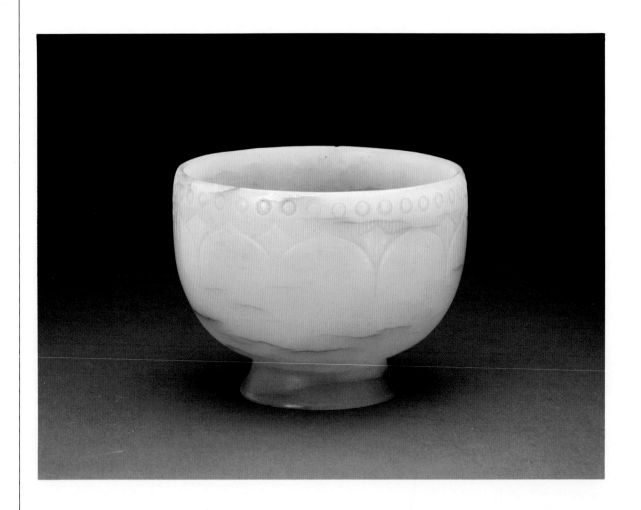

青玉杯，料有橫淺赭色沁紋。器立體圓雕。圓形，中空，撇圈足。內壁光素無紋，口外沿隱起圓珠紋及下豎陰刻線一周，腹壁蓮花紋兩層。

受佛教影響，蓮花紋從魏晉南北朝時就興起。惟早期多作佛座周圍飾。及至唐代，蓮花紋尤盛，凡器皿之足及形，多以此為飾。此杯是典型器之一，它對以後的同類作品起着先導作用。

玉人物紋橢圓杯

六朝或唐
寬8.5厘米 高5厘米 口長14.9厘米

Oval jade cup with figure design
Six Dynasties or Tang Dynasty
Width: 8.5cm Height: 5cm
Diameter of mouth: 14.9cm

37

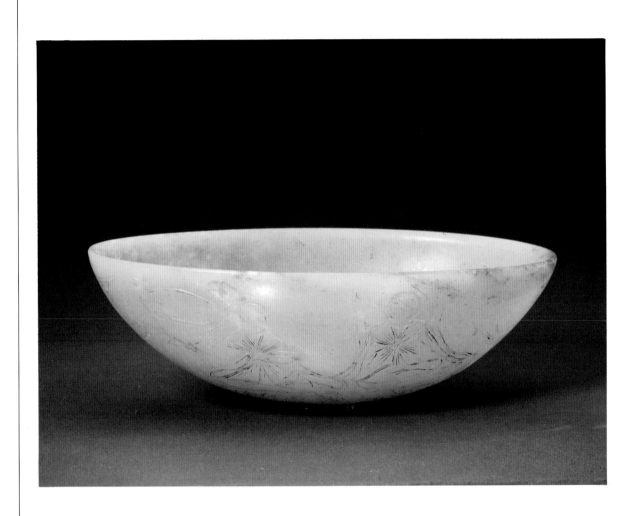

玉料青色，玉杯立雕，橢圓形口，底有圓餅式小足，足小而矮。整體似舟，杯外琢陰線六人物，人物間無景物相襯。一面雕二人，一人挽袖舀酒，一人舉杯，雙目視杯欲飲，另一面亦雕二人，為執杯欲飲及趺坐鼓掌狀，兩端部各雕一人，手持酒器，似侍者，杯底部環足雕一周捲草形雲紋。

此器上，人物圖案皆由細陰線琢出，線條以直線及弧度很小的弧線為主，表現出近於古樸的造型風格。所雕人物多博衣寬帶之服，袖口尤為寬大，似欲當風而起，同唐代玉帶板上所雕胡人的緊身衣褲相比，為另一種藝術表現方式。六人中四人席地而坐，身下有坐席，這同宋代之後文人相聚時的飲酒形式不同。又，這件玉杯似觴無耳，是戰國、漢魏、六朝酒器中的羽觴向唐宋酒器演變過程中的過渡樣式，凡此說明此器為六朝至唐期間的作品。

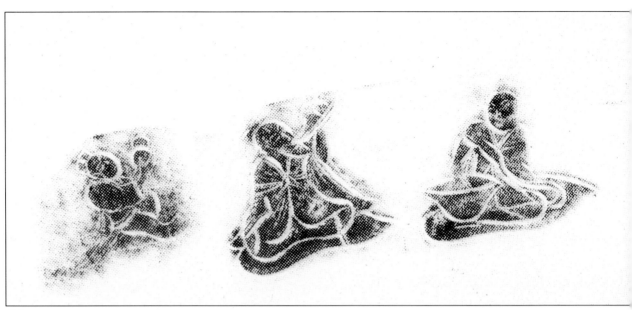

拓片

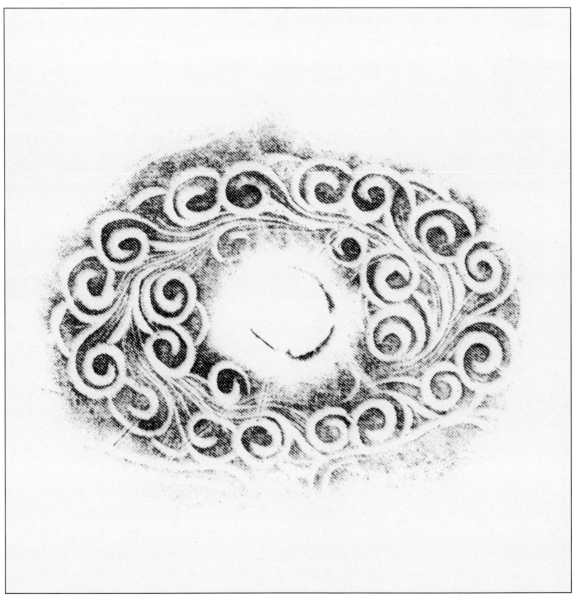

拓片

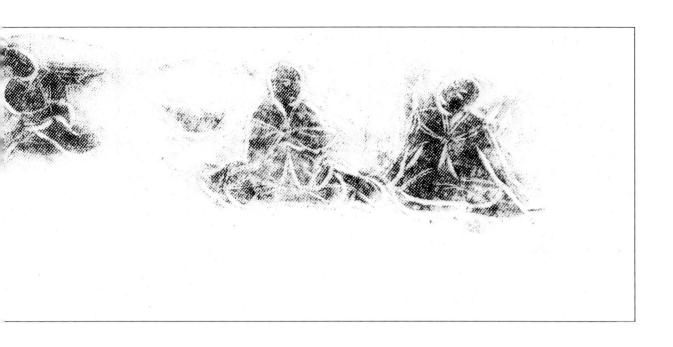

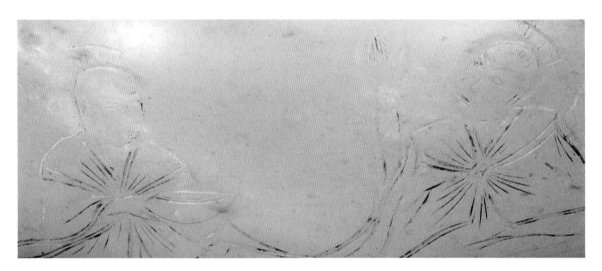

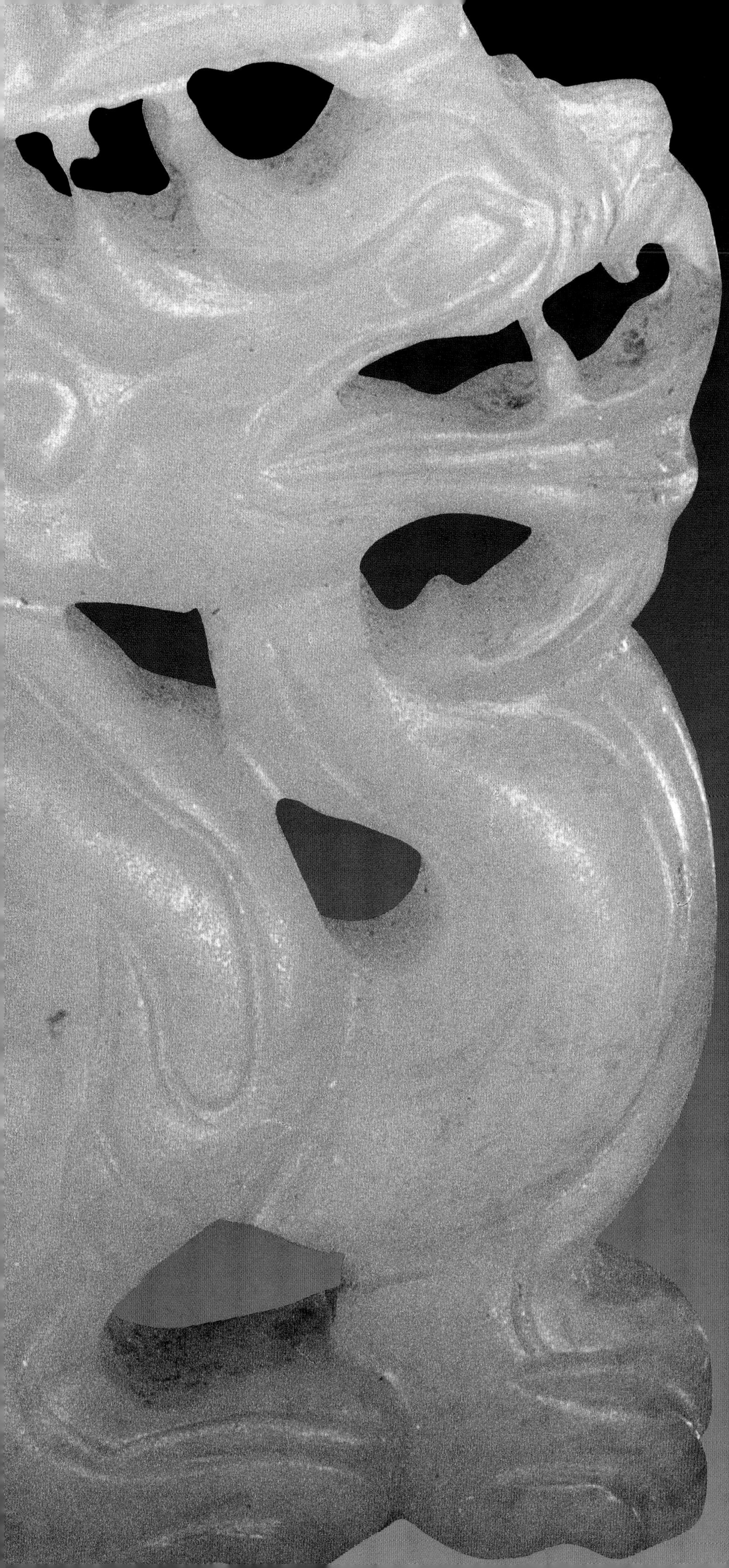

遼

Liao
Dynasty

宋

Sung
Dynasty

金

Jin
Dynasty

玉蓮花形墜佩
宋
長6.5厘米 寬3.2厘米 高1.5厘米
清宮舊藏

Jade lotus-shaped pendant
Song Dynasty
Length: 6.5cm Width: 3.2cm Height: 1.5cm
Qing Court collection

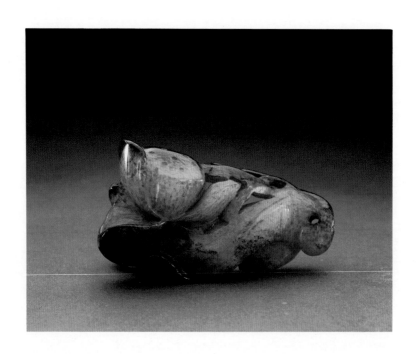

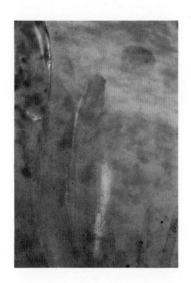

新疆和闐玉，青白色，局部有花白及深褐色沁。體長方形，圓雕，利用玉料原卵石塊隨形雕琢一盛開的蓮花，呈浮於水中狀。器上端有一對穿小孔，可供佩用。

蓮花作玉器上的裝飾，始見於唐代。蓮花出於污泥而不染，故在中國傳統文化中一般寓意高風亮節。此外，佛教題材中亦常以蓮花為飾。

玉花形飾
宋
直徑6.5厘米
清宮舊藏

Jade flower-shaped ornament
Song Dynasty
Diameter: 6.5cm
Qing Court collection

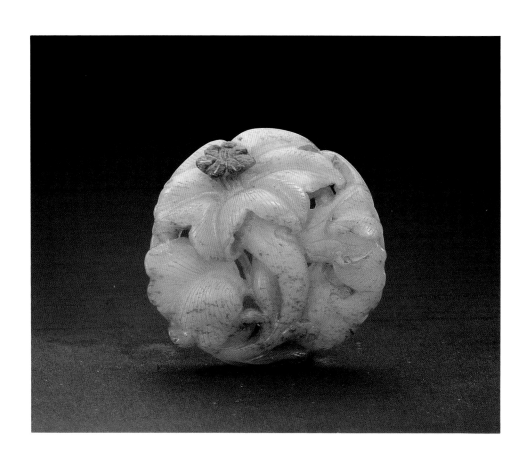

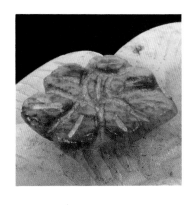

玉料青白色，微有褐色沁。器略作扁圓形，正面弧凸，背面平，正面飾紋
分為上下兩層，上層鏤雕秋葵花葉，下層為一環。所飾花及葉都較大，圖
案結構簡練，排列緊密，留出的空間較小。

花卉圖案在唐代玉器中已盛行，但主要為器物的輔助裝飾，所佔位置不很
突出。宋代玉器中花卉題材作品較唐代有所發展，出現了較多的花形玉
器，所見有花形玉片，近似於圓雕的花形玉墜，還有花果形玉杯等。作品
多採用鏤雕技巧，且不再局限於平面穿透，而向立體化多層次發展，這件
花形玉飾採用了鏤雕及半立體表現，造型具有花、葉大、間隙小，結構簡
練的特點，突出地表現了宋代玉雕花卉的特點及所取得的藝術成就。

玉鏤雕魚蓮佩
宋
長5.8厘米 高4.1厘米 厚0.7厘米

**Jade pendant with fish and lotus
design, openwork**
Song Dynasty
Length: 5.8cm Height: 4.1cm
Thickness: 0.7cm

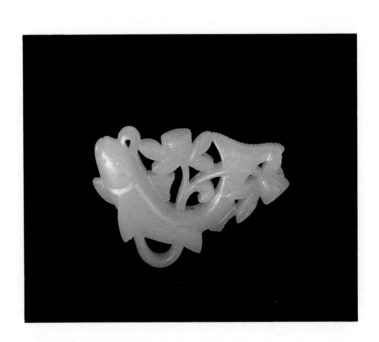

白玉，瑩潤細膩。魚身細長，片狀，頭、尾上翹，頭較小，圓眼，半圓形
鰓，背出脊鰭，下出腹鰭，尾成扇面狀，中間微凹，鰭及尾上飾細陰線，
身旁荷花兩朵，整體彎曲呈半圓弧形。

宋代玉魚的整個造型大都是呈跳躍形，不但頭向上，尾巴也向上，魚身彎
度大，仰頭翹尾，姿態活躍。加之魚身上陰刻線條清晰明朗，刀刀不亂，
排列整齊，富有規律，更表現出動態的美感。

玉"連年有餘"佩
宋晚期
長6.2厘米 寬3.6厘米 厚0.7厘米
清宮舊藏

Jade pendant with a fish holding
lotus in its mouth , openwork
In the latter Song Dynasty
Length: 6.2cm Width: 3.6cm Thickness: 0.7cm
Qing Court collection

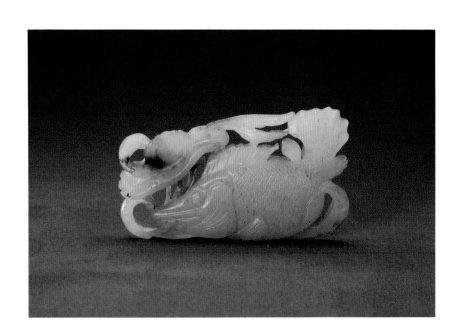

新疆和闐玉,青白色,局部有褐色沁斑。體作扁平不規則長方形,通體鏤
空透雕一口銜蓮花,周身有荷葉環繞的魚在水中游戲狀。玉魚背部有一小
圓孔,可供繫繩之用。

中國古人借蓮花的"蓮"字與"連"同音,"魚"字與"餘"字同音,以
寓意"連年有餘"。

玉魚墜
宋
長6.2厘米 寬4厘米 厚0.6厘米
清宮舊藏

Jade fish-shaped pendant
Song Dynasty
Length: 6.2cm Width: 4cm Thickness: 0.6cm
Qing Court collection

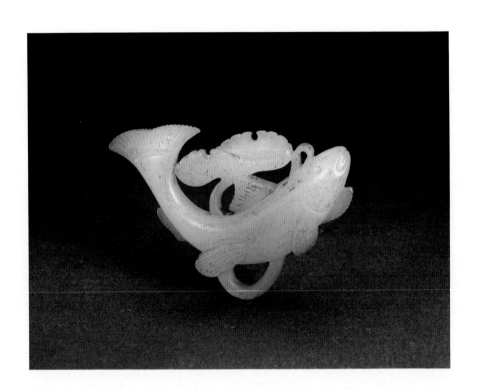

白玉，略有褐色沁。魚呈片狀彎弧形，頭、尾上翹，頭小嘴尖，圓坑眼，背有一脊鰭，身上出五鰭，尾呈扇面且向兩邊展開和中間略凹，尾、鰭飾細陰刻線。魚背鰭旁飾一翻捲且邊呈鋸齒狀的荷葉，其葉梗經魚身盤成一環，並繞到魚頭部，可供繫掛用。

魚與蓮荷花葉復合作玉器始於宋。宋代此式玉魚很多，玉質一般都較好，其中以白玉為多，形體大多呈彎轉狀，且姿態活躍，並附飾荷花、荷葉，更增加了靜中有動的感覺。

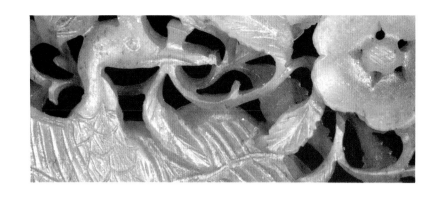

43

玉孔雀銜花佩
宋早期
長7.6厘米 寬3.8厘米
清宮舊藏

**Jade pendant with flower and
peacock design, openwork**
The early Song Dynasty
Length: 7.6cm Width: 3.8cm
Qing Court collection

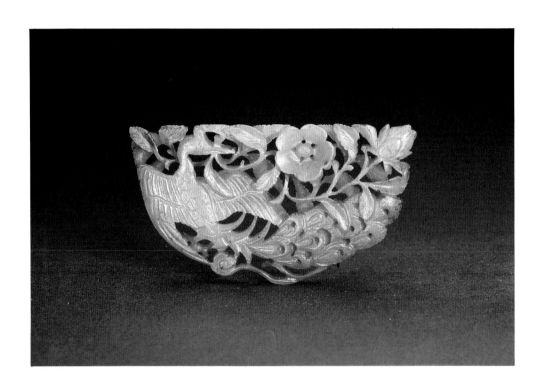

青玉。有黃色沁，整體近似半圓形。片狀，鏤雕一孔雀。孔雀回首，口銜一花枝，頸部曲折，一翅展開，一翅下折，翅羽飾平行排列的條狀紋。

此器尾部的表現採用了宋代玉雕孔雀的流行方式，即尾翎呈排列的鱗片狀，片上有透雕的圓孔，花枝較疏朗且花大、葉小，枝長而曲，造型較一般宋代玉雕花卉有新意。又，鏤雕花形玉片在宋代較流行，作品有下列特點：

一、無邊框，整體設計保持玉片的外形特點，呈半圓形、圓形，三角形或其他形狀。二、鏤雕去掉的玉質面部分較小，保留部分較多，具有一定的質感和堅固性。三、平面性較強。

這件花鳥佩具備了上述特點，還採用了多層次的表現手法，使圖案中的花鳥都有一定的立體感，圖案佈局疏密結合，藝術水平高於一般花鳥紋玉片。

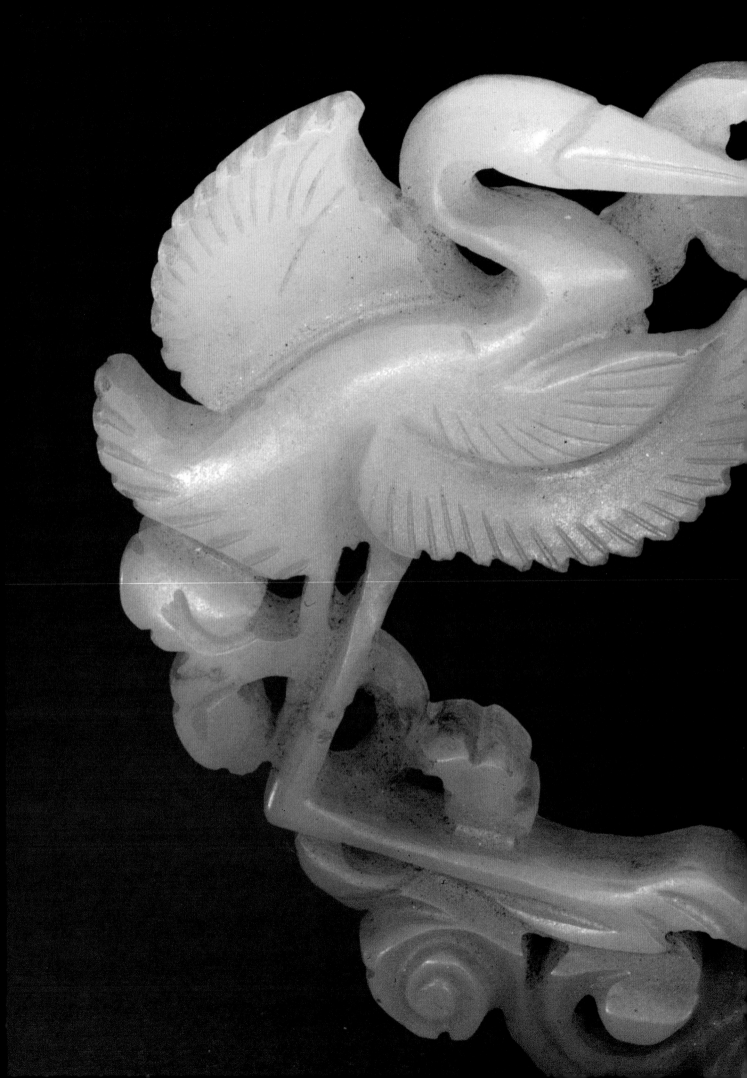

玉雙鶴佩
宋早期
長7.5厘米 寬5.7厘米
清宮舊藏

Jade pendant with double crane design,
openwork
The early Song Dynasty
Length: 7.5cm Width: 5.7cm
Qing Court collection

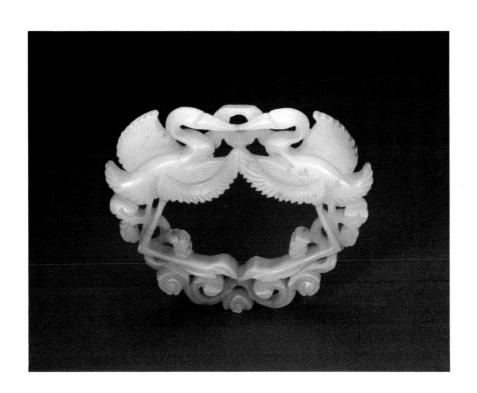

白玉。扁圓形，鏤雕雙鶴相對起舞。雙鶴足之下有雲朵，雙嘴共銜一環飾。其環可穿繩供佩帶。

類似的玉器曾在北京市房山地區金代墓中發現，可見這類雙鶴玉佩在宋、金時期曾廣泛流行。周代至魏晉時曾流行一種多器組合的佩玉體系，以珩、璜、環、衝牙等玉件為主，組成懸掛的串飾。佩帶這種組合玉佩使人活動不便，對人的行為有一定的限制。唐宋時佩玉樣式發生了變化，複雜的玉組佩可能僅限於大型禮儀活動。多數人則佩用更加隨意，體積小巧的玉佩墜。玉佩的樣式圖案也更加豐富，花鳥、人、獸等題材被大量使用。這種雙鶴玉佩外環而中空，樣式新鮮又不奇特，以人們最為熟悉的雙鶴為主題，用以表達祥瑞和長壽之意。

玉鏤雕"壽"字環形飾
宋
直徑7.5厘米
清宮舊藏

**Round jade ornament with character
Shou (longevity), openwork**
Song Dynasty
Diameter: 7.5cm
Qing Court collection

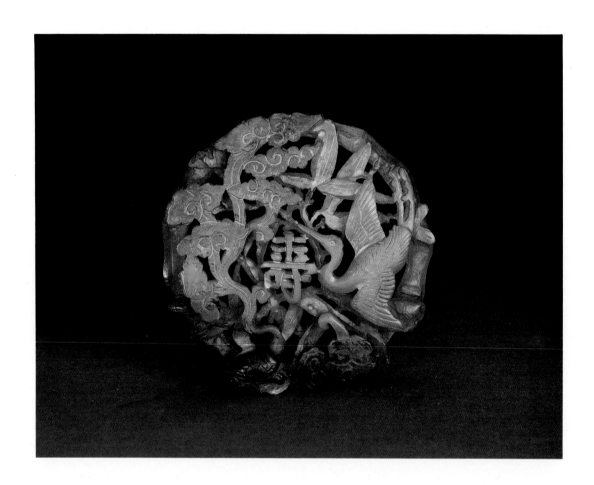

玉料青白色,表面有褐色沁。體呈扁圓形,鏤雕,正面紋圖分為上、下二層,下層為一圓形竹節式環,上層為鏤雕圖案。圖案中部為一"壽"字,其下有一龜,旁有靈芝,龜口吐雲煙,"壽"字右側為一翔鶴。

此器所雕龜、鶴、靈芝都含有長壽之意,中部以鏤雕"壽"字突出主題,借竹與"祝"字同音,總體含"羣仙祝壽"之意。圖案中的龜游荷葉、靈芝式雲及環式結構,在造型上略具宋、元時期玉雕色彩。惟"壽"字做為裝飾圖案主要出現於明、清時期的工藝品中,宋、元時期玉器中很難見到,作品因而珍貴。這件玉飾兩側各有一較大的透孔,可穿條帶,亦可掛鈎頭,從形制上看為腰部飾件。

玉海東青啄雁圖飾
遼或金
厚1.5厘米　直徑8×6.2厘米
清宮舊藏

**Jade ornament with an aquila pecking
a wild goose in openwork**
Liao or Jin Dynasty
Thickness: 1.5cm　Diameter: 8×6.2cm
Qing Court collection

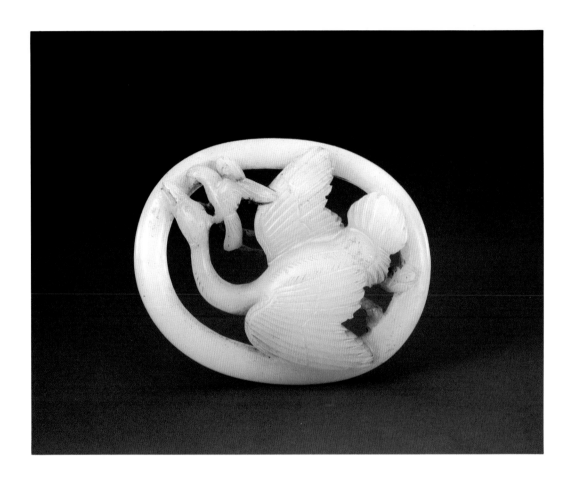

玉料潔白無瑕。器正面中央微弧凸，背面有一橢圓形環，正面以鏤雕加陰線琢紋法飾一海東青琢雁圖。其中大雁展翅而飛，海東青以銳利的鷹鈎嘴正啄於雁的腦上，並於足間似有繩索連接，推測海東青為飼養物。

海東青，又名鶻鳥、鷹鶻和吐鶻鷹，屬鷹科，主要居於黑龍江下游地區，以啄大雁或天鵝的腦汁為食，故當地居民飼養後可作捕殺天鵝和大雁，既可取樂，又可獵取野味佳餚。

海東青啄雁圖玉器，在遼、金、元極為盛行，其圖有的作在天空中追殺狀，有的作在水中搏鬥狀，皆生動逼真。此為前者，數量較少。

玉海東青啄雁飾
遼或金
長4.3厘米　寬3.1厘米　高3.1厘米
清宮舊藏

Jade ornament with an aquila
pecking a wild goose
Liao or Jin Dynasty
Length: 4.3cm　Width: 3.1cm　Height: 3.1cm
Qing Court collection

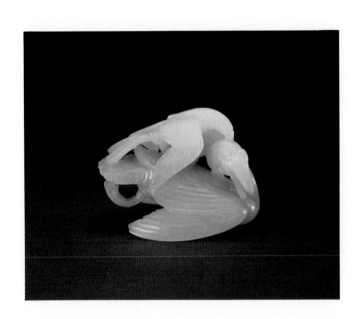

白玉，質潤澤。器圓雕一嬌小的海東青，正以犀利的雙爪緊緊抓住並用尖喙啄雁頭頂部狀，其下一大雁雖雙翅已展開欲飛，但卻曲頸俯首，無力反抗。雁腹部有一對穿孔，以供縫綴之用。

遼金臣民，常以海東青向契丹、女真帝王奉獻，供其在春天進行放鶻捉雁的"春水"活動。依這一題材所製的玉器，就被稱為"春水玉"。

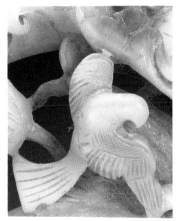

玉海東青啄雁飾

遼或金
最厚2.1厘米　直徑7厘米
清宮舊藏

Jade ornament with an aquila
pecking a wild goose in openwork
Liao or Jin Dynasty
Maximum thickness: 2.1cm
Diameter: 7cm
Qing Court collection

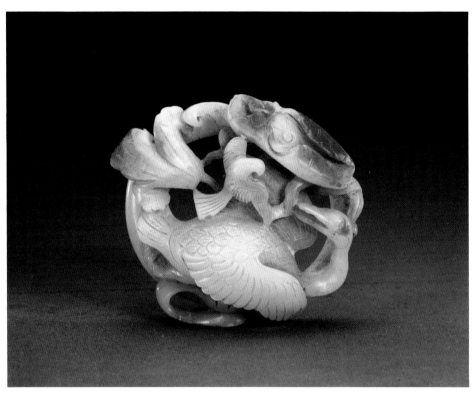

青玉，局部有黃褐色沁。器作正面弧凸，背面外周平
而中央內凹的圓形。正面以多層鏤雕和陰線刻紋法琢
一海東青啄雁圖。所飾一海東青在中部，較其下的雁
小數倍，鷹勾嘴，展翅拱背，長寬尾微上翹，呈剛從
空中俯衝而下至雁背處欲追殺狀。所作一雁，微張
口，回首視其背上部欲捕殺而來的海東青，呈展翅飛
藏於蓮荷花葉叢中態。背面內凹處僅留鏤雕的蓮荷花
葉枝條，而無飾紋，外周有一圓鐲形環並與正面圖紋
相連為一器。鐲形環與正面海東青啄雁圖之間的兩
側，各有一橢圓形隧孔，以供較粗的繩索或穿結用。

海東青體小敏捷，疾飛如閃電，且勇猛超凡，能從高

空至陸地草叢中捕殺比其大多倍的大雁和天鵝。

海東青啄雁及帝王用其取樂的文字記述，遼、金、元
各代史書中多有所載，亦用此題材製作大批玉器。
遼、金、元等少數民族建立的王朝，之所以用此題材
琢磨玉器供帝王后妃用，除了他們喜愛這種民族趣玩
外，更重要的似借海東青以小勝大特性和勇猛精神，
以激勵其民族去戰勝當時較本民族人多勢大的漢族及
其政權。

玉海東青啄雁圖刀柄

遼或金
長10.2厘米　寬2.8厘米　厚1.7厘米
清宮舊藏

Jade handle of knife with design
of an aquila making a grab wild
goose
Liao or Jin Dynasty
Length: 10.2cm
Width: 2.8cm
Thickness: 1.7cm
Qing Court collection

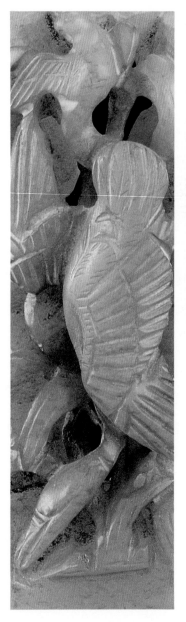

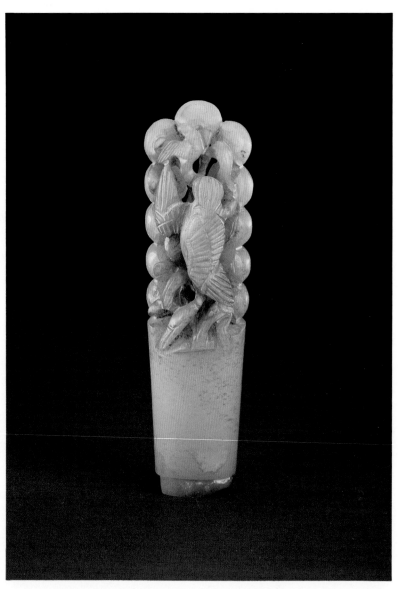

白玉。表面有黃褐色沁。體呈長方厚片狀，鏤雕紋飾。刀把後半部正面琢一飛態大雁，似於水草深處藏身狀，高處一凶悍迅捷之海東青，正尋機下撲獵物。刀把前部光素，頂端稍細，背面周邊琢十一個聯珠紋為托，中間有一向內深掏的圓孔，可安插刀柄。

海東青紋刀把，是目前僅見的遼金時期珍貴生活用器物。其上飾連珠紋，始見於漢，似受西域文化影響，此後的唐和遼金沿其制，此為一例。

玉鏤雕柞樹雙鹿飾

50

遼或金
長6.5厘米 寬2.9厘米 厚1厘米

Jade ornament with oak and double
deer design in openwork
Liao or Jin Dynasty
Length: 6.5cm Width: 2.9cm Thickness: 1cm

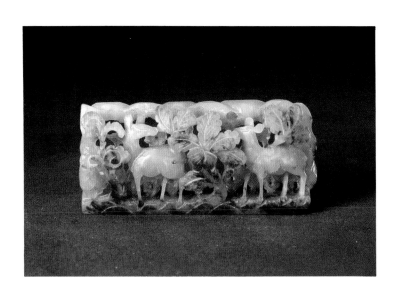

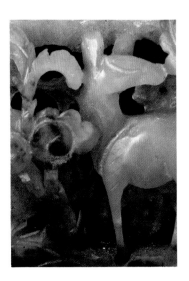

玉料青白色，局部留有原璞的黃褐色皮沁。器片狀，長方形，正面採用多層鏤雕法，雕出柞樹、雙鹿及鹿身後的山石林木。二鹿中一昂首向前，一回首後望。利用玉皮本色琢製體現出秋天之景色的柞樹。鹿後之山石僅留有管鑽鏤空鑽孔痕跡，而未細加飾紋。

地處北方的遼金王朝，為遊牧民族建立的政權，以狩獵放牧為主要經濟活動，亦為帝王取樂的方式之一。這種活動，在玉器中也有所反映，此飾以山林虎鹿為題材即為一例，時稱"秋山"。

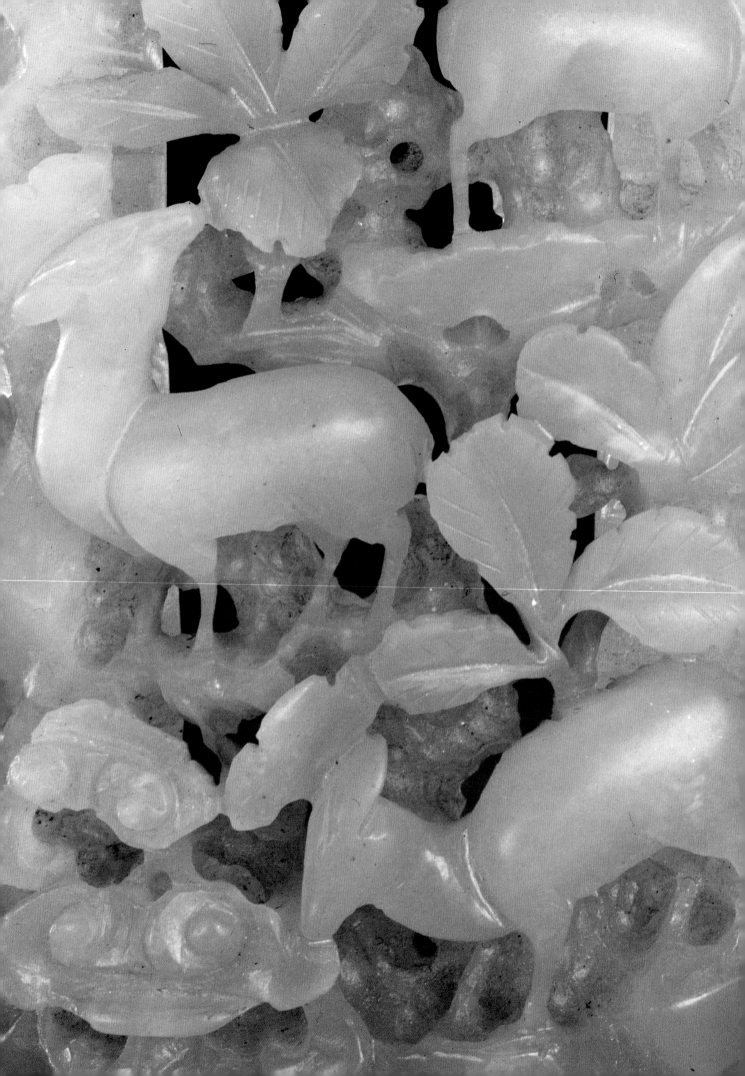

玉鏤雕柞樹羣鹿嵌飾
遼或金
長6.7厘米 寬4.1厘米 厚1.5厘米

Jade ornament with design of
deers among oak trees in openwork
Liao or Jin Dynasty
Length: 6.7cm Width: 4.1cm Thickness: 1.5cm

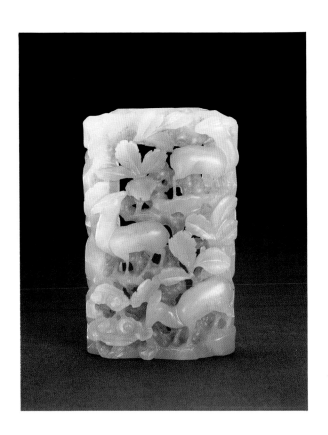

白玉,潤澤無瑕。器作扁長方形。背面有一方框,正面鏤雕羣鹿於柞樹之
中。所飾鹿,有的昂首挺立,有的回首凝視,有的俯首嗅靈芝狀。

玉松鹿紋圓形飾
宋
直徑6.8厘米
清宮舊藏

**Round jade ornament
with deer and pine design**
Song Dynasty
Diameter: 6.8cm
Qing Court collection

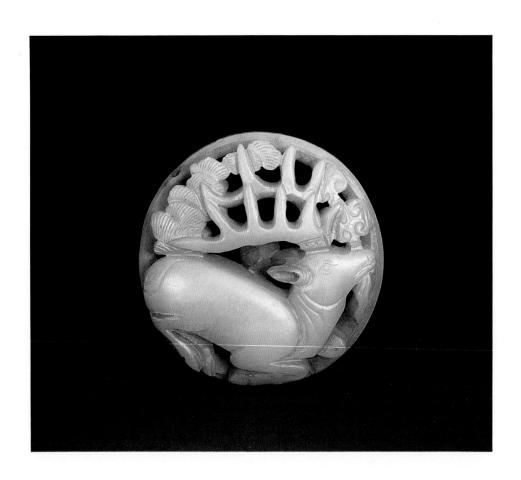

玉料白色，器圓形，正面多層鏤雕松鹿紋，鹿紋居前，較大，松飾於後，呈平而凸起形，有較強的立體感和真實感。

此鹿的雕法與一般唐代及遼金玉器中的鹿紋雕法不同。鹿身較肥但肌肉表現不明顯。頸部有多層皺皮，藝術手法細膩。又，鹿為昂首式，頭頂有大角，這種鹿紋在宋代玉器中亦是不多見的；松樹於鹿身之後，不雕樹身，僅雕松枝示意；唐代之前的玉器上一般不飾樹木，唐以後山水畫發展，繪畫中出現了較多的山石樹木，繪畫藝術也影響了玉器，並成為玉器重要飾紋。這一時期北方遼、金地區玉器常以大葉柞樹為飾，而漢族為主體的宋代玉器中則出現了針葉樹。宋、遼、金玉器中樹木圖案是少量的，構圖不講經營位置，有程式化意味，這件松鹿紋玉器的設計就有上述特點。

玉臥鹿

宋
首高3.1厘米 長4.4厘米 寬2.1厘米
清宮舊藏

Jade crouching deer
Song Dynasty
Height of head: 3.1cm Length: 4.4cm
Width: 2.1cm
Qing Court collection

53

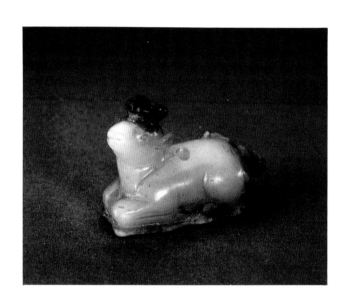

玉料青色。鹿頭、尾及底部有褐色玉皮色。圓雕，三角形臉，圓眼，昂頭，頭頂部出雙角。四肢屈於腹下，尾向兩邊曲捲，呈臥伏狀。鹿背部通腹有一孔，原似一嵌插物。

唐宋時玉鹿，角長和鋸去老角後剛長出幼角的"珍珠盤"角鹿都有，其含義很多，較為常見的是用鹿表示長壽，亦從鹿諧音為"祿"。

玉鹿
宋
長10厘米 寬4厘米 高6厘米
清宮舊藏

Jade deer
Song Dynasty
Length: 10cm Width: 4cm Height: 6cm
Qing Court collection

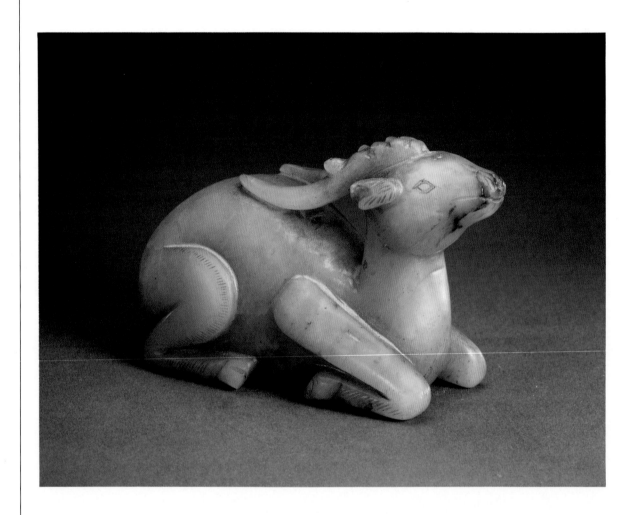

玉料青白色，局部有花狀冰裂痕及淺黃色沁斑。鹿立雕，小尾垂地，頭前視，橄欖狀小眼，雙耳後翹，角後飄於後背且有幾道分支，呈跪臥狀。

鹿在中國人的心目中是一種溫順不傷人的動物，且成羣結隊為生，其角可作貴重補品，有延年益壽之效，並隨割隨長，象徵生命力。此外，在中國語音中，鹿與祿同音，意官運將降臨。這就是說，鹿體現了中國人最推崇的仁義道德和福、祿、壽等吉祥之意，這是古代先民長期崇尚鹿，並提倡佩玉鹿的原因。

玉虎鷹紋飾
遼或金
長6.7厘米 寬4.4厘米 厚1.6厘米
清宮舊藏

Jade ornament with tiger and eagle design
Liao or Jin Dynasty
Length: 6.7cm Width: 4.4cm Thickness: 1.6cm
Qing Court collection

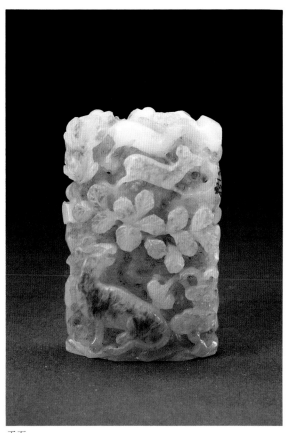

正面

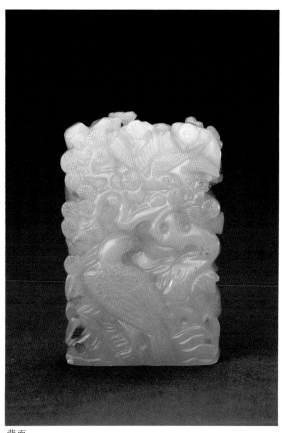

背面

白玉，一面有原玉璞的黃褐皮。器為扁長方形，兩面雕紋不同。一面深雕山石柞樹，樹下蹲一虎，左上角飾回首仰視奔馳於山林間的雙鹿。另一面淺浮雕一立於松樹之上的鷹及二鵲，右上角鐫一上陰刻"日"字太陽。

在玉器上留有皮色是宋元間作品的特點，以黃色的玉皮巧作雕出虎鹿及樹葉，充滿了山林野趣，表現出東北山區的景色。

玉雙神獸紋飾
宋
長8.1厘米 寬6.8厘米
清宮舊藏

**Jade ornament with double mythical
animal design**
Song Dynasty
Length: 8.1cm　Width: 6.8cm
Qing Court collection

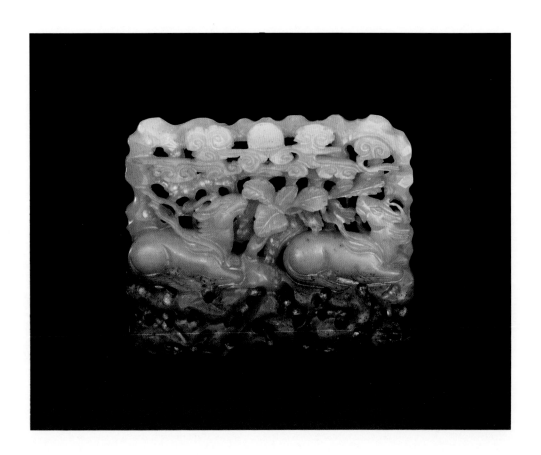

玉料青白色，局部帶有黑色斑點。器作扁平的長方形，以多層鏤雕法琢圖
紋。正面上部雕烈日（或月）浮雲，下部鏤雕山石，二神獸臥石上，間有
一株小樹。背面僅留有穿孔痕而無紋飾。

神獸是玉器中的傳統題材，漢魏六朝玉器中的神獸多為辟邪或天祿，造型
以肉食動物為基礎，形象凶猛，有較大的誇張和造型變化。唐代玉神獸延
襲漢晉之風，造型中有誇張，但不若魏晉辟邪凶猛。這件宋代作品與傳統
風格有別，它以鹿為原型而略有誇張，又將宋代龍紋造型中的火焰紋用於
鹿的肩部，風格寫實且注重肌肉表現，這在古代玉器中很少見。又，此器
有不同的鏤雕層次，圖案局部近於圓雕，較傳統的平面鏤雕圖案技法有很
大的進步，是宋、金時期琢玉的代表作品。

玉異獸

宋
長6.5厘米 寬12.7厘米 高5.2厘米
清宮舊藏

Jade animal
Song Dynasty
Length: 6.5cm Width: 12.7cm Height: 5.2cm
Qing Court collection

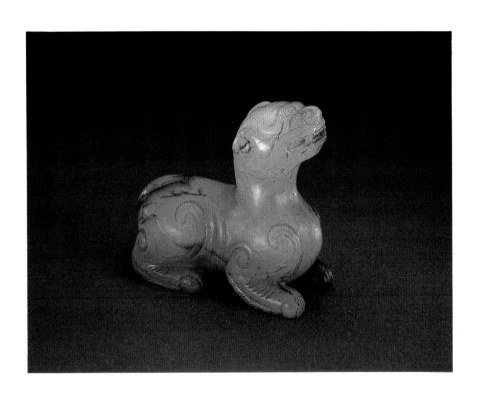

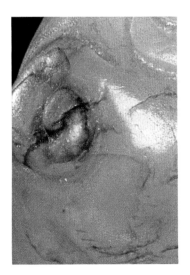

和闐白玉，表面有人為的赭色沁。玉獸圓雕，圓突眼，寬長眉，寬鼻頭，張口露齒，雲形耳，獨角，四腳飾以火焰紋，三綹尾貼於後臀部，整體如挺胸昂首伏臥狀。

此器形似傳說中的甪端，或又形如有角狻猊。傳說此類神獸日行一萬八千里，懂四方之語，知遠方之事。此獸氣勢凶猛，神韻兼備，顯示出宋代玉匠的高超技藝和豐富的想象力。

玉神獸
宋
長10.2厘米 寬5.3厘米 高6.5厘米

Jade mythical animal
Song Dynasty
Length: 10.2cm Width: 5.3cm Height: 6.5cm

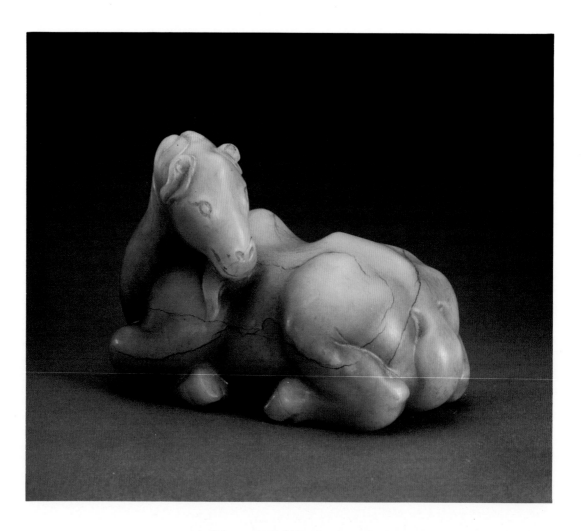

玉料黃色，局部有褐色綹紋。獸立雕，回首、馬頭、羊鬚，頸有長且濃多
的鬃毛，駱駝形雙峰背脊，粗壯的髮尾自然垂地，鹿蹄，四腳跪彎臥地。

玉器上常見些俗稱"四不像"的神奇異獸。它既非通常最多且有固定名的
龍、鳳、螭、麒麟、辟邪等，又非現實生活中常見的鳥獸蟲魚。此類玉神
獸，其年代多在宋元間，其形是綜合多種動物的特徵於一身，給人一種可
視為某一動物而又似是而非的神奇怪異感。

玉鏤雕丹鳳朝陽嵌飾
宋
厚1厘米　直徑6.3厘米

Jade ornament with phoenix design in
openwork
Song Dynasty
Thickness: 1cm　Diameter: 6.3cm

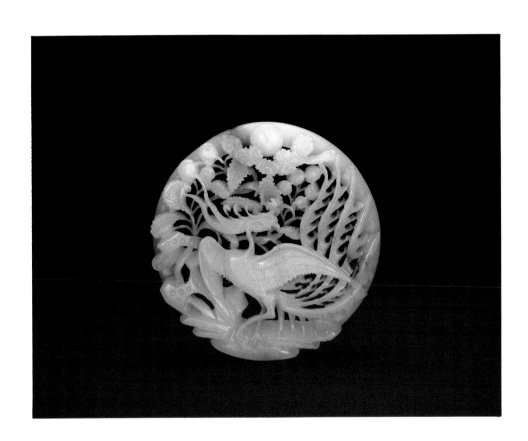

白玉，鏤雕琢製而成。器背面有一環形托，上琢一雙足踏山石的鳳紋。鳳
回首，張翅，展尾，頭側襯以葉、果紋，上端為祥雲托白紋。

鳳，為中國古代傳統吉祥紋飾。最早出現於商代，相傳鳳為羣鳥之長，在
古代被尊為鳥中之王，是祥瑞的象徵。《山海經‧大荒西經》曰："有五
彩鳥三名：一曰皇鳥，一曰鸞鳥，一曰鳳鳥。"《説文》曰："鳳，神鳥
也，天老曰：鳳之象也，鴻前麐（麟）後，蛇頭魚尾，鸛顙（額）鴛思
（腮），龍文龜背，燕頷雞啄，五色備舉。……見則天下安寧。"唐宋以
後，鳳紋更為盛行，並神人合一，被比作帝王的后妃。

玉魚龍變化佩
宋
長7厘米　寬3厘米
清宮舊藏

Jade pendant in the shape of dragon's head,
fish's body and bird's wing
Song Dynasty
Length: 7cm　Width: 3cm
Qing Court collection

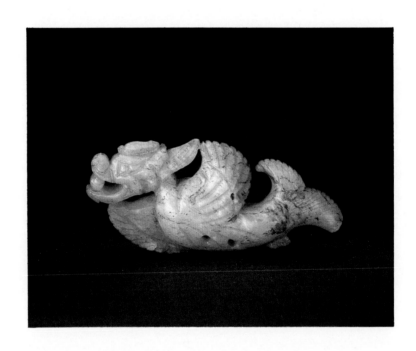

玉色蒼舊，有赭褐色沁。作品由魚身、龍頭、鳥翅組成，有繫孔供佩繫用。

晉、唐時期，藝術品中出現過一種魚龍形作品，稱為摩竭。摩竭魚的出現同佛教的流行有關，據《一切經音義》稱："摩竭者，梵語也，海中大魚，吞唉一切"。據此而知摩竭是似魚的大獸。這件作品頭部似龍，嘴長而窄，前伸，為唐、宋時期龍紋的造型風格。作品之身為魚身，短尾分叉。分別向上、下外翻，尾上有排列緊密的細長陰刻線，翅短而寬，端部前伸，邊呈齒狀，有明顯的宋代玉雕特點。凡此說明，此類器很可能是當時佛教中摩竭傳說的化身，宋代玉雕中的龍、魚、飛鳥皆取動態，此作品為飛行狀，動態明顯，集龍、魚、鳥特徵為一身。宋代的此類玉器尚不多見，此為一例，是不可多得的藝術精品。

玉鏤雕行龍佩

宋
長9.4厘米　寬7.1厘米　厚0.4厘米
清宮舊藏

61

Jade pendant with floating
dragon design in openwork
Song Dynasty
Length: 9.4cm　Width: 7.1cm　Thickness: 0.4cm
Qing Court collection

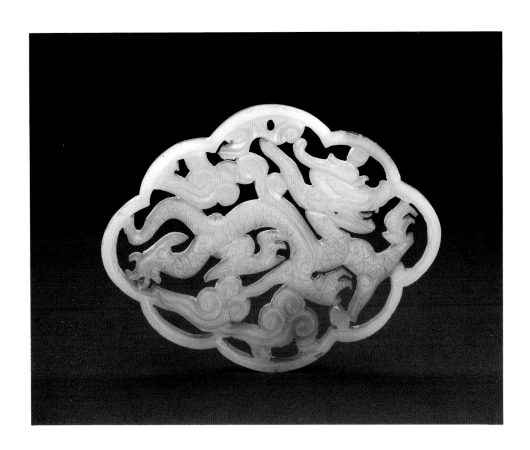

白玉，佩俯視為海棠式片狀。兩面紋飾同，均鏤雕雲龍紋。龍上唇厚且翹，有獨角，張口吐舌，毛髮後披，龍身曲折，上飾鱗紋，騰躍於朵朵祥雲之中。

兩宋遼金元各代玉器上的紋飾豐富多彩，以龍鳳吉祥為多，所飾龍有穿花龍、坐龍、行龍、飛龍等等，此外龍身上還有許多雲氣紋、火焰紋等附加紋飾。這些紋飾一般都較細膩、流暢，雕刻得既生動活潑，又別具匠心。

玉鏤雕雲龍嵌飾
宋
長7.2厘米　寬6.5厘米　厚0.4厘米

Jade ornament with dragon among clouds in openwork
Song　Dynasty
Length: 7.2cm　Width: 6.5cm
Thickness: 0.4cm

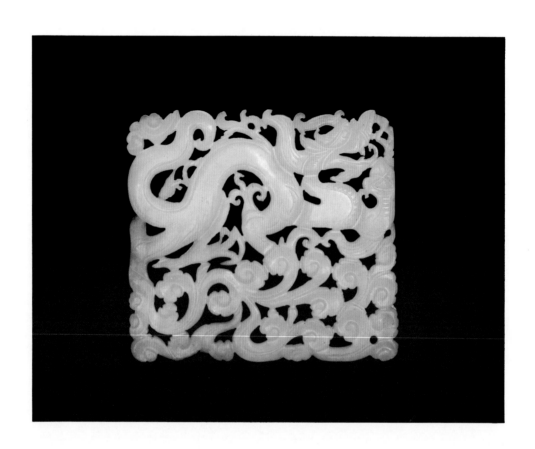

新疆白玉，局部有淺赭色沁。嵌飾方片狀，於上部鏤雕一側面龍，一爪握寶珠，作行於雲端狀。

宋代龍紋，磅礴有氣勢，眼、口、飄髮之神韻，遒勁的身軀，有力的四肢，鋒利的三爪等皆自成一體。又，此期的龍紋及整體，由漢唐期的獸形體向蛇形體轉變，亦別於其他時代。此為一典型實例。

玉鏤雕龍紋飾

63

宋

長7.7厘米　高3.3厘米　厚0.6厘米

Jade ornament with dragon design, openwork
Song Dynasty
Length: 7.7cm　Height: 3.3cm
Thickness: 0.6cm

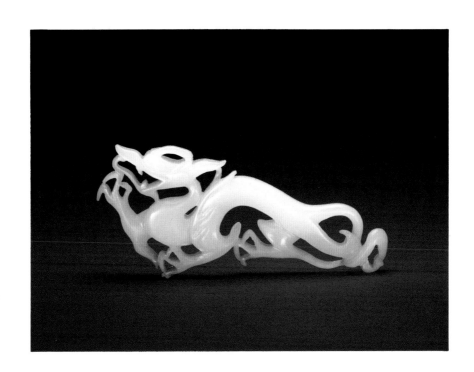

白玉。器圓雕一呈伸屈行走狀的龍。龍長圓眼，細角，髮後飄，張口且露上下齒，上唇長且翹，肩部兩側飾火焰紋，三利爪足，尾微捲。

唐宋時期，特別注意對玉料的選材，小至各種動物，大至器皿類，都選用上好玉材製作。此龍飾所用玉料，一點斑瑕都沒有，且造型刀法均佳，為宋代佩（嵌）飾件中之精品。

玉鏤雕雲龍嵌飾
宋
長5.9厘米　高5.4厘米　厚0.5厘米

Jade ornament with
dragon among clouds, openwork
Song Dynasty
Length: 5.9cm　Height: 5.4cm　Thickness: 0.5cm

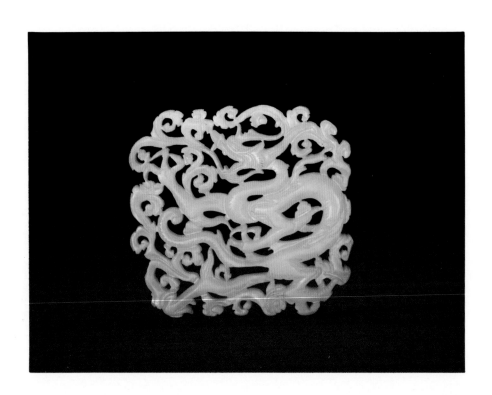

白玉。片狀，鏤雕一龍，大眼，粗眉，有角，張口露齒，軀體彎曲，三爪鋒利，呈騰舞於捲連雲中狀。

宋龍與唐龍比較，主要表現為身體的彎度大和拱形的背；龍的嘴角，大多不超過眼角，長髮後飄，多素身，一般均飾三利爪；所陪襯的雲紋與唐代的朵雲有明顯的區別，均多有叉且捲，邊沿的裏外側，也多少帶有小齒飾。

玉鏤雕蹲龍嵌飾
宋
長3.8厘米　高3厘米　厚0.7厘米

Jade ornament with
crouching dragon design, openwork
Song Dynasty
Length: 3.8cm　Height: 3cm　Thickness: 0.7cm

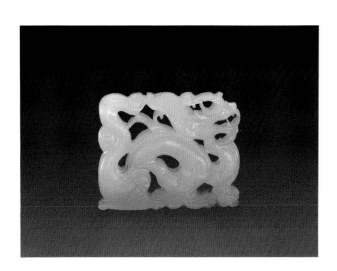

白玉。厚片狀，鏤雕。正面飾一蹲龍，挺胸、拱背、尾上翹且稍捲起，長
髮後飄，張口露齒。背面有五對隧孔，可穿綴於他物上用。

玉鏤雕龍石嵌飾
宋早期
長9.8厘米　高3.8厘米　厚1.2厘米

Jade ornament with
dragon crossing over
grotesque stone in openwork
In the early part of Song Dynasty
Length: 9.8cm　Height: 3.8cm　Thickness: 1.2cm

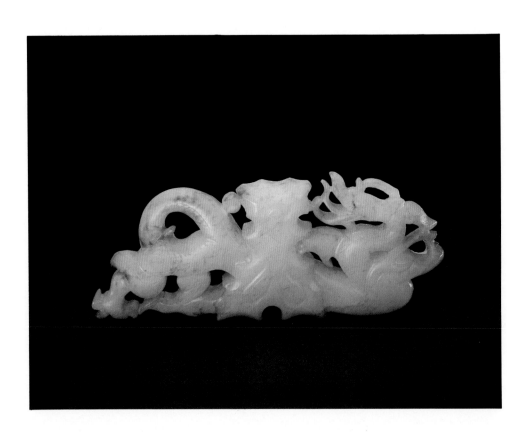

白玉。表面表一層淺茶色沁。飾呈厚片狀，鏤雕一龍，粗體、張口回首，
呈穿爬於奇石而過狀。龍巨尾翹起，尾尖纏於一後肢上。背面有六對鼻形
穿孔，可穿綴於他物上用。

此龍紋有唐代遺風，表現為眼眶呈三角形，嘴角未超過眼角，後肢纏尾
等，但前肢及整體形態則為宋代風格，當可視為宋早期物。

玉鏤雕龍紋飾
宋
長5.5厘米　高10.9厘米　厚1.5厘米
清宮舊藏

Jade ornament with
dragon design in openwork
Song Dynasty
Length: 5.5cm　Height: 10.9cm　Thickness: 1.5cm
Qing Court collection

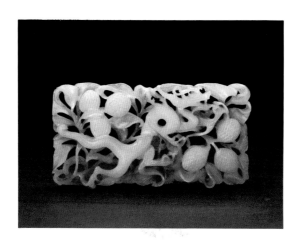

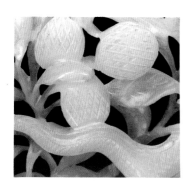

白玉，溫潤無瑕。器呈長方形，鏤雕荔枝及龍紋。龍雙角、張口，毛髮飄
起，身飾鱗紋，以其雄健、靈巧、多變的身姿穿行於枝繁葉茂、碩果纍纍
的荔枝叢中狀。

中國傳統文化中，以荔枝寓意多子或諧音為利。多子和多利皆為福，而龍
即天子，故此器或有天子多福及子孫滿堂之吉意。

玉蟠龍紋山子
遼或宋
寬12厘米　高15厘米
清宮舊藏

**Jade-carving with coiled
dragon in relief**
Liao or Song Dynasty
Width: 12cm　Height: 15cm
Qing Court collection

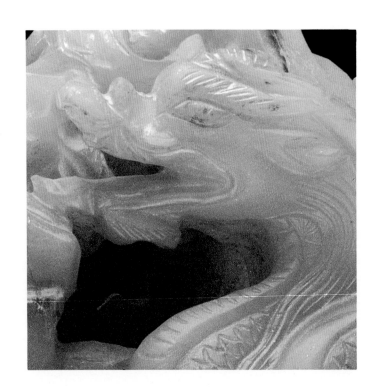

青玉，圓雕，局部有原皮色。器於上下左右，打出十數個大小縱橫圓洞，
上部浮雕一龍身軀粗壯，昂首挺胸，橢圓眼睛，寬長眉，雙角，長髮，小
耳，張口，粗肢五趾，身飾鱗，前肢上部飾火焰紋。龍身下琢一棵枝葉茂
盛的柞樹，利用厚皮巧飾葉色，顯現出東北地區山野之自然景色。

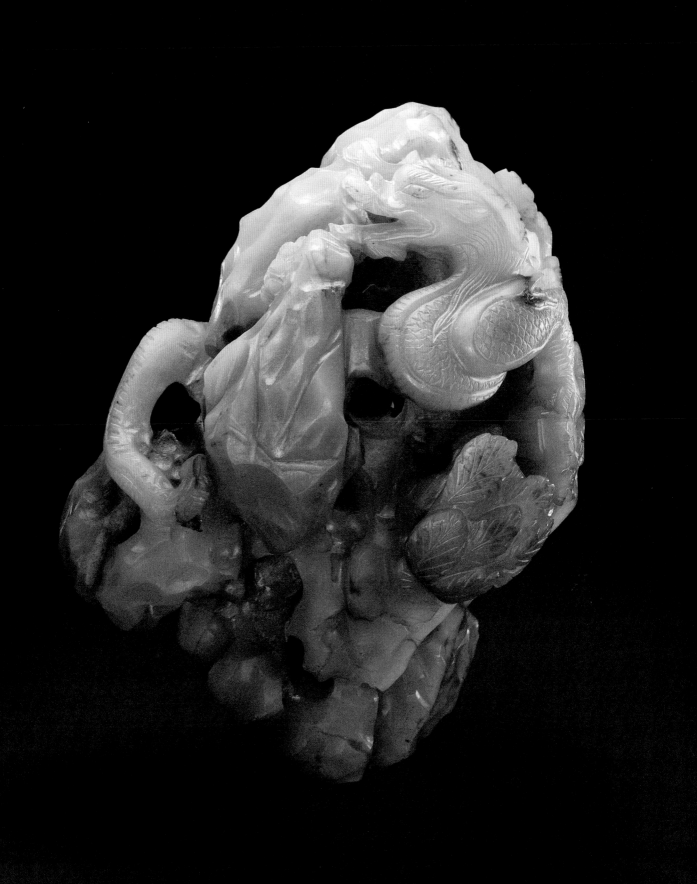

玉鏤雕龍紋帶飾
宋
長10厘米　寬5.3厘米　厚0.5厘米

Jade belt ornament with
dragon design in openwork
Song Dynasty
Length: 10cm　Width: 5.3cm　Thickness: 0.5cm

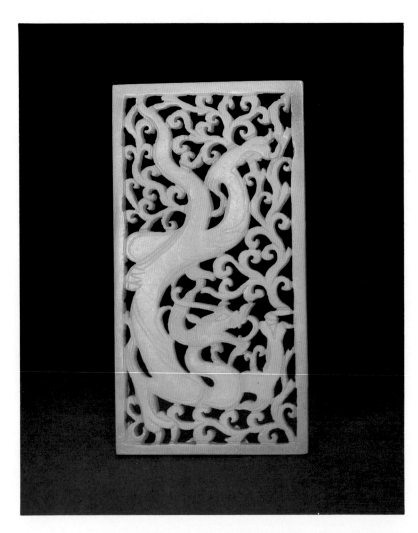

白玉。器作長方片形，以鏤空技法雕一行龍游弋在捲連草葉中。龍張口吐舌，髮上衝，四肢呈爬行狀。背面四角各有一鼻形孔。

此器從穿孔看，當為帶板，可綴於革鞓上。其鈎連捲草紋是從捲連雲紋演變而來。宋代人物帶板減地浮雕，而龍紋和花卉紋帶板多為鏤雕技法，皆對後期玉雕有很大影響。

玉鏤雕雲龍紋帶飾
宋
長5.1厘米　寬3.5厘米　厚1.7厘米
清宮舊藏

Jade belt ornament with design of
dragon among clouds in openwork
Song Dynasty
Length: 5.1cm　Width: 3.5cm　Thickness: 1.7cm
Qing Court collection

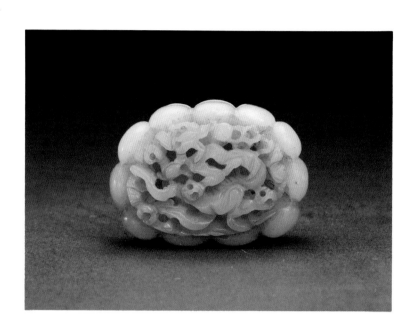

白玉，略有瑕斑。帶扣為橢圓形，較厚。鏤雕雲龍戲珠紋。龍大張口，毛髮後披，三爪。器周邊飾十一連珠，上下兩側邊有對穿長方形孔。

宋代玉帶飾較唐代有很大發展，不僅有仿古類的帶勾、帶扣，還出現了圓形、橢圓形、方形等不同造型物。此器之連珠紋有大連珠，也有小連珠，數量不等。頗有西域風格。

玉龍紋帶飾
宋
長9.1厘米　寬5.2厘米
清宮舊藏

**Jade belt ornament with
dragon design**
Song Dynasty
Length: 9.1cm　Width: 5.2cm
Qing Court collection

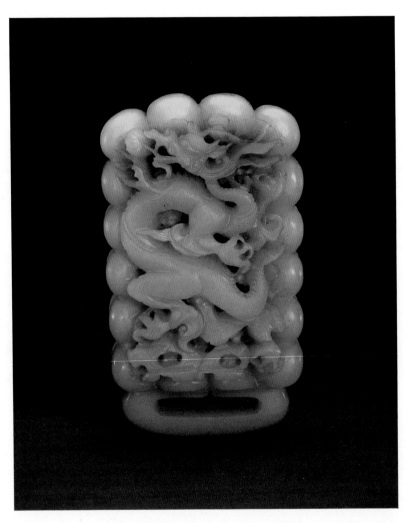

白玉。體呈扁長方形，邊沿飾大連珠紋。下面鏤雕雲龍圖案，一扁孔橫貫
兩側。可穿革帶，下部有一半圓形環。

宋代玉帶飾的種類較唐代和明代為多，目前發現的唐代玉帶飾僅有帶板，
可能還有玉勾，而宋元時期的玉帶飾有帶勾、帶扣、帶板、束帶等多種樣
式。這種兩側有通孔，可直接串於革帶上的帶飾，有的下部帶有掛物環。
一些學者稱其為"提攜"，有人稱其為"束帶"。這類名稱雖在古文獻中
都能找到，但文獻中的名稱與實物間的對應關係，還沒有足夠的證據。這
件帶飾上的雲龍紋雕琢得非常精緻，工藝水平堪稱上乘，在當時極為珍
貴，為皇族所用。《宋史》載，理宗端平元年，宋將孟洪帶兵同元軍滅金
國，所獲國寶中有"透碾雲龍玉帶"，"連珠環玉束帶"等，即可為證。
此器或即為其中所獲金代物之一。

玉海東青啄雁帶飾
宋
兩件均長8.5厘米 寬4.6厘米 高2.2厘米
清宮舊藏

Jade belt ornament with design of an aquila
making a grab at wild goose
Song Dynasty
Length: 8.5cm Width: 4.6cm Height: 2.2cm
Qing Court collection

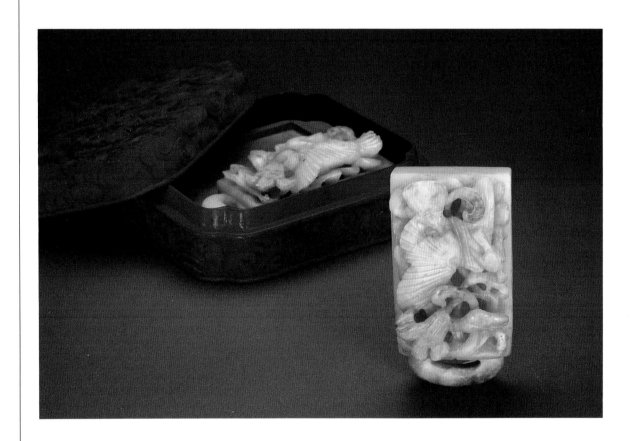

玉料青白色，局部有褐色沁斑。體為扁長方形。正面上部鏤雕一大雁，長頸深進水草之中呈躲藏狀，天空中一只小巧的海東青正虎視眈眈地瞄準大雁，欲進攻追殺。下部有一橢圓形粗環，背面為中間凹進，四邊成粗框形，且無飾紋。

此器在清宮時，配有一個清乾隆製作的長方委角形雕漆盒盛裝保護。

玉海東青啄雁飾
宋或元
長7.2厘米　寬6.2厘米
清宮舊藏

**Jade ornament with design of
an aquila making a grab at wild goose**
Song or Yuan Dynasty
Length: 7.5cm　Width: 6.2cm
Qing Court collection

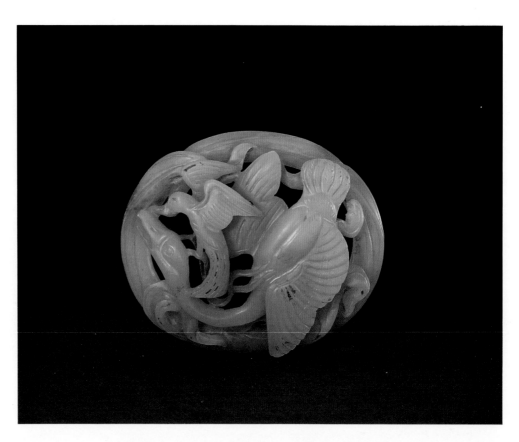

玉料青白色，局部有淺褐色斑。呈扁圓形，兩側邊有對穿的長方形隧孔，下端有一半圓形環。器通體為多層鏤雕法琢紋，正面一穿行躲藏於荷葉之中的大雁，其上有一比雁小數倍的小鳥──海東青，作圓睜大眼，尖尖的嘴，如從天而降狀。水中花葉，捲曲自如。

玉鏤雕松鹿紋帶飾
宋
長9厘米　寬4.7厘米　高1.6厘米
清宮舊藏

**Jade belt ornament with
pine and deer design in openwork**
Song Dynasty
Length: 9cm　Width: 4.7cm
Height: 1.6cm
Qing Court collection

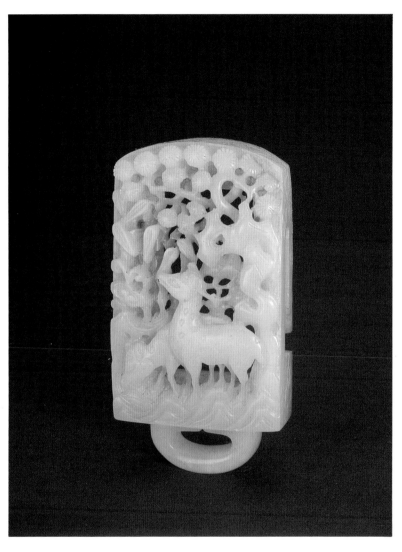

新疆和闐青白玉，局部有褐色沁斑。體呈扁平長方形，正面微弧凸，上方
以鏤空法。飾雙鹿作於小溪旁戲遊狀，一鹿似在飲水，另一鹿似在放哨觀
望，身後是茂密的松林與山石；下部有一橢圓形掛扣，可供掛繫他物所
用。器背面呈中間凹進四邊粗寬框，側邊各有一長方形隧孔以供革鞓穿插
結掛用。

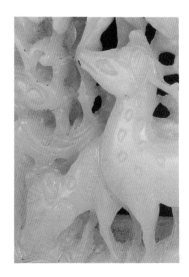

玉鏤雕松鹿紋帶飾

玉雙鹿紋帶飾
金
長7.8厘米　厚1.6厘米
清宮舊藏

Jade belt tablet with pines and cranes design
Jin Dynasty
Length: 7.8cm　Thickness : 1.6cm
Qing Court collection

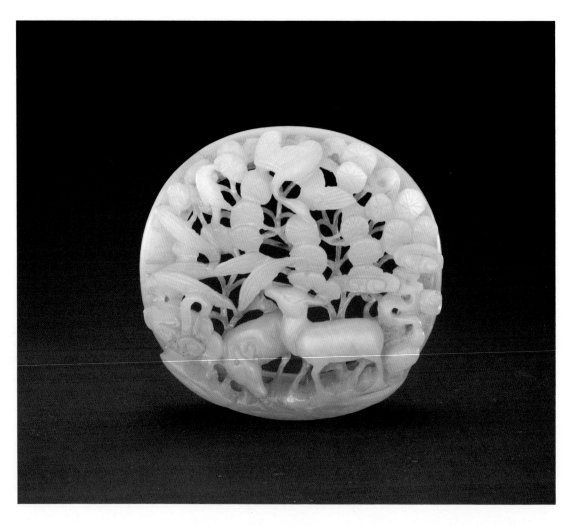

玉料白色。器略呈扁橢圓形，正面微弧凸，以多層鏤雕法飾雙鹿一鶴，間
點綴山石、松樹、靈芝和草等，背面平，周緣有一隨形的橢圓框，兩側各
有一隧孔可供繩索穿綴用。

器有鹿有鶴，間綴寓意長壽之物，或即"鶴鹿同春"的又一式物。

玉鏤雕雄鹿帶飾
遼或金
寬4.7厘米　高6.5厘米　厚2.1厘米

Jade belt ornament with male deer
design in openwork
Liao or Jin Dynasty
Width: 4.7cm Height: 6.5cm Thickness: 2.1cm

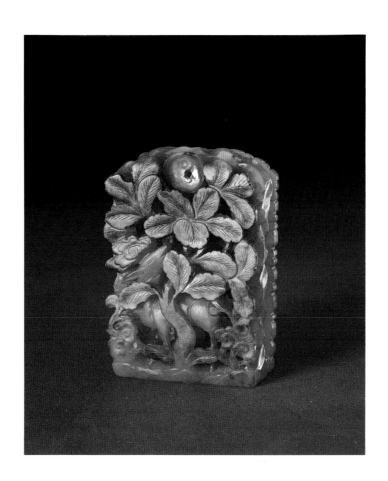

玉質淡黃色，間留有一層赭黃的玉皮色。器多層鏤雕，第一層為柞樹和靈
芝仙草；第二層琢一珍珠盤角的站立雄鹿，作抬頭望日狀；第三層為帶飾
後壁上下左右鏤雕的山石紋。背面於長方形孔的四周邊框上琢雲紋。正背
面之間的兩側各雕出一條形方孔，可供穿革帶用。又正面上方有一深雕的
圓形嵌槽，疑可嵌入紅寶石之類以示太陽。寓“望日高升”之意。

遼金元玉器上的紋飾，逐步向多層次發展，層次多，難度大，對玉雕業的
發展，有很大影響。遼金元利用原玉皮色最有特色，如此器的赭黃色樹
葉，就表現出山林秋天的景色，別有生活情趣，亦為琢玉一絕，堪稱巧奪
天工。

玉人物紋帶板
宋
兩件均長6.1厘米　寬5.5厘米　厚1.3厘米
清宮舊藏

Jade belt tablet with figure design
Song Dynasty
Length: 6.1cm　Width: 5.5cm　Thickness: 1.3cm
Qing Court collection

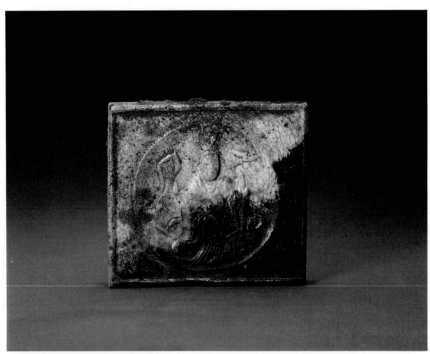

正面

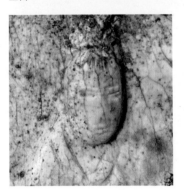

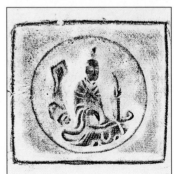

拓片

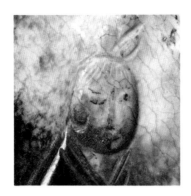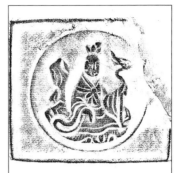

拓片

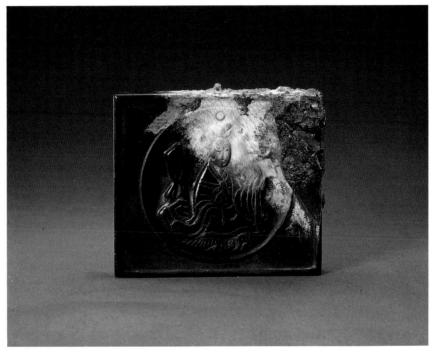

背面

玉料經火燒後均呈灰白色，並在其上黏有其他器物的殘跡。兩器均體呈扁平長方形。正面近邊緣有一突起方框，方框內之中部有一圓弧，上浮雕和陰線飾一長老，形作身穿長袍大褂，手執龍把拐杖，頭頂有一朵盛開的荷花，呈盤腿坐態。帶板背面平磨無紋飾，四角各有一對斜穿的小孔，以供與革鞓繫結之用。

此器為宋代典型代表作之一，與唐代人物帶板中均以胡人為飾者形成鮮明的對比。

玉人物紋帶板（三件）
宋
之一：高5.4厘米　寬6.3厘米　厚約0.7厘米
之二：高5.4厘米　寬6.5厘米　厚約0.7厘米
之三：高5.4厘米　寬6.4厘米　厚約0.7厘米
清宮舊藏

Three Jade belt tablets
with figure design
Song Dynasty
a: Height: 5.4cm　Width: 6.3cm
Thickness: about 0.7cm
b: Height: 5.4cm　Width: 6.5cm
Thickness: about 0.7cm
c: Height: 5.4cm　Width: 6.4cm
Thickness: about 0.7cm
Qing Court collection

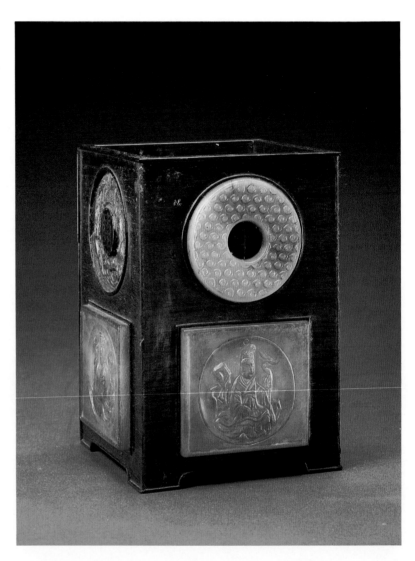

三件帶板的玉料皆呈白色，表面均有一層赭色沁。器皆方形片狀，正面在中間圓開光內飾浮起的人物紋。頭頂桂冠，面目清秀，身著交領寬袖長衣，手拄龍頭拐杖，身背有山石飾，頭頂有一圓圈，整體如坐姿。帶板背面皆平素，於清代作木筆筒嵌件用。

這三件帶板的做法是，先琢四邊棱線，後減地至圓開光處再斜坡向下深雕，以使主紋飾浮起。宋代人物帶板故宮共存五件，這三件完好無損並嵌在這件木筆筒上。這種人物帶板，面部表情莊重，衣紋線條流暢，是研究宋代著裝和服飾的珍貴實物資料。

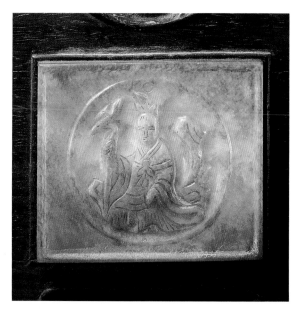

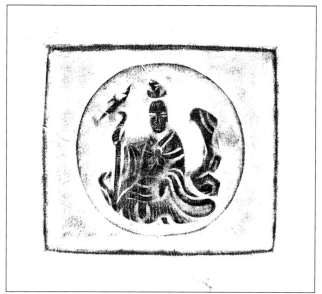

拓片

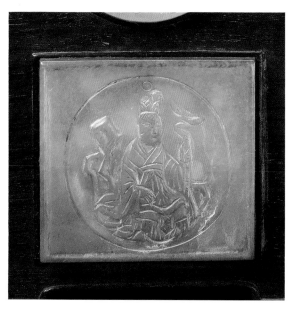

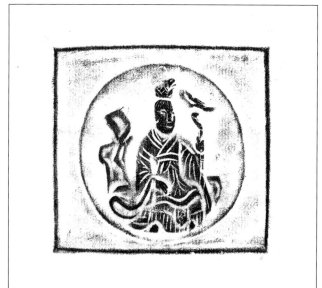

拓片

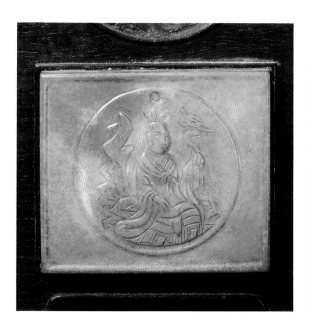

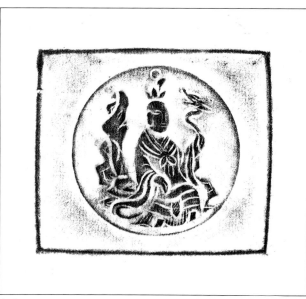

拓片

91

玉戲鶻人佩
遼或金
寬3.5厘米　高5.9厘米

Jade figure playing with falcon
Liao or Jin Dynasty
Width: 3.5cm　Height: 5.9cm

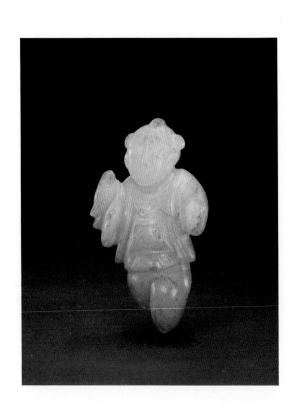

白玉，圓雕，以淺浮雕人形的五官輪廓和凸雕三髻髮形，身著短衣，外衣不結扣且衣紋較粗，小足，右手托一鶻鳥，呈行走狀的童子。

宋、遼、金玉器走向寫實。往往從一件玉器上，能反映出當時的生活習俗。如這一托鶻童子玉雕恰恰反映了當時少數民族養鶻、玩鶻，去捕捉天鵝或大雁之真實寫照，極富生活氣息。

玉鏤雕執花童子佩
宋早期
長7.9厘米　高3.3厘米　厚1厘米

Jade pendant with
a boy holding lotus, openwork
In the early part of Song Dynasty
Length: 7.9cm　Height: 3.3cm　Thickness: 1cm

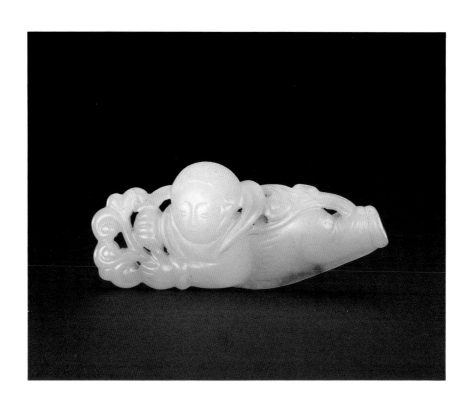

玉質潔白，瑩潤，呈半透明。器以半圓雕和鏤雕法琢製，以嫻熟的刀法琢一雙手執蓮荷花葉，如仰臥態的童子。

此器花形似長尾朵雲飾紋，帶有唐代遺風，而五官的雕工，童子頭大、足小，以及所飾粗短陰紋等，則是宋早期的標準紋飾。童子造型以飛天為摹本，在同類玉器中甚少見。

玉舉蓮童子
宋
高7.2厘米　寬2.8厘米　厚1.1厘米
清宮舊藏

Jade boy holding high lotus
Song Dynasty
Height: 7.2cm　Width: 2.8cm　Thickness: 1.1cm
Qing Court collection

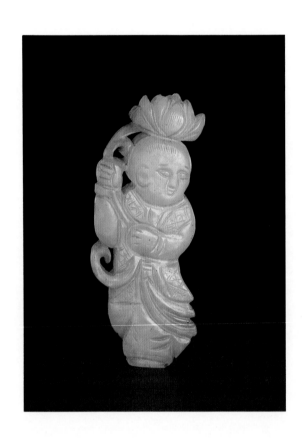

青白玉，厚片狀，背面有玉璞的褐皮色。童子身穿"米"字紋上衣，長褲，腰繫長綢帶，雙手舉一盛開的折枝蓮花。

蓮花，是中國傳統花卉，宋元以荷花、蓮葉作為飾紋的玉器極多，如魚蓮，蓮花燈等，正如《宋詩鈔》曰："況是上元佳節近，華燈萬點看蓮孩"，其中"蓮"字諧音"連"，所飾有寓意"連年有餘"、"連得喜子"等。此為宋"連得喜子"或"連生貴子"的典型代表作。

玉執荷童子佩
宋
寬3.6厘米　高5.7厘米　厚1.5厘米
清宮舊藏

Jade pendant in the shape of
a boy holding lotus
Song Dynasty
Width: 3.6cm　Height: 5.7cm　Thickness: 1.5cm
Qing Court collection

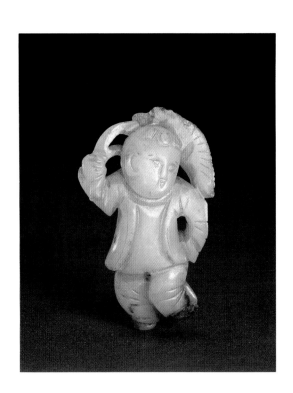

白玉，圓雕童子。深杏核眼視向左側，"八"字眉，蔥管鼻，小口，月牙形耳，頭上飾有三綹心形髮紋。右手舉一折枝荷葉。荷葉之邊緣琢鋸齒紋，裏外面陰刻葉脈紋。玉童子頭後至雙腿間有一貫孔，前腿根處又打一孔與貫孔相通，可繫佩。

此器刀法粗獷，姿態活潑，眼睛傳神，表現出了童子的天真性格及琢玉匠師高超的藝術水平。

玉鏤雕執荷童子
宋
寬5.5厘米 高6.5厘米 厚1.5厘米

Jade boy holding lotus, openwork
Song Dynasty
Width: 5.5cm Height: 6.5cm Thickness: 1.5cm

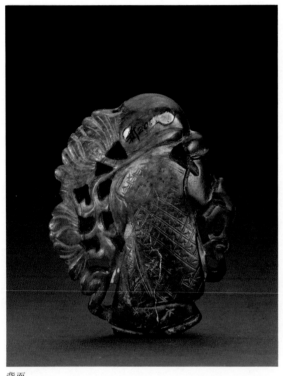

背面

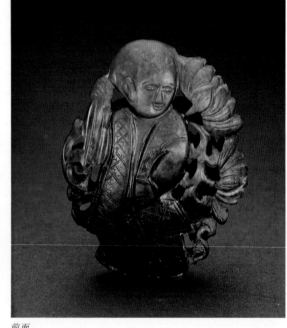

前面

玉料暗褐色，下部有褐色沁。器圓雕一執荷葉童子，形作大頭，八眉耳貼於頰部，上穿方格紋開身對襟馬袷，下身是"米"紋肥筒褲，腕帶鐲，右手持荷花二朵，置於腦後身側，呈直立行走狀。器有一孔貫於頭腳，供佩繫。

據載，北宋七夕前後，市民有折採荷花、荷葉的習俗。這在當時的玉器中也有反映，它説明宋代七夕前後小兒執荷葉遊戲的情景。宋以後，特別是明、清兩代，仿製的玉雕童子極多，但整體都不如宋代作品簡練有力，質樸自然。此件童子身材肥胖，又步而行，頗具時代特色。

玉人
宋
寬4.3厘米　高5.7厘米　厚1.4厘米
清宮舊藏

Jade figure
Song Dynasty
Width: 4.3cm　Height: 5.7cm　Thickness: 1.4cm
Qing Court collection

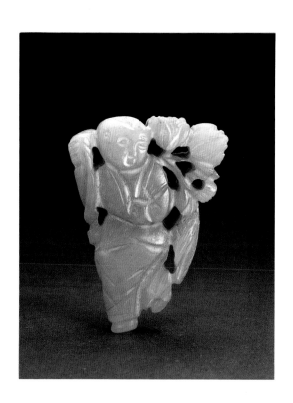

器用厚片青玉琢製，半圓雕。所作人深眼眶，"八"字眉，直鼻，小口，頭頂飾一心形髮。身著短衣褲，小足，左肩至小腿部鏤雕一折枝蓮花，右臂舉起且手握一繫花枝的飄帶，呈又步行走狀。

玉騎葉童子
宋
寬2.5厘米　高6厘米

Jade boy with a spray under his hip
Song Dynasty
Width: 2.5cm　Height: 6cm

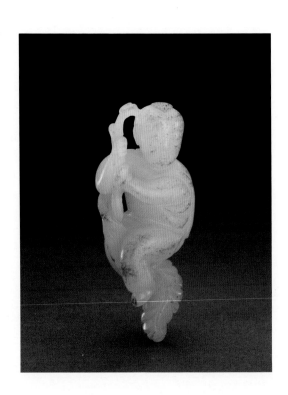

玉料青白色，局部有一層黃褐色沁。用圓雕手法琢一童子，裸上身並披一
披風，左手腕戴鐲，穿肥大褲，正攀騎一大而長的枝葉。

宋代玉製品中，青玉佔有相當的數量，其基本色是青中泛灰或青中泛綠。
宋代玉雕童子傳世品較多，而考古出土品較少，而其中製作手法以圓雕和
衣紋飾刻琢為主。

玉童子騎鵝墜
宋或元
長4厘米　寬2厘米　高5.4厘米
清宮舊藏

**Jade pendant in the shape of
a boy riding on a goose**
Song or Yuan Dynasty
Length: 4cm　Width: 2cm　Height: 5.4cm
Qing Court collection

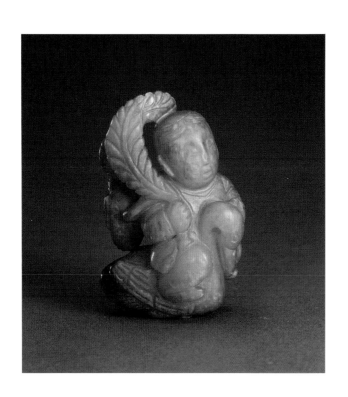

玉料青白色，局部有深褐色和淺褐色原玉璞外表的沁斑。器圓雕一騎鵝童子，一手抱鵝脖頸，一手握穗。鵝為游水狀，嘴微張，長長的細頸，身呈鴨蛋形。

以玉製鵝的歷史，迄今所見最早遺物當屬河南安陽"婦好"墓出土的九件，此後西周至唐則很少見。到了宋元間復又出現。早期的玉鵝均單獨成器，惟這時多為鵝人複合，這件玉童子騎鵝墜就是一件非常典型的代表。

古玉器中，多有沁色，其中有的是埋入土中後起化學反應而成；有的是原玉璞本身的皮沁色，為人們有意保留；更有一些是成器後人為的仿舊或仿古色。此器外表沁色，即是原玉璞之皮色被玉工留下的。

玉蕃人佩
宋
寬1.5厘米　高4.5厘米

Jade figure-shaped pendant
Song Dynasty
Width: 1.5cm　Height: 4.5cm

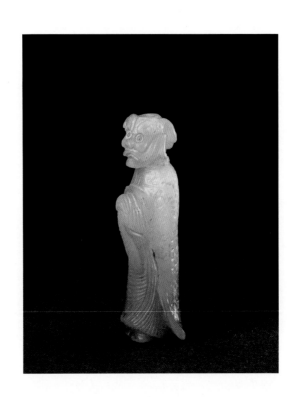

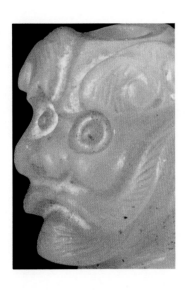

白玉。圓雕玉蕃人，深眼眶，突睛，寬鼻，大嘴，兩撇鬍鬚上甩，下巴前凸，雙耳戴環，長卷髮，身著條紋衣，外披四瓣花形紋斗蓬，雙手搭於胸前，赤足，呈觀望狀。器從玉人頭頂至腳根有一圓貫孔，供繫佩用。

此佩原名龍王像，但從面孔和雕琢技法而論，其造型不似龍，亦不似華夏人形，或為西蕃波斯人形，故此名為蕃人或胡人像為宜。中國玉器有胡人或外族人形像者，始於唐亦盛於唐，此後甚少，此為宋代罕見物之一。

玉飛天式童子
宋
長5.4厘米　寬4厘米　厚1.2厘米
清宮舊藏

Jade boy in the form of a flying Apsaras
Song Dynasty
Length: 5.4cm　Width: 4cm　Thickness: 1.2cm
Qing Court collection

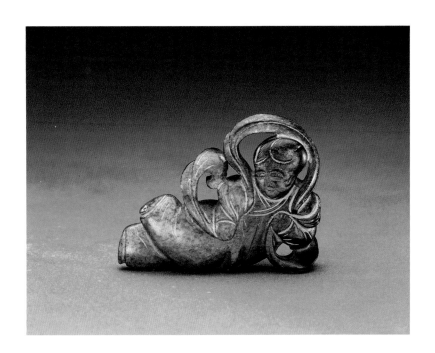

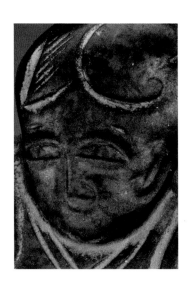

玉飛天式童子
宋

青玉質，通身有褐色沁。為圓雕，作側臥狀披帛童子。童子大眼直鼻，額頂留髮髻。倒"八"字眉。上身穿交領長衫，下著肥腿褲，雙手持飄繞長披帛，一腿直伸，另一腿略翹起，形似飛天。

宋代的玉雕藝術，出現世俗化傾向，有着濃厚的生活氣息。最多的是玉雕童子，形態多樣，此為一例。

89

玉鏤雕跨鳳仙人飾
宋
寬5.4厘米　高7.8厘米　厚2.2厘米

Jade ornament with
design of immortal on the back of
a phoenix in openwork
Song Dynasty
Width: 5.4cm　Height: 7.8cm　Thickness: 2.2cm

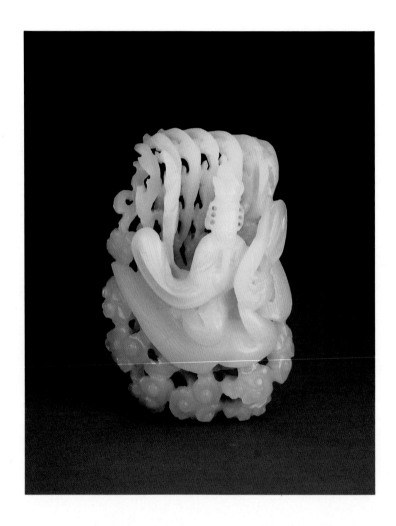

玉質潔白瑩潤且無瑕斑。器正面隆起，背面微凹。正面多層鏤琢一頭戴鳳頂高冠，雙手合什、身著長衣的仙人坐於下托卷連雲紋的展翅鳳背上。背面僅留鏤空孔而無紋。

此飾設計精巧、手法高超、造型精美。所飾鳳之長尾、下托的祥雲、三層紋飾法及身背所刻陰線，均一絲不苟。加之仙人向後飄的寬衣袖、鳳之上飄長髮，恰似在空中飛行時風吹所致，極富神奇和動感。古時有羽人騎龍、騎馬升天飾，罕見騎鳳升天飾。此器之仙人，裝束和動作都似與佛教有關。

玉 "迦樓羅神" 飾
遼
長7.2厘米　寬6.1厘米　厚0.7厘米

Jade ornament with mythical figure design
Liao Dynasty
Length: 7.2cm　Width: 6.1cm　Thickness: 0.7cm

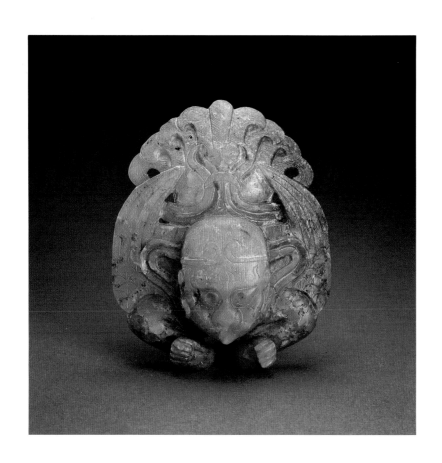

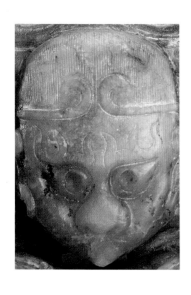

青玉，厚片狀。正面凸起一神人，眼孔圓且很大（似缺嵌綴的瞳睛）眼角
上吊，陰刻火焰形眉，蒜頭形鼻，尖喙，雙耳垂佩環，髮紋極細，並飾有
髮箍，短臂，雙爪微收並置於口前，翅微張且翅尖搭於尾側。器背面有凹
環形，邊緣有三對等距對穿孔。

此種人首鳥身飾，或做片狀飾，或做帽頂飾。佛教名稱為 "迦樓羅神
鳥"，在遼金時期甚為盛行，人們極為崇拜。傳說，當菩薩講經時，牠在
一旁護法，時稱其為神鳥。

玉鏤雕松下仕女飾
宋
長9.6厘米　寬7.8厘米
清宮舊藏

**Jade ornament with design of ladies
under a pine tree in openwork**
Song Dynasty
Length: 9.6cm Width: 7.8cm
Qing Court collection

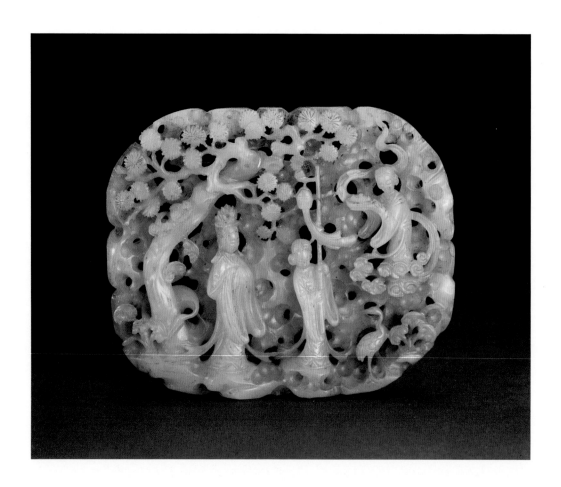

玉青色。體作扁平的長方委角形，正面以多層鏤雕法飾松下仕女圖，背面平而無飾。僅留有鏤琢的孔洞。

宋代人物畫改變了漢唐人物畫的宏觀表現手法，而對局部景物進行細緻描寫。這一風格也反映在玉器作品上。如此作品中所見是松林中局部景色，以人物為主題，注重人物及景物的比例關係，以一棵松樹，二株靈芝，一只仙鶴，幾朵浮雲為背景，精琢細雕，維妙維肖。人物個性的表現，如戴冠者端莊而威嚴，持幡者直身不懈，頭略低，肅立其側，托果盤者躬立於雲朵之上，寥寥幾人，神態數種，但又注重表現三人間的聯繫，使畫面構成統一的整體，從設計到琢製，都表現出相當高的藝術水平。

玉鏤雕人物紋飾
宋
長9.3厘米　寬8厘米　厚0.9厘米
清宮舊藏

Jade ornament with figure design in openwork
Song Dynasty
Length: 9.3cm　Width: 8cm　Thickness: 0.9cm
Qing Court collection

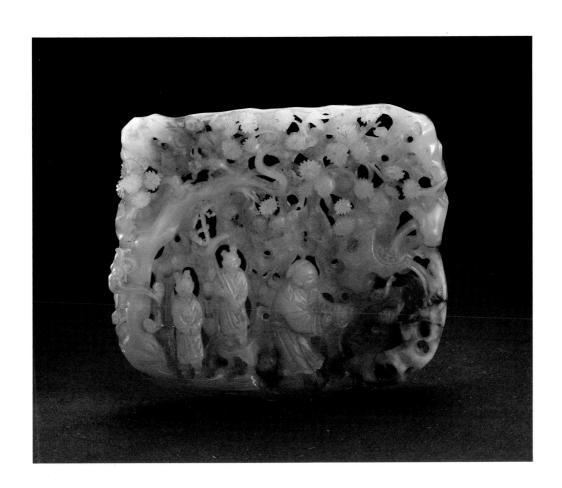

玉料青白色，局部有褐色斑沁。體扁平，周邊略有點弧圓，以多層鏤雕法
於正面飾老婦和侍女等。其中老婦腳下為潺潺流水，她戲龜流水之中，身
後兩侍女一拿長杆，一雙手合抱站立，粗粗的松樹，細密的松枝如朵朵圓
花，松幹中繞着靈芝，後襯山石，猶如人間仙境。器背面平磨，四角有對
穿小斜孔，供繫結紮之用或鑲嵌之用。

玉器的人物裝飾，有圓雕、平雕、鏤雕等，此器屬於多層鏤雕。所飾圖案
似有長壽吉祥的寓意，具宋代鮮明的時代風格。

玉松石人物紋嵌飾

宋
寬10.5厘米　高9厘米　厚4.5厘米
清宮舊藏

Jade ornament with design of pine,

rock and figures in openwork
Song Dynasty
Width: 10.5cm Height: 9cm Thickness: 4.5cm
Qing Court collection

93

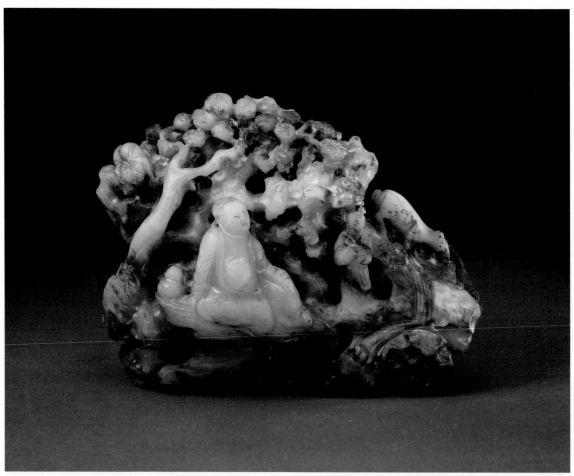

前面

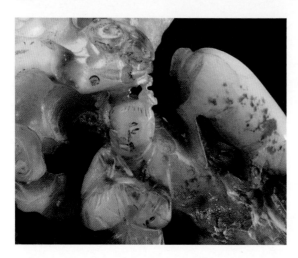

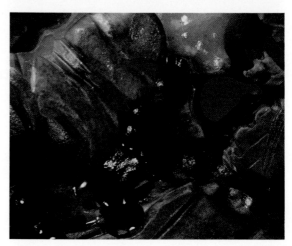

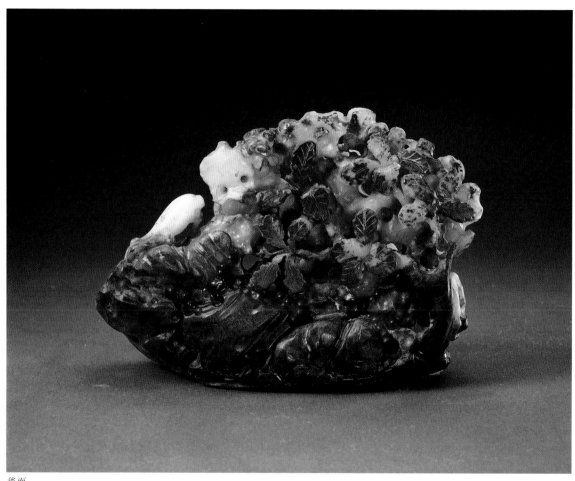

後面

青玉，表皮及內含大面積的黑褐沁斑。器立體鏤空，作松樹下一袒胸露肚
仙人端坐於巨石之上，身後放一葫蘆，旁側立一侍女。一條小溪順山石而
下，一小鹿俯首似正飲水。背面飾柞樹與山石。底有四孔，可供插嵌用。

兩宋間，東北地區契丹族和女真族相繼興起和繁榮，在玉器的碾琢上也相
互影響。此器即表現出了北方地區的特點。

玉鏤雕人物紋山子
宋
長15.5厘米　寬10.5厘米　高6厘米
清宮舊藏

Jade-carving with figure in openwork
Song Dynasty
Length: 15.5cm　Width: 10.5cm　Height: 6cm
Qing Court collection

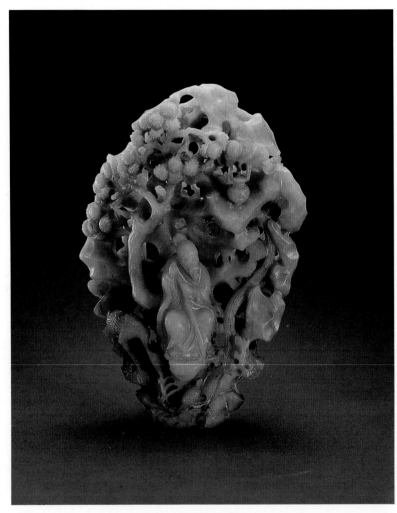

正面

玉料青白色，局部有淺黑色沁斑。器鏤雕，體呈橄欖球形狀，正面飾一高
髮髻，長鬍鬚，身穿長袍，手持拐仗，疊坐於山林之中的長者，身後為松
樹山石，身旁一仙鶴，腳下一小鳥在尋食，松樹梢上有一高掛的燈籠。另
一面為一書童，身穿寬大的短衫，手抱靈芝如意，頭上紮髮髻，身後一活
潑可愛的小花鹿立於旁邊，周圍是盛開的芍藥花。器底平磨且有結紮用穿
孔，原似作其他器物之上的嵌件。

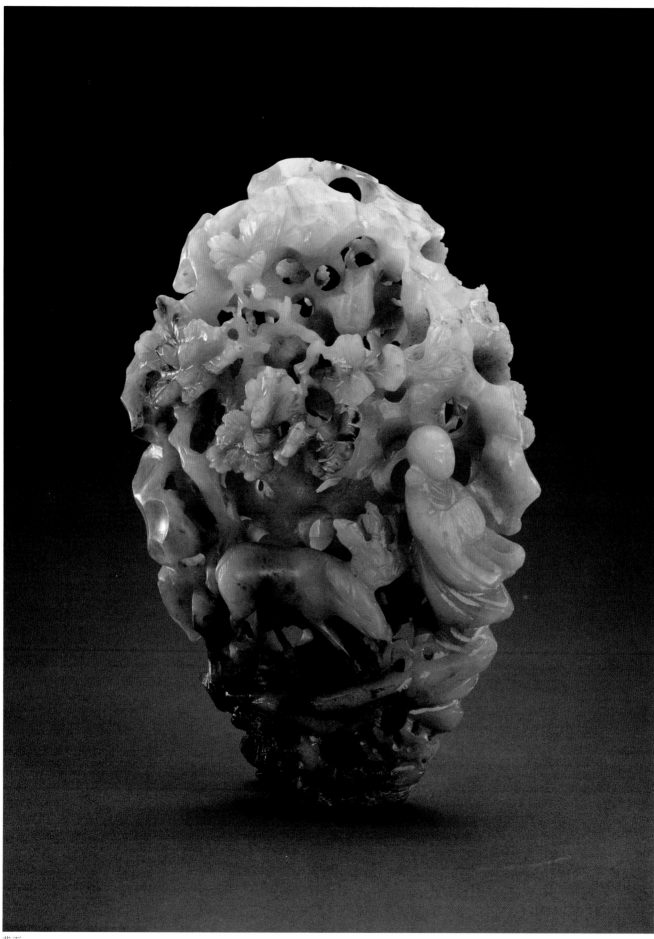

背面

玉螭鳳紋韘
宋
長7.2厘米　寬5.4厘米　厚0.7厘米
清宮舊藏

Jade pendant with interlaced
hydra and phoenix design
Song Dynasty
Length: 7.2cm　Width: 5.4cm　Thickness: 0.7cm
Qing Court collection

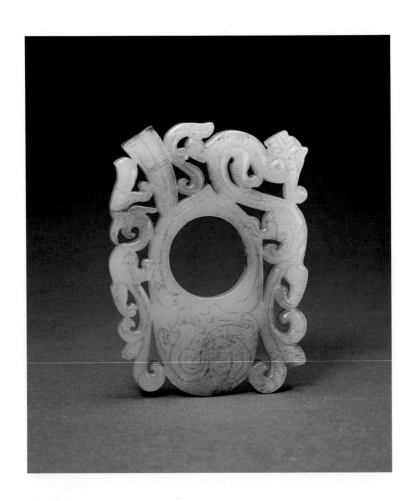

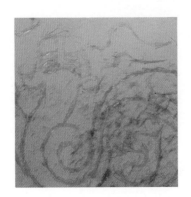

玉料青色，表面有一層人為的淡茶色沁。器厚片狀，鏤雕兩面相同紋飾，中間作一帶圓孔的心形飾，孔下陰刻蟠螭紋，兩側及上部鏤雕螭和鳳紋。

這類器俗稱雞心佩，始見於漢代。此器開片較厚，陰線刻道較粗，整體造型和飾紋沒有西漢螭鳳紋精神，尾有花葉形飾等，是宋時期流行的典型風格。文獻中有"唐仿戰國，宋仿漢"之說，故此器被視為宋仿漢之物。

玉鳳形笄
宋
長14.9厘米　寬1厘米　厚1.2厘米

Jade phoenix-shaped hairpin
Song Dynasty
Length: 14.9cm　Width: 1cm　Thickness: 1.2cm

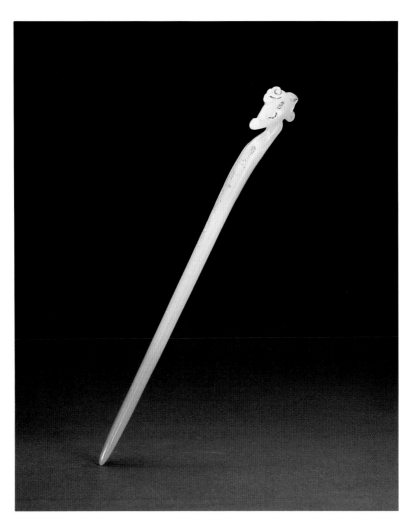

青玉，光澤瑩潤。體呈扁圓長條形，末端薄且尖，首寬且飾一鳳。細長眼，短喙，雲朵形冠，小尖耳，腦後髮紋捲，頭下凸雕卷羽毛，細頸，頭後正面隱起雙翼和羽紋，尾呈勾連卷雲形。

宋代髮笄有兩種，一種是如此器那樣的單股笄，另一種是雙股笄。從出土物來看，兩式笄光素無紋者多，如此器那樣精雕細琢，在同類器中堪稱佼佼者。

玉海東青啄雁紋爐頂

遼或金
高5厘米　底徑4.5×5厘米
清宮舊藏

97

Jade knob (used on the cover of a censer) with design
of an aquila making a grab at a wild goose
Liao or Jin Dynasty
Height: 5cm　Diameter of bottom: 4.5×5cm
Qing Court collection

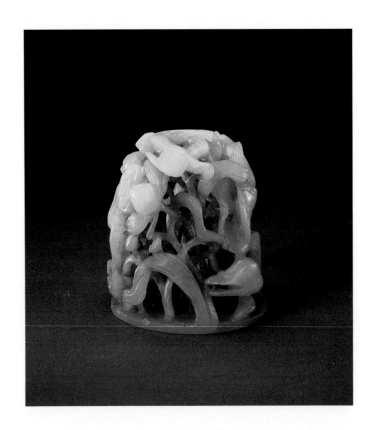

玉料白色，局部稍有黃色沁。全器主體鏤雕而成，紋圖為海東青啄雁圖。
器底部有呈正方形分佈的四個圓孔，供與他物結綴用。

此類器是玉雕器型中比較特殊的一種。據稱遼、金、元時期的古人習慣以
玉器飾帽頂，明以後由於風俗改變，不再以其飾帽頂，而改做為爐頂，有
鑒於此，故後人統稱此類器為爐頂。

玉荷鷺紋爐頂
遼或金
高5厘米　底徑4.3×4.7厘米
清宮舊藏

Jade knob (used on the cover of a censer)

with lotus and egrets design
Liao or Jin Dynasty

Height: 5cm　Diameter of bottom: 4.3×4.7cm
Qing Court collection

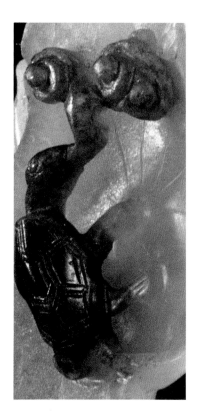
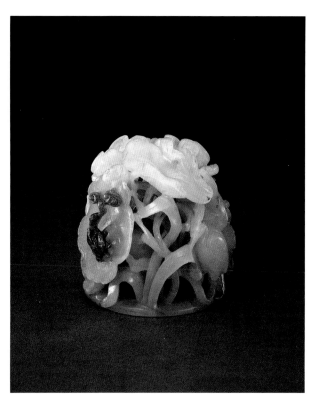

白玉，局部有黑斑。器立體鏤空出荷花、荷葉及蘆葦叢中的一龜和五只鷺鷥紋。五鷺鷥形態各異，或昂首挺立，或弓身低俯，或側目而視，或曲頸縮脖，或伸頭窺探。黑色的烏龜於一片肥大的荷葉上趴着，口吐兩朵黑色的雲氣飄飄升起。

此期玉器慣用玉材原有的外皮、色斑或玉本質的色差，雕出色彩變化的形象。此器中龜吐烏雲即一例，“有巧奪天功”之妙。

玉鏤雕山林人物紋爐頂

遼或金

寬7.5厘米　高9.5厘米　厚3.5厘米

清宮舊藏

Jade knob with trees and figures
design, openwork

Liao or Jin Dynasty
Width: 7.5cm　Height: 9.5cm　Thickness: 3.5cm

Qing Court collection

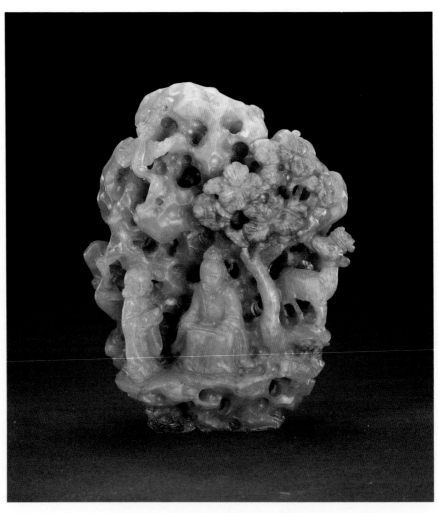

前面

青玉，器表有大量的褐皮色。器圓雕山林和人物等景觀。圖景為一棵高大的柞樹下，一雙手執拂塵置於膝上的仙人端坐；身旁立一雙手捧盤的仙女；上方及身旁各有一展翅欲飛的仙鶴；腳下有一只烏龜正引頸伸頭向前爬行；一頭雄鹿立於岩石之上，似回首張望，柞樹下，另有兩鹿，一臥一立，昂首引頸，似正觀望樹上兩隻嬉戲的小猴。器底中央有隧孔可供與他物嵌結用。

此器把鹿和仙人、仙鶴、龜雕刻在一件器物上，似取福祿長壽之意。

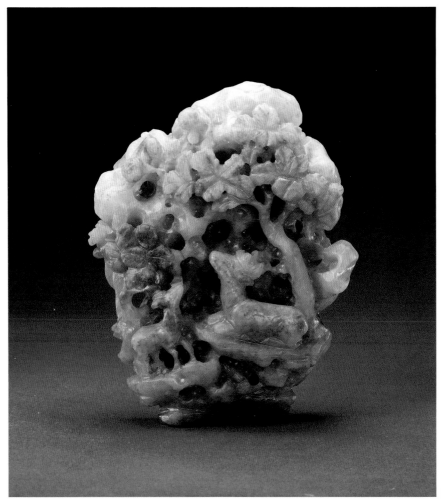

背面

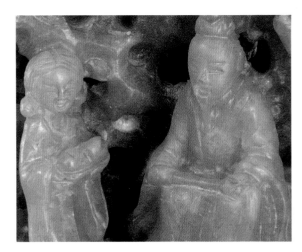

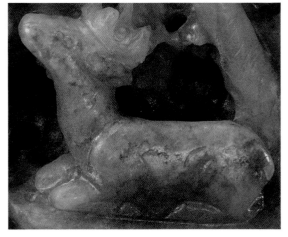

玉神鳥紋爐頂
遼或金
高4.6厘米　底徑3.6×4.2厘米
清宮舊藏

Jade knob with design of mythical bird
Liao or Jin Dynasty
Height: 4.6cm　Diameter of bottom: 3.6×4.2cm
Qing Court collection

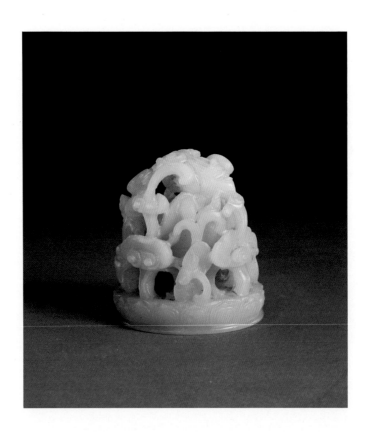

玉白。器立體鏤雕三層紋飾，外兩層為仙草靈芝紋；裏面一層為站立且神態威嚴的"迦樓羅神鳥"，作兩前爪置於尖喙下，頭露出於靈芝紋外，面廓似猴臉，鎖眉，目視前方。器底邊隱起蓮瓣紋一周。中心琢有相通的圓孔，孔兩側又各鑽一對穿孔，可供縫綴於冠頂部用。

此爐帽頂在原清宮時結有一黃布條，上墨書"乾隆四十八年十月十七日收熱河帶來白玉玲瓏爐頂一件。"是知此器原在熱河省（今河北省北部）承德市避暑山莊存放，於清乾隆四十八年（1783年）轉入清宮。並知最晚在清代已正式定名為爐頂。

玉雲鈕圓盒
宋
高2.1厘米　口徑5.9厘米
清宮舊藏

Round jade box with a cloud-shaped-knob
Song Dynasty
Height: 2.1cm　Diameter of mouth: 5.9cm
Qing Court collection

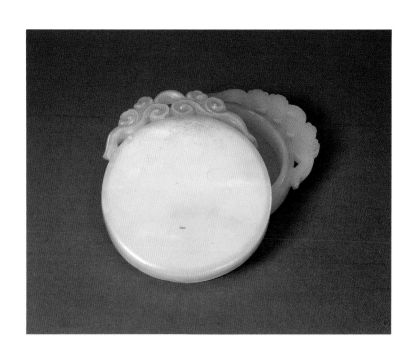

玉料青色，略有黃色沁。器呈荷包式，光素無紋，由蓋和器組成，一側鏤雕靈芝式雲朵為鈕。整體造型巧妙、簡潔、明快。

玉螭耳十角杯
宋
高4.6厘米　對角口徑10厘米
對角足徑5.6厘米
清宮舊藏

Decagonal jade cup with
two hydra-patterned handles
Song Dynasty
Height: 4.6cm
Diagonal diameter of mouth: 10cm
Diagonal diameter of foot: 5.6cm
Qing Court collection

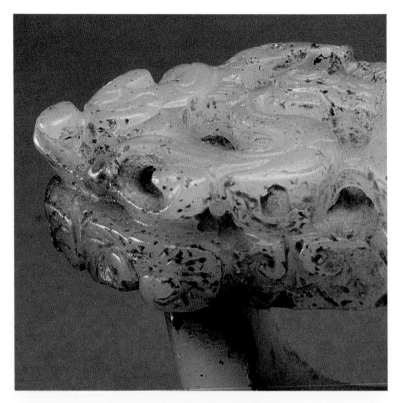

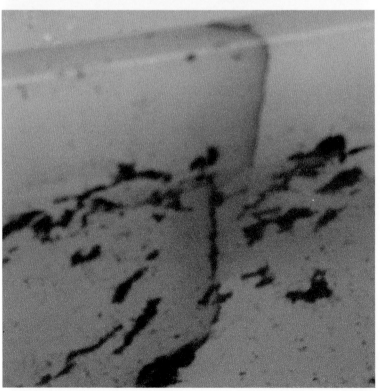

玉螭耳十角杯
宋
高4.6厘米　對角口徑10厘米
對角足徑5.6厘米
清宮舊藏

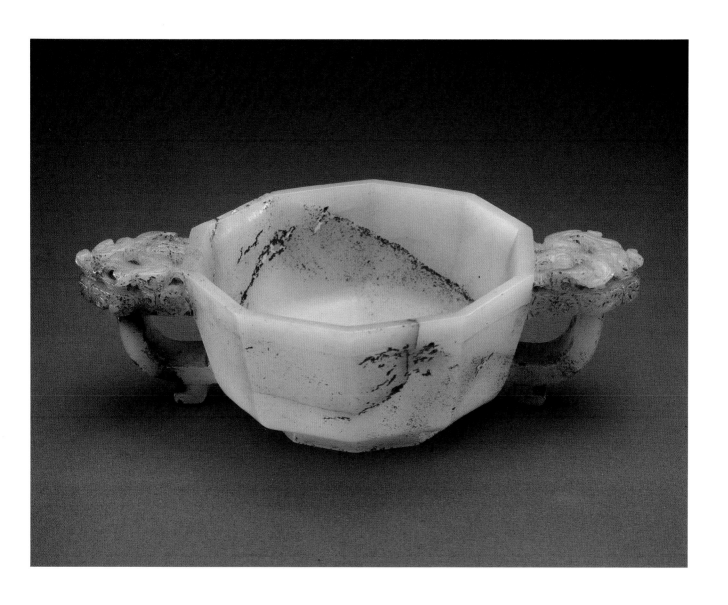

青玉，局部有褐色沁斑。器圓雕，內空可貯物。杯體呈十角形，兩側各鏤雕一形式相同且對稱狀的螭紋耳，外壁通體光素無紋。

這件青玉螭耳十角杯可以說綜合體現了上述的特點：作為杯子，無疑是生活實用品；內外通體光素和造型的對稱，又反映出宋代玉器造型和紋飾的通俗明瞭和講究佈局對稱的特點，所飾之螭耳，卻又來源於古之紋飾。十角之造型，則獨具宋之流行的時風，在瓷器、金銀器、漆器上均有表現。此器堪稱集古今時尚而作的一件實用工藝美術品。

玉鹿紋多角杯
遼或金
寬16.2厘米　高5.3厘米
清宮舊藏

Octagonal jade cup with deer design
Liao or Jin dynasty
Width: 16.2cm　Height: 5.3cm
Qing Court collection

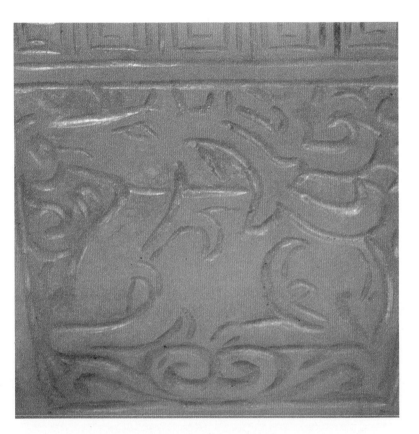

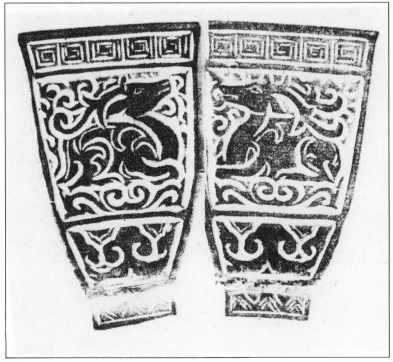

拓片

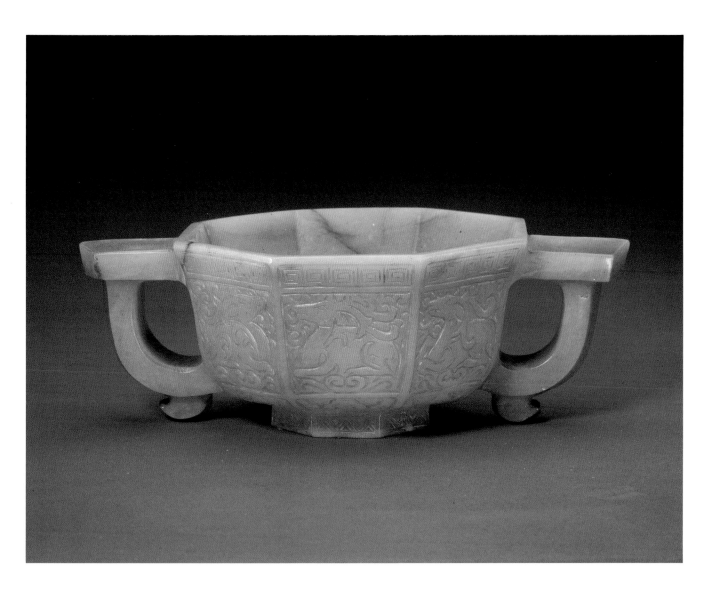

玉料青色。杯為八方形，口沿飾回紋一周，外壁兩角間的平面上各有一梯形開光，於開光內各飾相同的長角肥身，呈伏臥狀的一鹿紋。

戰國到漢代玉器上的動物紋飾多以異獸，龍螭，雀鳳為主，難見鹿紋。唐代工藝品上大量出現了鹿紋，同時還有圓雕的玉臥鹿出現，但總體來看在玉器上的飾鹿紋者還很少。及至宋、遼、金時代，帶有鹿紋的玉器才大量出現。這一現象的產生除了玉器發展的自身原因外，還受兩個方面的影響：一是宋代道教廣為流行，道教把鹿視為祥瑞長壽之獸。如《抱樸子》就有"鹿壽千歲"之說。其二是北方契丹、女真民族大量以"秋山"活動作為題材。這件八角杯的鹿紋造型粗獷，鹿角長大，兼有宋、遼玉器紋飾的特點，或即遼、金朝物。

玉長方折角龍柄杯
宋
柄高5厘米 口徑6.1×7.7厘米
清宮舊藏

Rectangular multi-angle jade cup with
a dragon-shaped handle
Song Dynasty
Height of handle: 5cm   Diameter of mouth: 6.1×7.7cm
Qing Court collection

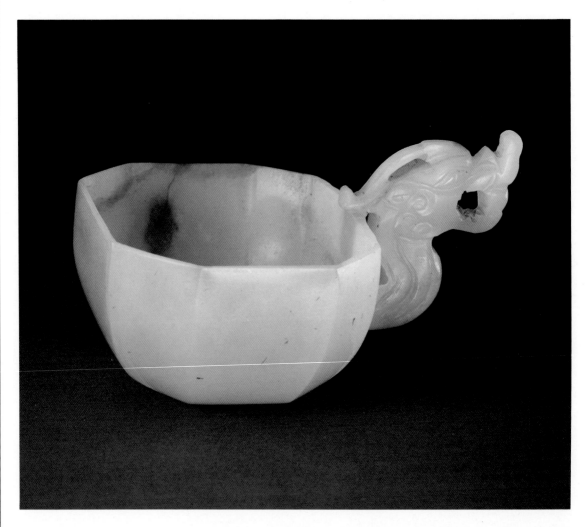

玉料青色，局部有黃色沁。器主體光素，八折角長方形。側鏤空一龍頭為
柄，頭窄長、嘴角大、上唇長而翹起、口啣寶珠、眼細長，首朝杯外。

玉製器皿，至宋代始，由以往的橢圓、圓、瓜果和花形等，演變為一種多
角形物。此為一例。

玉鴛鴦形杯

宋或元

高6.5厘米 口徑7.4×4.5厘米

Jade mandarin-duck-shaped cup
Song or Yuan Dynasty
Height: 6.5cm   Diameter of mouth: 7.4×4.5cm

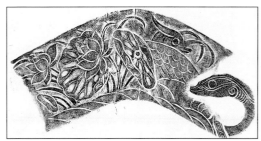

拓片

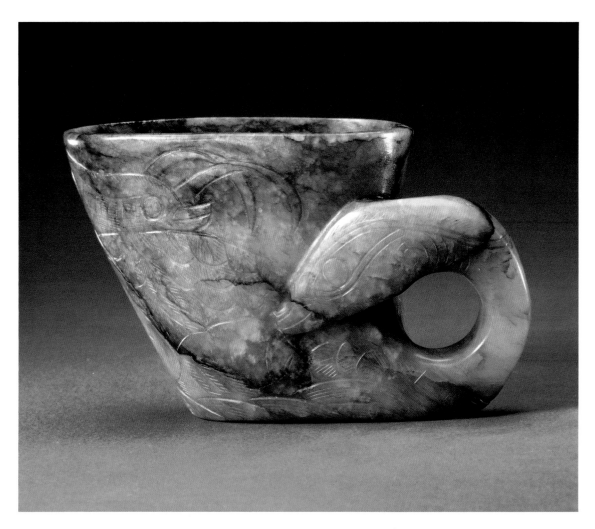

玉料青灰色，局部有經火後的淺褐色斑。杯作橢圓形口以一鴛鴦身為器，以回首的鴛鴦首和頸作環為柄，外壁線刻一鴛鴦紋，間飾蓮花和水波紋。

此器身及柄合為一整體形鴛鴦，另一鴛鴦則以飾紋琢在杯身上，底飾水波，間飾蓮荷，合為雙鴛鴦戲蓮圖飾，既巧妙，又寓意夫妻和合，是一件富有濃厚生活情趣的實用品。近似器亦見宋元間製作的瓷器，此類題材和造型在宋元間頗為流行。

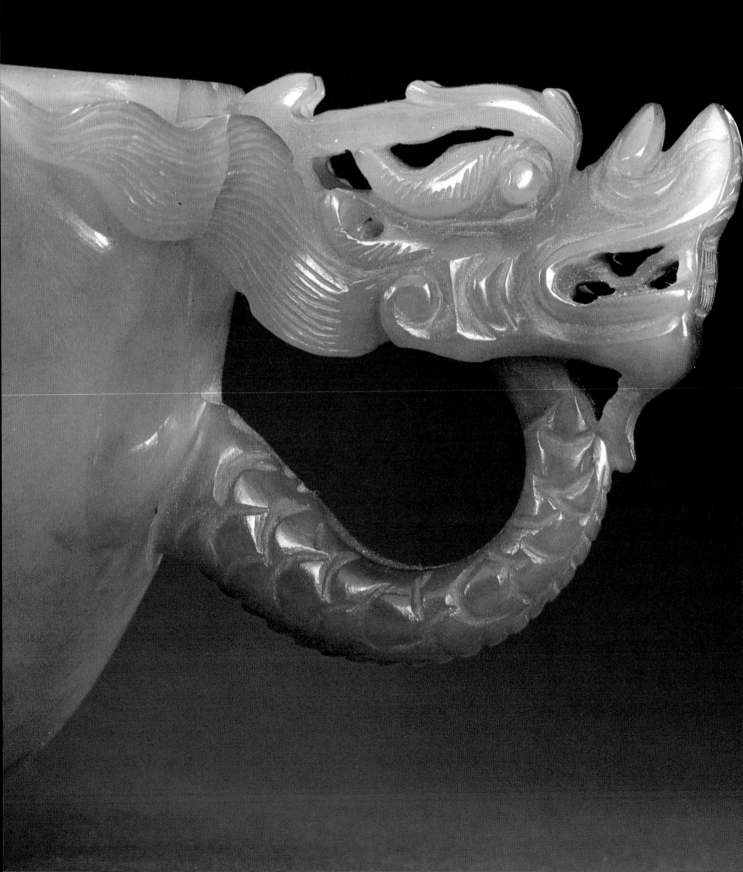

玉龍耳杯
宋
高5.8厘米　口徑9.8厘米　足徑5.4厘米
清宮舊藏

Jade cup with dragon-head-shaped handle
Song Dynasty
Height: 5.8cm　Diameter of mouth: 9.8cm
Diameter of foot: 5.4cm
Qing Court collection

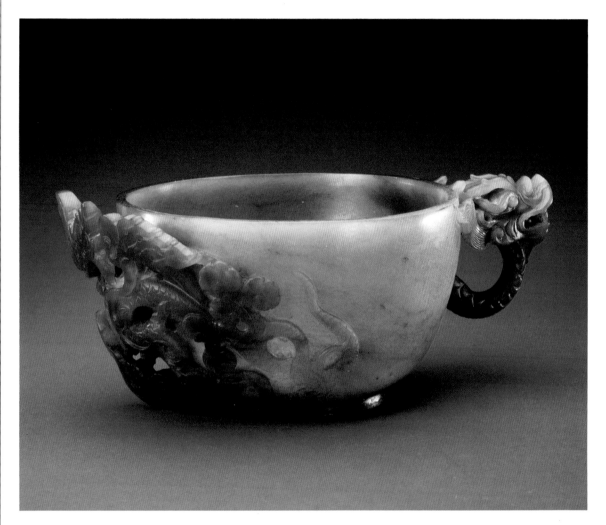

玉料淺碧色。器圓雕，中空，圓口，圈足，一側凸雕雲龍戲寶珠紋；另一側透雕龍首耳，餘皆光素。

此器留部分原玉璞皮色，使龍頭、寶珠、捲雲展現赭色，恰似陽光映照後的色彩，給器物增添古香古色之風趣，加上龍首形柄，雕琢得神態威猛，極有氣勢，更顯示了宋代工匠的高超技藝。值得注意的是，此器龍爪呈握狀和捲連雲紋等都是宋代風格，但龍身飾鱗紋，又接近了元代風格，與宋早期龍紋，多身光素且帶火焰者略有所別。故此玉杯可視為宋晚期物。

玉海水雲龍紋爐
宋
高7.9厘米　口徑12.8厘米

Jade censer with dragon design
Song Dynasty
Height: 7.9cm　Diameter of mouth: 12.8cm

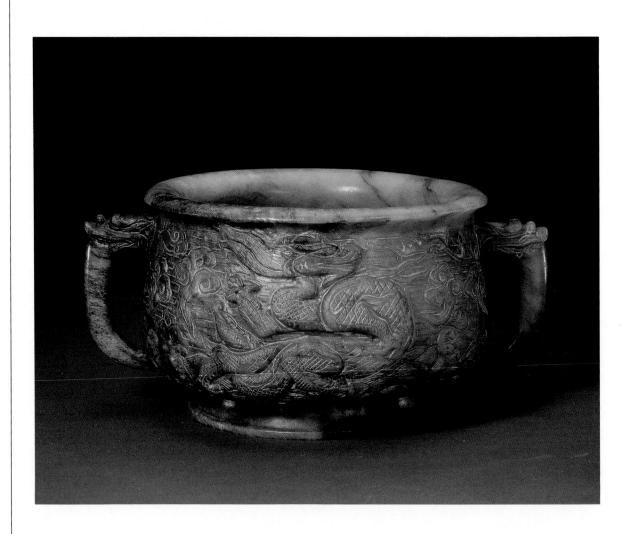

玉料經火燒後略呈灰青色。體圓形，鼓腹，圓撇口，圈足，腹兩面以浮雕和陰線各飾一組海水雲龍紋，皆以牆格紋為錦地，兩側各鏤雕一獸首吞流耳。

此器造型仿青銅器，而朵雲、水波、升龍和牆格紋錦地等皆為宋代的典型風格，故又是一式宋代玉器中形仿古而紋圖為時風的代表作。

玉環把杯
宋
長18厘米　寬12厘米　高4厘米
清宮舊藏

Jade cup with a trigonal handle hanging a ring
Song Dynasty
Length: 18cm　Width: 12cm　Height: 4cm
Qing Court collection

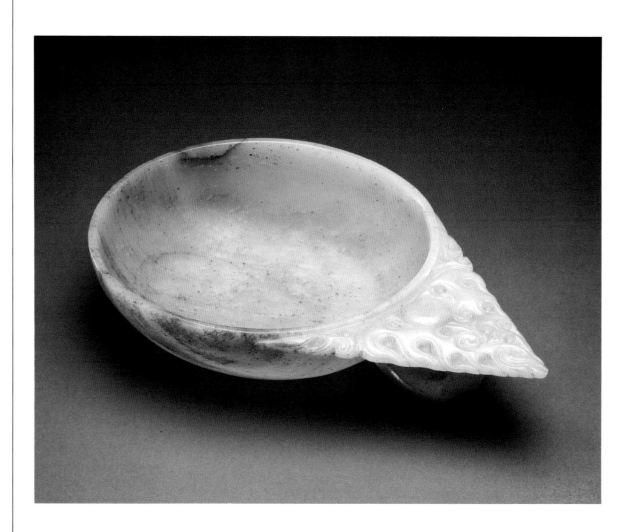

玉料青白色，有淺褐色斑沁。圓形，弧圓底，側有一三角形把，並於把底下部琢一圓環，面飾火珠紋。此器內外均光素無紋飾，質樸典雅，給人一種新奇感。

玉環把杯形狀像文房用具——洗子，但實際上還應是生活用的杯。

此玉製器僅此一件，宋代之瓷器有近似者。上飾火珠紋，始見於唐。

玉龍耳活環杯
宋
高2.9厘米　口徑11.5厘米　底徑6.9厘米
清宮舊藏

Jade cup with dragon-shaped handle
hanging a loose ring
Song Dynasty
Height: 2.9cm　Diameter of mouth: 11.5cm
Diameter of bottom: 6.9cm
Qing Court collection

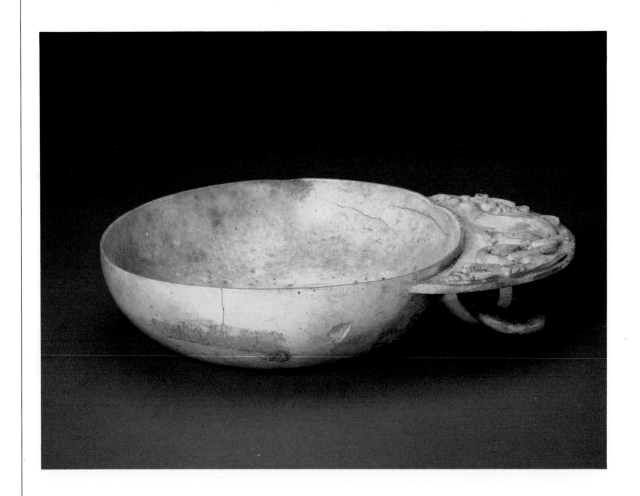

玉料經火後呈雞骨白色。杯圓口，平足。身光素無紋，內空可貯物，內底
中心凸琢一火焰珠紋。器外一側於圓形板下套一活環，上部平面上於月牙
形飾上浮雕一龍紋和朵雲紋。器造型秀氣、別致，雕工細膩，為宋晚期器
皿類之傳世珍品。

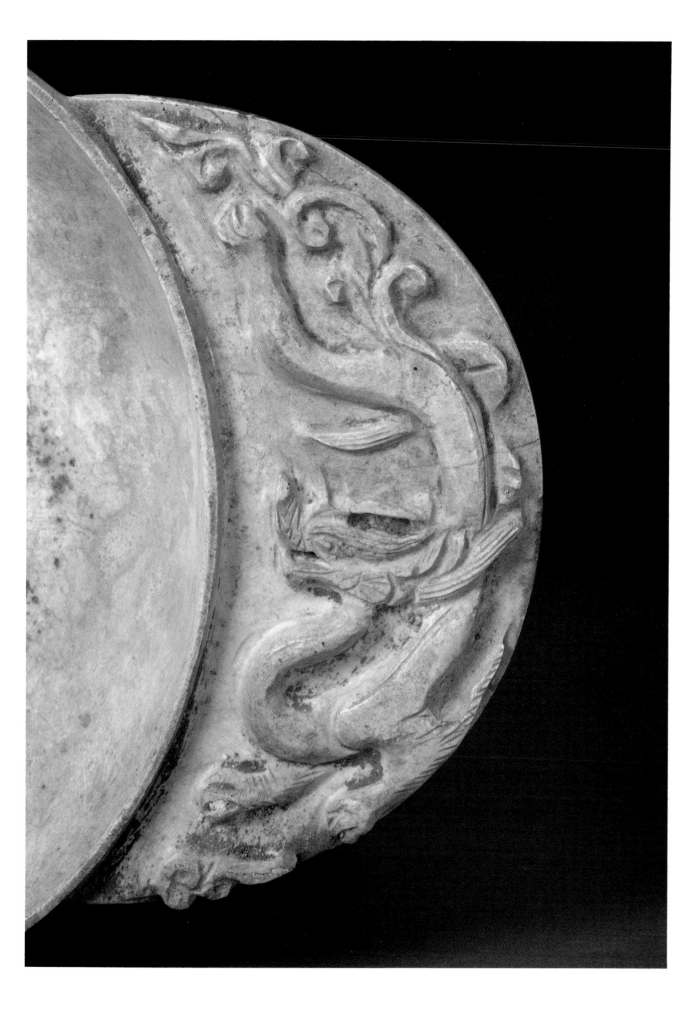

玉雙立人耳禮樂杯
宋
高7.5厘米　外口徑11.4×11厘米　足徑4.5厘米
清宮舊藏

Jade cup with a double-figure-shaped handle and
decorated with a musical performance design
Song Dynasty
Height: 7.5cm　Outer diameter of mouth: 11.4×11cm
Diameter of foot: 4.5cm
Qing Court collection

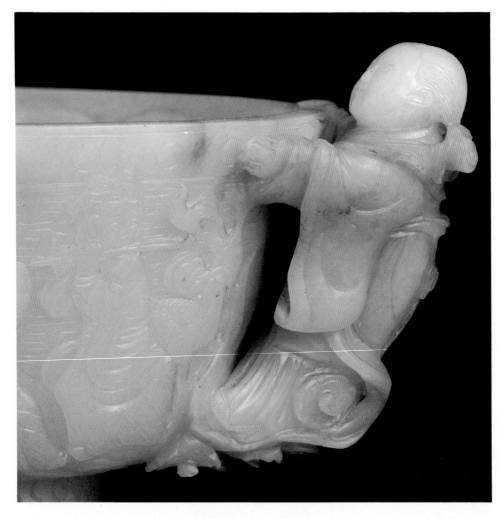

青玉，局部有褐色沁斑。杯圓形，內壁凸雕三十二朵排列有序的朵雲紋，
外壁於牆格紋錦地上以浮雕和線刻飾人物、動物紋。所飾人物是十個樂
伎，或在唱歌，或手拿不同的樂器進行演奏，姿態各異；人物間有小鹿，
皆嘴銜靈芝；兩側各鏤雕一直立於雲上的仙女。此器表現的禮樂圖案，描
寫的是宋代貴族生活，是一件具有濃郁宋代風格的作品。

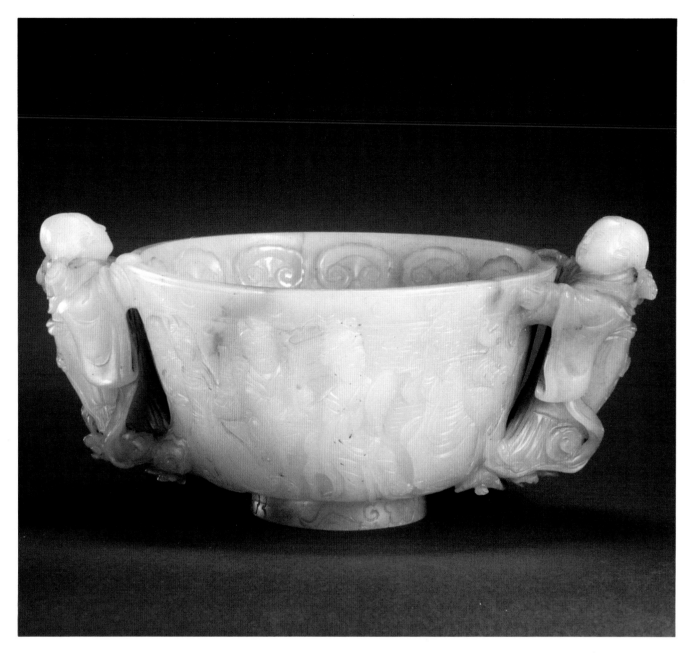

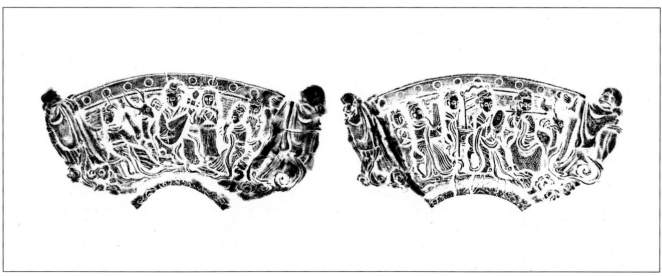

拓片

玉龍柄葵花式碗
宋
高7.3厘米　口徑14厘米　足徑7厘米
清宮舊藏

**Jade mallow-petal bowl with
a dragon-shaped handle**
Song Dynasty
Height: 7.3cm　Diameter of mouth: 14cm
Diameter of foot: 7cm
Qing Court collection

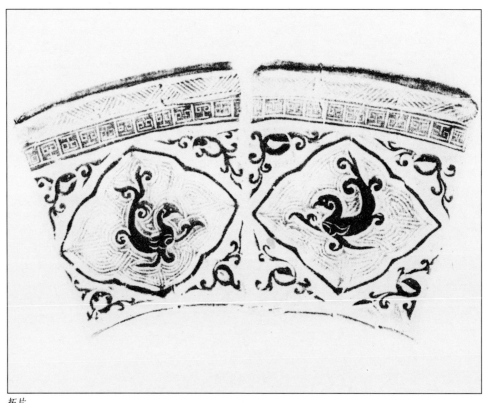

拓片

玉料乳白色，局部有褐色沁斑。體呈六瓣葵花形，一側鏤雕一唧口夔龍為柄。外壁於迴紋錦地上刻三角形紋、夔鳳紋、幾何紋和迴紋等。

此器雖是仿照商代青銅器的紋飾，但已略加變化，因而具有宋代的風格。值得注意的是，伏於器側的鏤雕夔龍柄，其造型看上去好像與其他宋龍有別，但從龍身瘦長，眼細窄，三爪，獨角，螭尾來看，還是極具宋龍的特徵。

據文獻記載和傳世品來看，宋代的實用酒器很多，其中玉雕製品佔有很大的比例，尤以單柄杯和碗的數量為多。

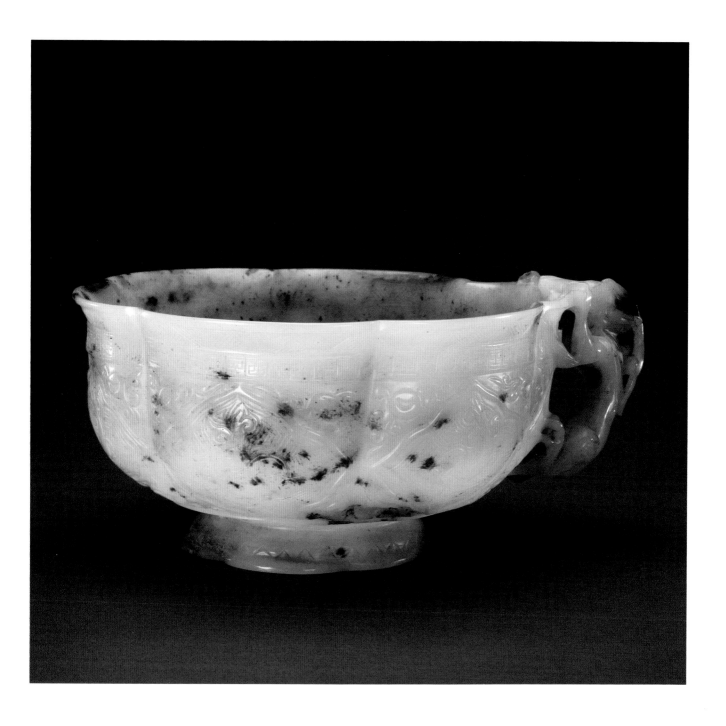

玉鹿紋橢圓洗

宋
高6.2厘米　徑14.5×10.7厘米
清宮舊藏

Oval jade brush washer with deer design
Song Dynasty
Height: 6.2cm　Diameter: 14.5×10.7cm
Qing Court collection

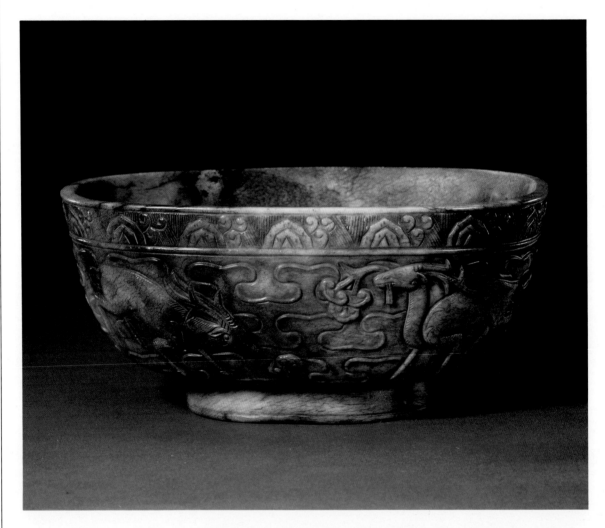

玉料青灰色，局部經火燒後有較重的淺褐色斑沁。體呈橢圓形，矮圈足，內壁滿飾浮雕朵雲紋，外壁淺浮雕口銜靈芝鹿四隻，作雲海之中漫遊狀，近口沿處有一圈由壽山、雲紋及斜豎細線組成的幾何紋，下有一周雙粗線弦紋。

此器內腹底飾如意形朵雲紋，為唐宋時風格，有吉祥如意之兆。外壁所飾靈芝寓意長壽，鹿諧音為"祿"，口沿海水和山石紋寓意"壽山福海"。

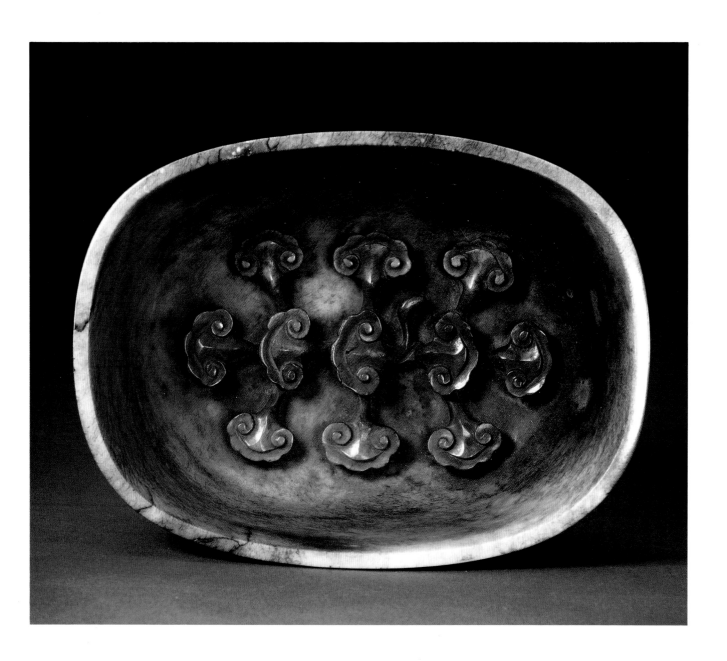

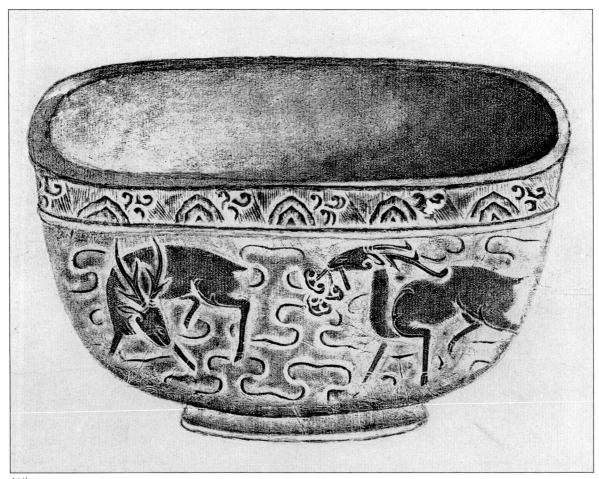

拓片

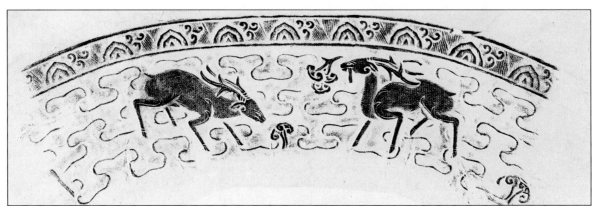

拓片

136

113

玉龍把洗
宋或元
長18.5厘米 寬14厘米 高5.3厘米
清宮舊藏

Jade brush washer with dragon-head handle
Song or Yuan Dynasty
Length: 18.5cm Width: 14cm Height: 5.3cm
Qing Court collection

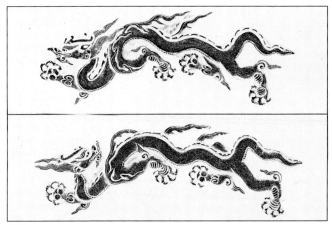

拓片

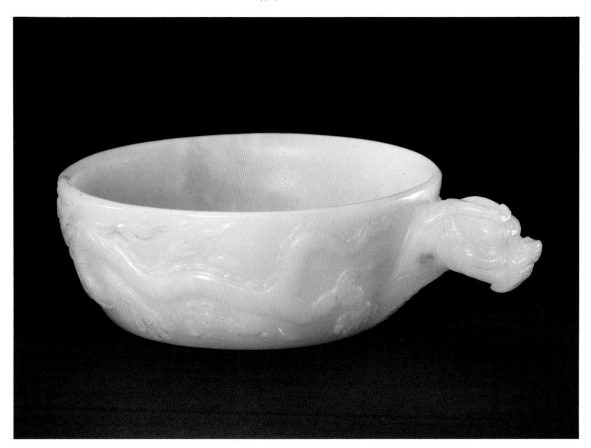

玉料青白色。體圓形,平底,通體外壁浮雕兩條行進中的龍,皆四爪張
開,身體細長。一側外凸一口微張且舌頭吐出的龍首為洗把。

洗是文房用具之一,主要供洗筆用。此器玉質瑩潤,潔白無瑕,上飾龍
紋,當為帝王自用物。

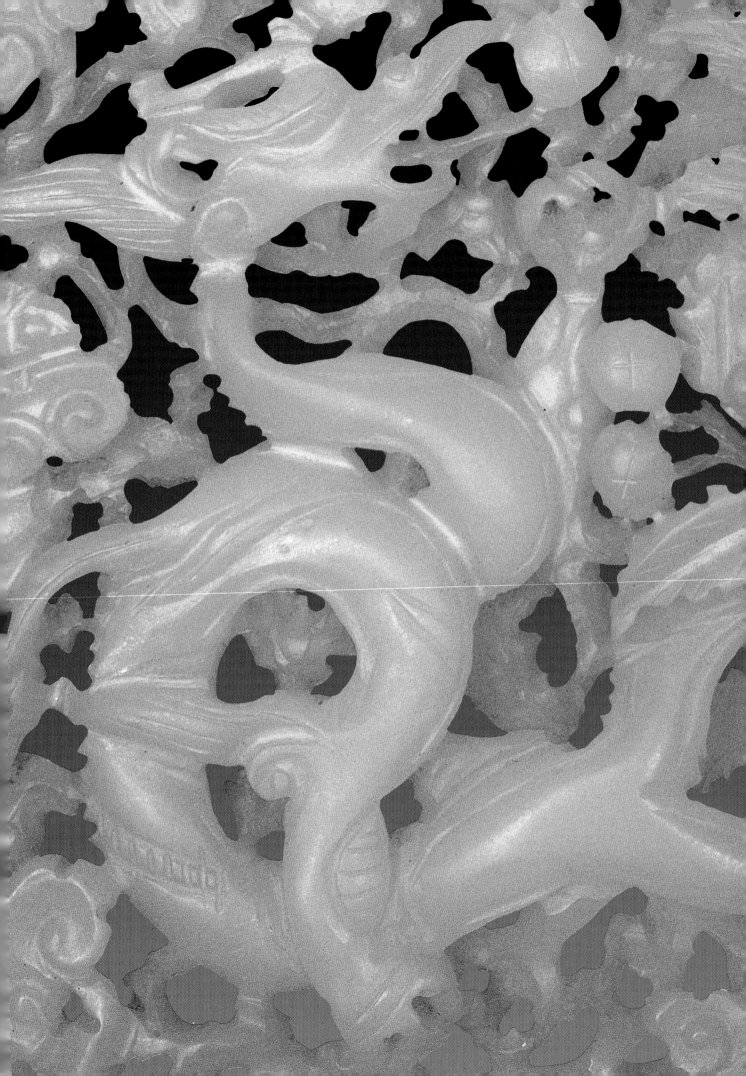

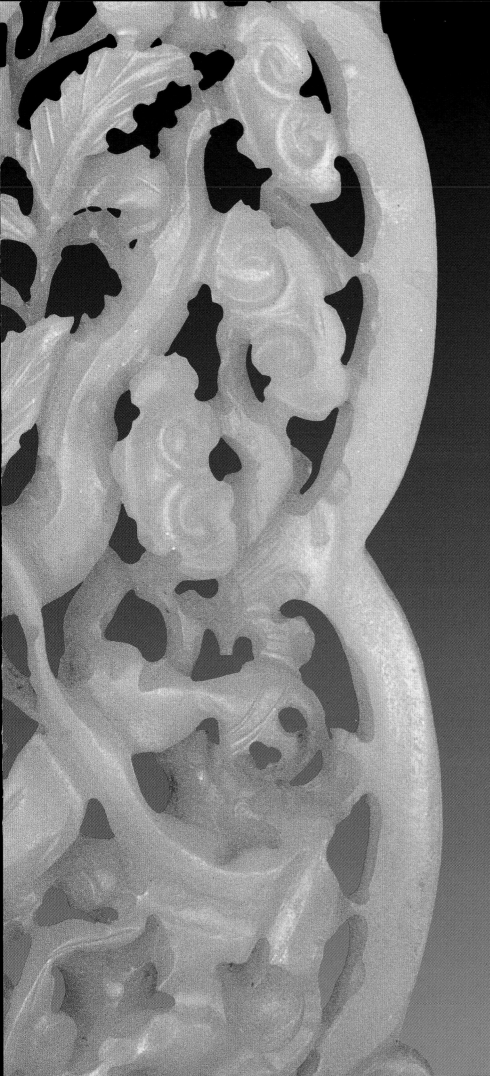

元

Yuan
Dynasty

玉龍紋活環尊
宋或元
高22.9厘米　口徑6.2-8.2厘米
清宮舊藏

**Jade jar with dragon design and
two animal-shaped handles with loose ring**
Song or Yuan Dynasty
Height: 22.9cm　Diameter of mouth: 6.2 – 8.2cm
Qing Court collection

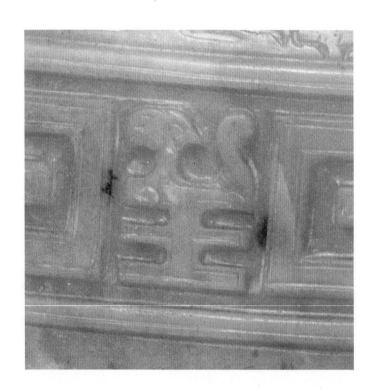

玉料灰白色，不似新疆和闐等地產的"軟玉"。器長方委角形口、直頸、寬腹、圈足，內空可貯物，頸壁正背兩面，於隱起的牆格紋錦地上，各浮雕一條升龍，張口吐舌，上唇長且上翹，濃長髮後飄，細頸、粗身、尖尾，背有鋸齒式脊，身有網狀鱗、三爪四足，身披火焰，口吐火珠，呈騰空而行側身側視狀；器於肩處有變形螭首和一"王"字紋，間綴有呈S形彎曲的迴紋；腹主體處飾多層重疊式的迴圈紋，間有十字凸弦紋相隔，並有雲雷紋和花草紋為錦地；圈足外錦平行線組成，三角形幾何紋和迴紋；肩頸間兩側各有一呈對稱狀的鏤空獸首銜活環耳。

玉尊造型規整，紋飾繁多而美，是宋元間具仿古而又有同時風格的又一代表作，對同期近似物和飾紋玉器的斷代，有着重要的參考價值。

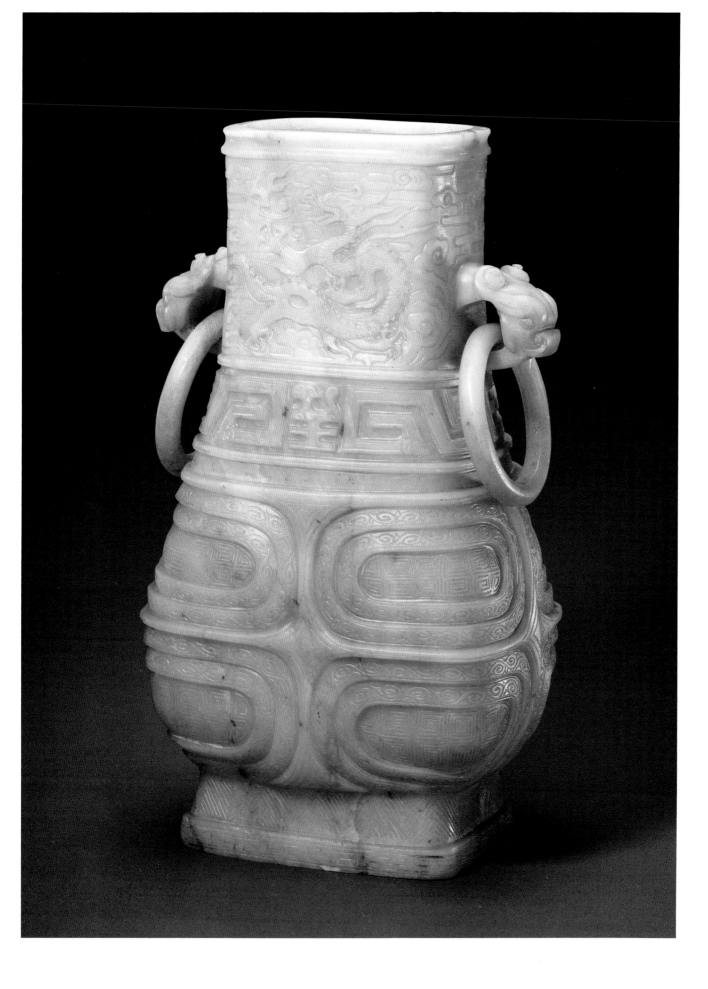

玉魚形佩
宋或元初
寬6.5厘米　高2.5厘米　厚0.7厘米
清宮舊藏

Jade fish-shaped pendant
Song or In the early part of Yuan Dynasty
Width: 6.5cm　Height: 2.5cm　Thickness: 0.7cm
Qing Court collection

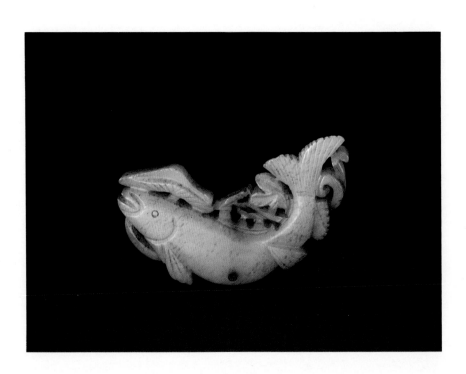

玉料青色，局部有黃褐色沁。器正面稍鼓，且可見一穿孔；背面趨平。佩稍加琢刻作一魚口銜蓮花狀。

這種採用魚銜蓮荷的器型，在宋代極為流行，是一種寓意吉祥之物。這件玉魚佩，魚身向上彎曲，有強烈的動感，具有元代魚的重要特徵。

古代用魚這個題材琢成的玉器，除了是一種珍玩佩飾和寓意吉祥外，也曾用作殉葬品。杜甫《諸將》詩：“昨日玉魚蒙葬地，早時金碗出人間”，即是。

玉魚銜蓮佩
元
長5.3厘米 高3.3厘米 厚1.8厘米

**Jade pendnat in the shape of
a fish holding lotus in its mouth**
Yuan Dynasty
Length: 5.3cm Height: 3.3cm Thickness: 1.8cm

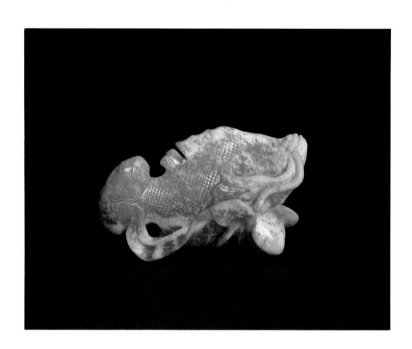

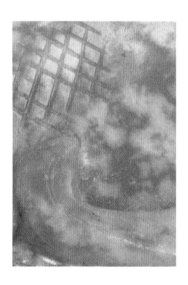

青玉，通器有大面積的沁斑。器圓雕一魚，頭小，體寬，扇面狀尾，身飾細密的網格狀鱗紋，口銜一枝含苞欲放的蓮花。

此器鱖魚的鱖字與貴字同音，魚和餘同音，故寓意"富貴有餘"。

玉銜蓮鱖魚
元
高11.4厘米　寬16.2厘米
清宮舊藏

Jade mandarin fish with a lotus in its mouth
Yuan Dynasty
Height: 11.4cm　Width: 16.2cm
Qing Court collection

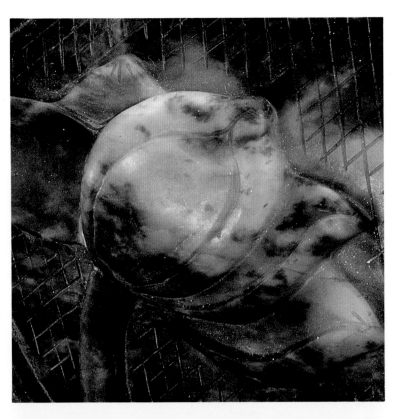

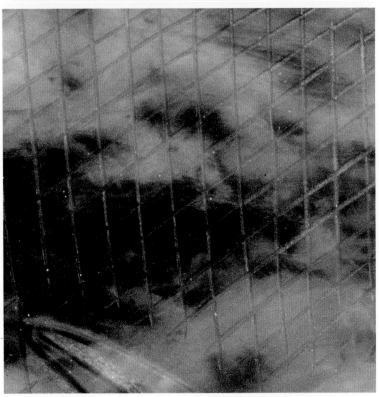

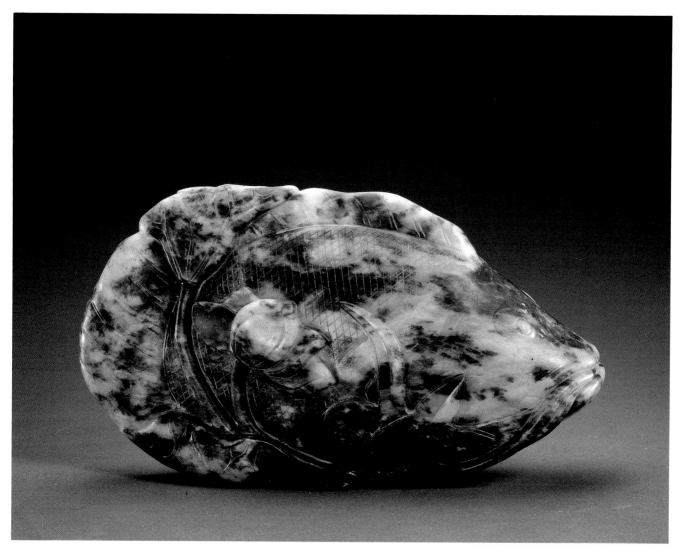

玉料青白色，通體帶有大面積黑色沁，器為圓雕鱖魚，作口銜蓮荷狀。

常見的宋元玉魚有下列幾種：一種無鱗長身魚，身窄長，眼為小圓坑，腮部有一道短的陰線；一種為有鱗魚，身飾陽刻直線組成的網格紋為鱗，尾伸向身後，動感較強；一種為無鱗短身魚，形近似鱖魚，寬身，尾部窄，身側有一道水平方向的陰刻線。

這件玉魚即為第二種，但體形較大，魚尾回捲，形狀圓而團，且無穿孔供繫佩用，有別於尋常的宋代供佩用的玉魚，可視為元代物，似作鎮紙或陳設。

玉鏤雕鸚鵡紋環飾

元

徑7.2×6.5厘米　厚1.4厘米

清宮舊藏

Round jade ornament with parrot design in openwork

Yuan Dynasty

Diameter: 7.2×6.5cm　Thickness: 1.4cm

Qing Court collection

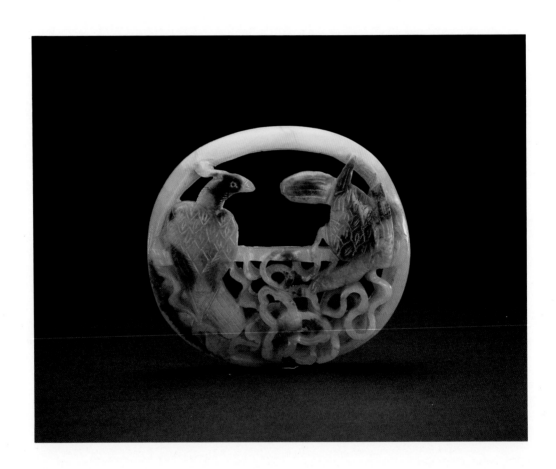

青白玉，正面有赭色沁。器圓形，厚片狀，周邊為環形飾，中間琢一橫樑，下面鏤雕彩球彩帶。上部雕一隻靜臥觀望，一隻啄戲彩球狀的鸚鵡。

此器作"鸚鵡銜綏帶"紋，有祝願美好長壽之意。

119

玉"五倫圖"嵌件
元
長2.2厘米　寬4.5厘米　厚0.1厘米
清宮舊藏

Jade ornament with five distinct birds
Yuan Dynasty
Length: 2.2cm　Width: 4.5cm
Thickness: 0.1cm
Qing Court collection

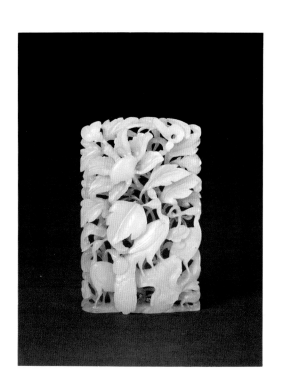

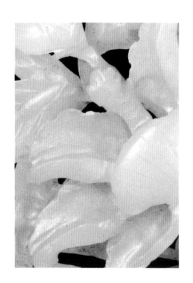

玉"五倫圖"嵌件
元
長2.2厘米　寬4.5厘米　厚0.1厘米
清宮舊藏

白玉，局部略有褐色皮沁。體呈扁平的圭形，正面微弧，上部弧圓，兩側刃下端平齊。通體透雕一孔雀立於石上，其左右各有鶴、海東青、雄雞、鷺鷥各一，間綴牡丹和山石。背部平，有鏤空可供鑲嵌之用。

圖中的五鳥，或即"五倫圖"。所謂"五倫"，又稱"五常"，是中國古代社會君臣、父子、夫妻、長幼、兄弟和朋友間所遵循的道德倫理。此器為迄今保存最早用玉琢製的五種不同禽鳥表示"五倫"之物。

玉"鶴鹿同春"飾
元
長8.5厘米　寬7.2厘米
清宮舊藏

**Jade ornament with crane and
deer design symbolizing longevity**
Yuan Dynasty
Length: 8.5cm　Width: 7.2cm
Qing Court collection

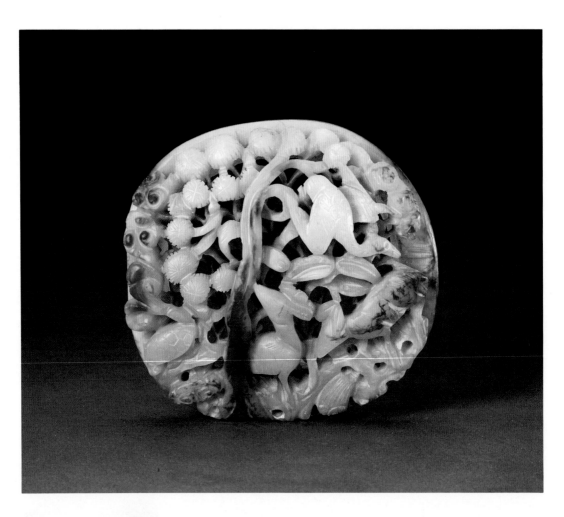

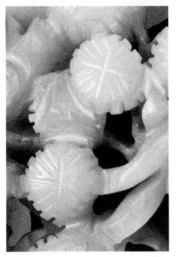

玉"鶴鹿同春"飾
元

青玉，局部有深褐色沁斑。器正面弧凸，用多層鏤雕和陽線紋法琢製鶴鹿同春圖，背面中間凹進，外邊有一粗寬邊環。環外兩側，各有一小圓孔，可供較粗的繩索或帶穿結用。

此器紋圖中有雙鹿在自由自在的啄食，天空還有仙鶴飛翔，間綴松枝、靈芝草等吉祥樹草。鶴鹿同春圖，在宋元乃至明清藝術品常有所見，其含義是長命和官祿齊行並進之意。

121

玉鏤雕雙獬豸飾
元
長8厘米　高4厘米　厚1.3厘米

Jade ornament with double strange
unicorn design in openwork
Yuan Dynasty
Length: 8cm　Height: 4cm　Thickness: 1.3cm

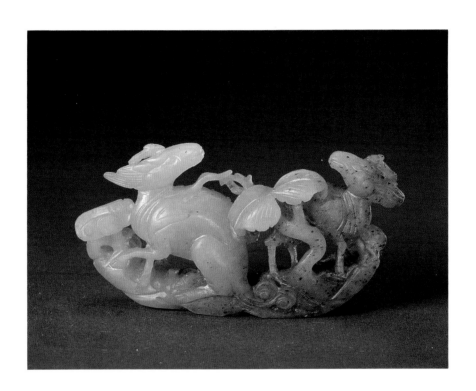

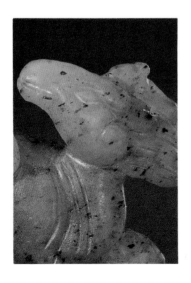

玉鏤雕雙獬豸飾

青玉，局部有黑斑點。於長條形山石、闊葉樹和靈芝上，鏤雕兩頭獨角，獸首似鹿又似羊，身飾火紋，回首，尾分叉且外捲的獸。

此種獸人稱"獬豸"，是古代傳說中的神獸。如東漢楊孚《異物誌》載"北荒之中，有獸名獬豸，一角，性別曲直。見人鬥，觸不直者。鬥人爭，作不正音"。又漢唐至清的法冠皆名獬豸冠；明代以獬豸為風憲官公服；清代御史和按察使袍服前後，皆繡獬豸紋等。凡此，皆由來於此獸之特性。惟此器用玉作，且厚重，或與執法者用物有關，而不是作服飾或冠帽飾物用。

玉鏤雕雙獅佩
元
長7.3厘米　寬5.2厘米　厚1.7厘米
清宮舊藏

Jade double-lion-shaped pendant
Yuan Dynasty
Length: 7.3cm　Width: 5.2cm　Thickness: 1.7cm
Qing Court collection

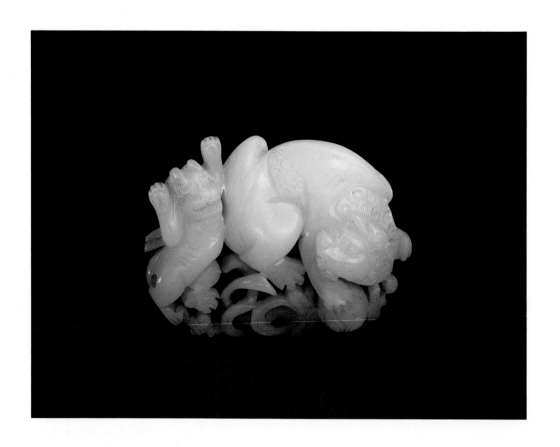

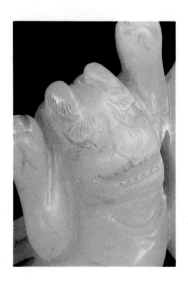

白玉質。器圓雕一大一小二獅戲球狀。大獅弓身回首，一前爪按住球，小獅雙前肢高舉過頭，似欲縱身跳起撲向繡球狀。兩獅前後互相呼應，形象十分生動、逼真。

獅子滾繡球是中華民族民間舞蹈形式和傳統的娛樂活動之一。據《漢書・禮樂志》舞獅之習漢代已有流行，可謂歷史悠久。舞獅之習流傳於中國很多地區，各有不同的風格和特點。一般是由二獅組成，一大一小合舞繡球。中國傳統文化中，又有把大獅寓意太師，小獅寓意少師。太師、少師是官名，分別與太傅、太保及少傅、少保合稱為三公和三少。太師是朝中地位最高的職銜，少師地位僅次於太師。

玉雙獅墜
元
高6厘米　寬4厘米
清宮舊藏

Jade double-lion-shaped pendant
Yuan Dynasty
Height: 6cm　Width: 4cm
Qing Court collection

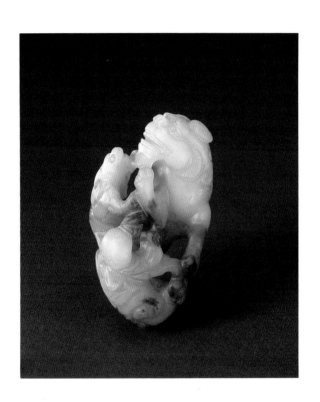

白玉，立體圓雕大小二獅，大獅坐立，小獅於其側玩耍。

獅類玉器唐代始出現，宋、元時期作品增多，這時的玉獸形器大致有三類：一類為仿古辟邪類異獸，形較為誇張，造型中多有想像的成份；一類是以現實動物為原型的虎、鹿、馬、狗等，這類玉獸寫實性強；第三類介於前二類之間，以獅子怪獸為主，造型以現實動物為基礎，局部略加變化，此即為一例。獅類動物生活於熱帶草原，在中國僅能見到少量貢品，因而十分珍貴，近似於珍禽異獸。做為工藝品題材後，又被製造者依想像而變形處理。這件玉獅的頭型較小。面頰部環腮有一周裝飾，其上有排列細密的短陰線，旋形耳，頸部用陰線琢出髮，加工手法上有鮮明的時代特點。

玉子母獅鎮紙
元
高4厘米　長5厘米
清宮舊藏

**Jade paper weight with design of
 lion mother and son**
Yuan Dynasty
Height: 4cm　Length: 5cm
Qing Court collection

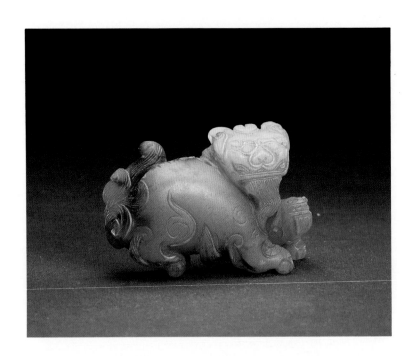

玉料青色，局部有黃褐色沁。器圓雕作大小獅各一，呈戲玩狀。

玉雙鳳穿花佩

元
長5.1厘米　寬10.5厘米　厚0.5厘米
清宮舊藏

Jade pendant with design
of double phoenix among flowers
Yuan Dynasty
Length: 5.1cm Width: 10.5cm Thickness: 0.5cm
Qing Court collection

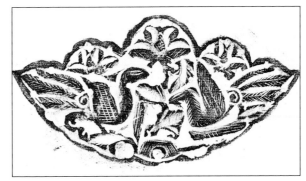

拓片

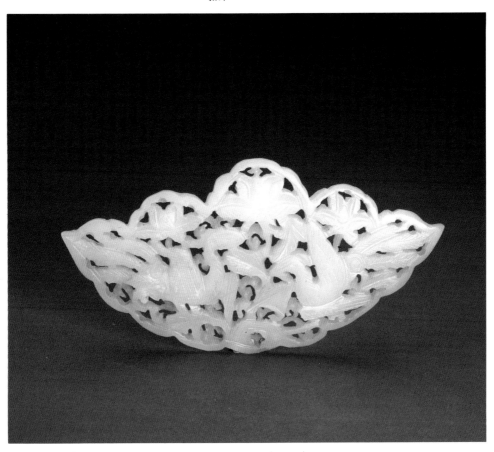

青玉。體扁平，形呈花瓣狀，正面微凸鏤雕雙鳳在花叢中穿舞戲玩狀。背
面平磨，僅留鏤空痕跡。

此器紋飾作喜慶之用，寓意雙鳳朝陽。

玉龍穿竹飾
元
長6.8厘米　寬3厘米
清宮舊藏

**Jade ornament with design of dragon
through bamboo groves**
Yuan Dynasty
Length: 6.8cm　Width: 3cm
Qing Court collection

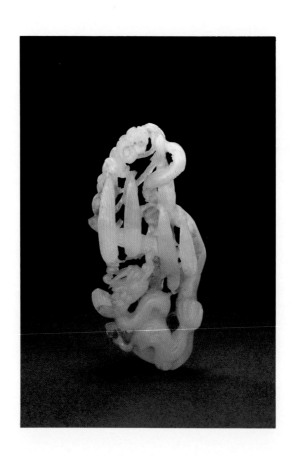

玉料青色，間略有皮色。全器鏤雕成不規則長圓形。主體圖案為一盤龍穿爬於竹枝狀。所飾龍，身細長，爪子豐滿，長髮，帶角，上唇長，眼睛緊壓在眉毛的下邊。

宋元間常見龍穿行於花草樹木中的玉器。惟如此器作龍穿行於竹叢狀者實屬罕見。

玉鏤雕龍穿花佩

元

最大徑9.7×9.6厘米　厚0.8厘米

清宮舊藏

127

Jade pendant with design of

dragon among flowers in openwork

Yuan Dynasty

Maximum Diameter: 9.7×9.6cm

Thickness: 0.8cm

Qing Court collection

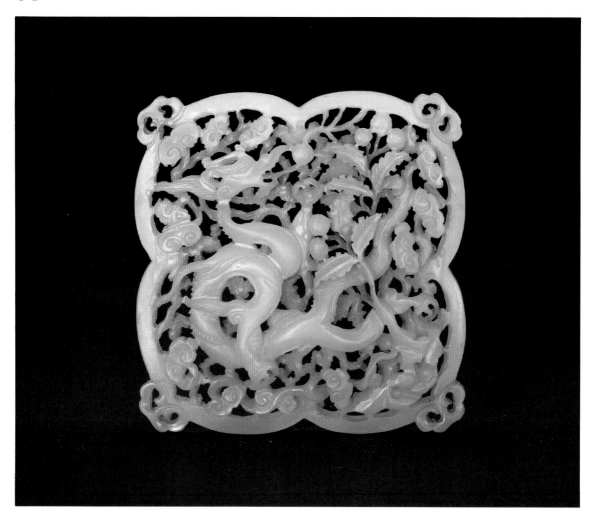

玉料青白色。體作扁平的花瓣形，正面以多層鏤空法，雕一細長的行龍穿梭在花叢之中。龍嘴微張，長髮後飄，身體呈彎曲狀。器狀四角各有一如意形穿孔。以供結紮用。背面平，僅見鏤空穿鑽痕而不細加飾紋，原似一嵌飾物。

玉凸雕行龍紋嵌飾
元早期
長6.1厘米　寬7厘米　厚1.7厘米

Jade ornament with flying dragon design in relief
In the early part of Yuan Dynasty
Length: 6.1cm　Width: 7cm　Thickness: 1.7cm

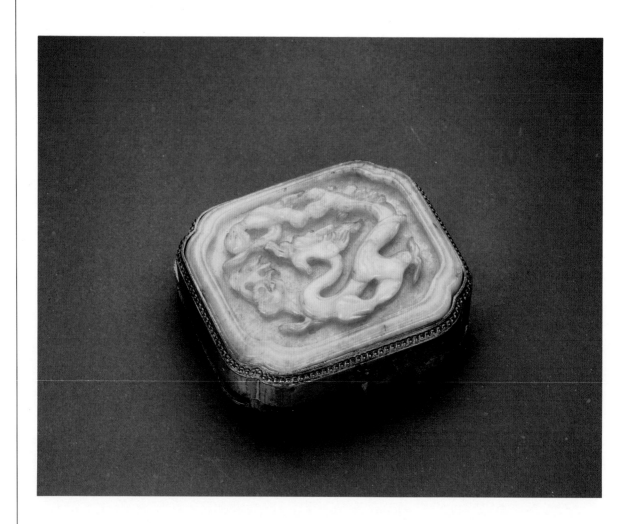

新疆青玉，厚片狀，委角，邊緣外凸，正面減地隱起一矯健捲體、身光素，前肢上部飾火紋的行龍，背面有兩條形狀不同的凹槽，四角各有一對穿綴繫孔，並有清代配製的銅托。

元早期，三爪和軀體光素的龍多，中晚期以後，龍身施鱗紋，五爪的多。

玉鏤雕龍紋嵌飾
元
寬5.9厘米　高6厘米　厚1.1厘米

**Jade ornament with
dragon design in openwork**
Yuan Dynasty
Width: 5.9cm　Height: 6cm　Thickness: 1.1cm

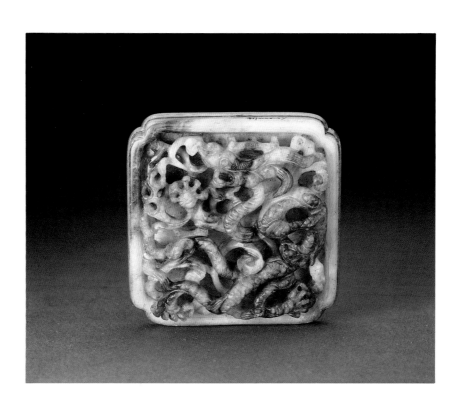

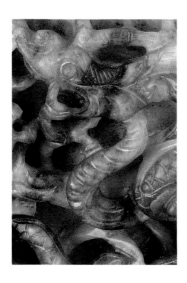

玉鏤雕龍紋嵌飾
元
寬5.9厘米　高6厘米　厚1.1厘米

墨玉，片狀，委角，以減地再加透雕技法，作一右爪握寶珠騰於雲間狀的
龍。

元代嵌飾（或牌飾），以委角、圓角或橢圓形的居多。所飾龍，大眼粗
眉，上唇長且翹，一綹，二綹或三綹長濃髮後飄。此器上嵌銅托，係清代
嵌綴物。

玉鏤雕龍紋飾
元早期
寬6.6厘米　高5.2厘米　厚0.7厘米

Jade ornament with dragon design, openwork
In the early part of Yuan Dynasty
Width: 6.6cm　Height: 5.2cm　Thickness: 0.7cm

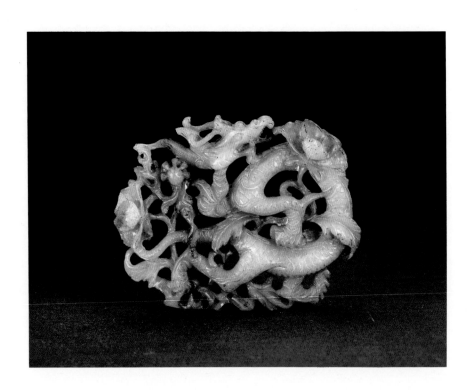

青玉。片狀，鏤雕，一面以剛勁的刀法，琢一大圓眼，寬眉，雙細角，長髮後飄，回首，呈舞行於牡丹花間狀的龍紋。

元代龍紋，行舞於雲間和花間的較多，形作細頸，長頭，身飾鱗紋，爪上部有粗短的節狀紋。此為其典型代表。牡丹花為富貴花，龍穿牡丹，有榮華富貴之意。

玉鏤雕鳳穿花璧
元
徑9.7厘米 厚0.8厘米

Jade Bi-disc with design of
phoenix among flowers in openwork
Yuan Dynasty
Diameter: 9.7cm Thickness: 0.8cm
Qing Court collection

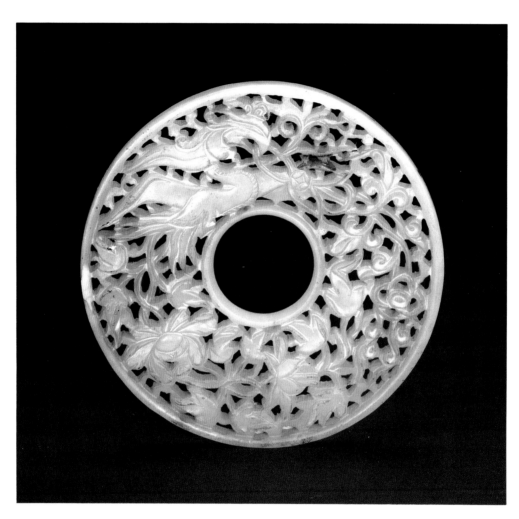

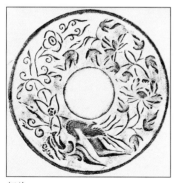

拓片

玉料青白色，局部有黃色沁斑。玉璧兩面飾紋相同，皆鏤雕一展翅飛翔的
鳳凰，間襯以纏枝牡丹，內外緣各飾弦紋一周。

玉璧始於新石器時期，但作鳳穿花紋者較晚，大概始自宋，此為迄今所見
僅有的一例玉璧，極為珍貴。

玉浮雕雙螭臂擱
元
長10厘米　寬3.4厘米　厚1厘米

Jade arm-rest with double hydra design in relief
Yuan Dynasty
Length: 10cm　Width: 3.4cm　Thickness: 1cm

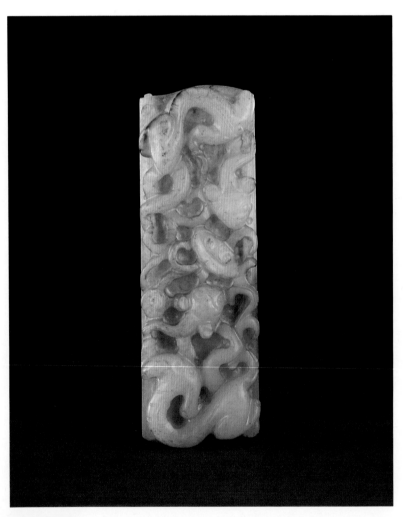

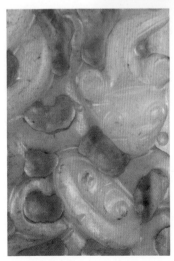

玉浮雕雙螭臂擱
元

白玉，局部有褐色沁斑。器片狀，長方條形。正面凸雕雙螭及靈芝。兩螭長髮細身，盤旋曲折。面面相對，欲銜靈芝狀。背面飾極為流暢的雲紋。

臂擱，是文房用具之一，為寫字或繪畫時置於臂或手腕之下所用，一般作扁片長條狀。

螭在玉器上出現始自戰國，此後歷久不衰，稱其龍九子之一，或為母龍。惟歷代螭紋各有所別，元代螭大頭有鬚，多口銜靈芝。

玉鏤雕龍鈕押料
元
長9.5厘米　寬9.5厘米　高4.7厘米

Jade material for signet with
double-dragon-shaped knob in openwork
Yuan Dynasty
Length: 9.5cm　Width: 9.5cm　Height: 4.7cm

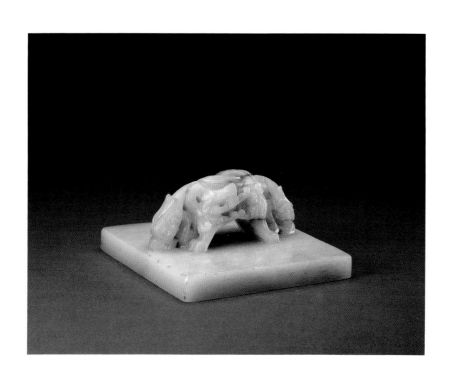

新疆和闐白玉。下部為正方形，上面鏤雕軀體繞在一起的兩條龍為鈕。龍
作大眼粗眉，雙細角，長髮後披，三爪，嘴部觸璽面狀。底面光素無紋，
但能顯現後人磨去押紋符號之痕迹。

元代玉押（或印璽）之龍鈕，一般為單體龍，雙體龍鈕極為少見。其做工
粗獷有力，展現出元代玉匠的遒勁技藝。

玉龍鈕押
元
長5.8厘米　寬5厘米　通鈕高4厘米
清宮舊藏

Jade signet with dragon-shaped knob
Yuan Dynasty
Length: 5.8cm　Width: 5cm　Overall height: 4cm
Qing Court collection

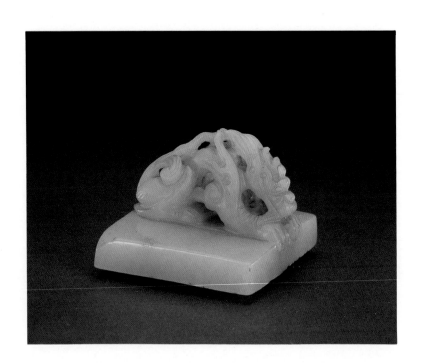

玉料青白色，局部微有黃色沁。器上部鏤雕一龍為鈕。龍四足伏於押背部，躬身，低頭，長髮後披，三岐尾中兩岐捲向兩側，中間一岐長而上衝並與頭頂髮相接。器下部為長方形，面有剔地陽文圖記。

押是古代文書契約上簽字或代替簽字的一種符號，尤以元代作品居多。元末陶宗儀《輟耕錄》第二卷《刻名印》一節中說："今蒙古色目人之為官者，多不能執筆花押，例以象牙或木刻而印之。宰輔及近侍官至一品者，得旨則用玉圖書押字。非特賜不敢用。"此器龍鈕，或為帝王之物。

玉龍鈕璽
元
長3.5厘米　寬3.5厘米　高2.5厘米

Jade seal with dragon-shaped knob
Yuan Dynasty
Length: 3.5　Width: 3.5cm　Height: 2.5cm

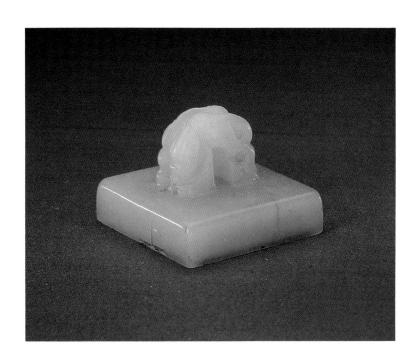

白玉，玉質瑩潤，白如凝脂。印下部為正方形，上部凸雕身體相繞的兩條龍為鈕。兩龍中間之孔，供繫絲繩用。

此器印銘為滿文，當為清人磨去原元代璽印之銘而後刻。

玉龍鈕印
元
高3.5厘米　直徑4.4厘米

Jade seal with dragon-shaped knob
Yuan Dynasty
Height: 3.5cm　Diameter: 4.4cm

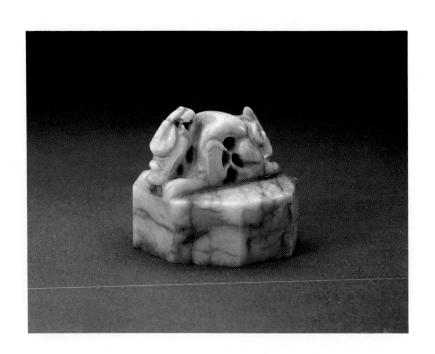

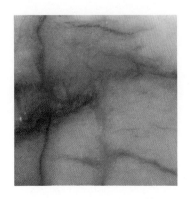

青玉。八棱形，上面伏一透雕的拱背翹尾龍紋為鈕。底面減琢卦紋之間鐫陽文"清齋"二字。

元代玉押（或印璽類），底面凸琢押紋符號。此璽卦紋和所鐫陽文字，似是後人磨去押紋符號。且元代八角形印璽極為少見，所知僅此一例。

137

玉凸雕飛龍紋帶飾
元
寬4.9厘米　高4.9厘米　厚1.5厘米

**Jade belt ornament with flying
dragon design in relief**
Yuan　Dynasty
Width: 4.9cm　Height: 4.9cm　Thickness: 1.5cm

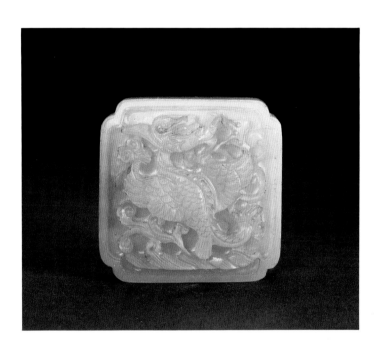

白玉。帶飾呈正方委角形，厚片狀，正面浮雕一展翅飛龍戲寶珠紋。龍身側襯以雲紋，下飾海水和波浪紋。器左右兩側有一長方貫孔，以供穿革帶用，背面平素無紋。

《山海經·海外西經》曰："龍魚陵居在其北，狀如狸（狸作鯉）。"據此可知，此式龍首魚身且有翅的神奇物，或名龍魚。因龍魚能飛，所以又名飛魚，民間傳說中的鯉魚跳龍門故事或源於此。

玉飛龍紋帶飾
元
寬3.9厘米　高7厘米　厚1.2厘米
清宮舊藏

Jade belt ornament with dragon design
Yuan Dynasty
Width: 3.9cm　Height: 7cm　Thickness: 1.2cm
Qing Court collection

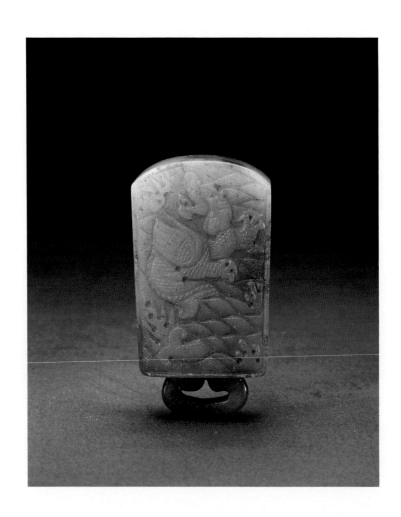

青玉，局部有黃褐色沁。器為長方形，厚片狀。正面淺浮雕海水龍紋。龍張口吐舌，身飾鱗紋和飛翼，左上角有火珠，尾上飾火焰紋。身下為浪濤滾滾的海水。器兩側各有一長方形對穿孔，可供腰帶穿插結繫用。下部有一圓形環，背面僅留穿孔和鏇痕而未細加飾紋。

《廣雅》釋龍："有鱗曰蛟龍，有翼曰應龍，有角曰虯龍，無角曰螭龍。"此龍有羽翼，因而應歸入應龍一類。傳說應龍能主大雨，有祛除火災的作用。又此器下部有環，當為唐宋流行的一種，由此可知元代帶飾仍沿其制。

玉鏤雕龍形帶飾
元
徑8.6厘米

Jade dragon-shaped belt ornament, openwork
Yuan Dynasty
Diameter: 8.6cm
Qing Court collection

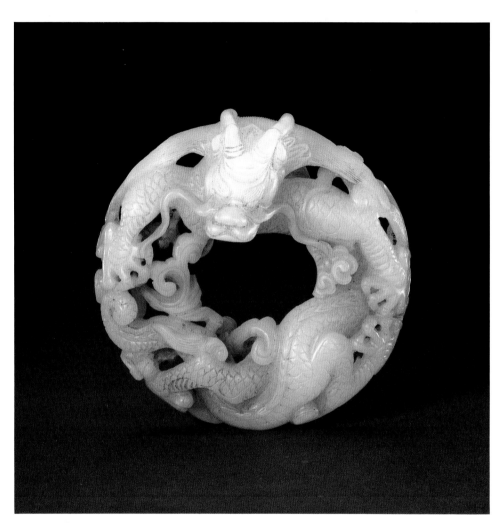

玉料青白色，局部有淺褐色皮斑痕。體扁圓。通體透雕一團龍。背面一側
有一環鈕，原似一帶飾。

此器從造型到工藝均較細巧，應是皇帝專用品。

玉雲龍紋鉈尾
元
長9厘米　寬5.3厘米　厚1.7厘米
清宮舊藏

Endmost tablet of a jade belt with design
of dragon among clouds
Yuan Dynasty
Length: 9cm　Width: 5.3cm　Thickness: 1.7cm
Qing Court collection

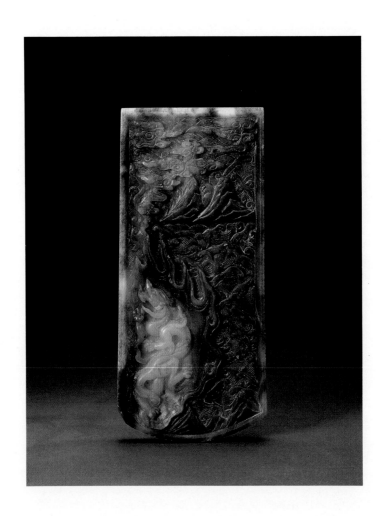

玉料表面局部有白色和淺黑色斑塊。體呈扁平長方形。正面用不同的玉色淺浮雕雲龍海水紋。所飾龍小眼突出，髮鬣後背，體細長，身上的細鱗紋作階梯狀，呈大海中戲遊玩耍狀。背面平磨無紋飾，四角各有斜穿小孔一對，可供繫掛之用。

此器用不同的玉色，作不同的紋圖色，尚不多見。

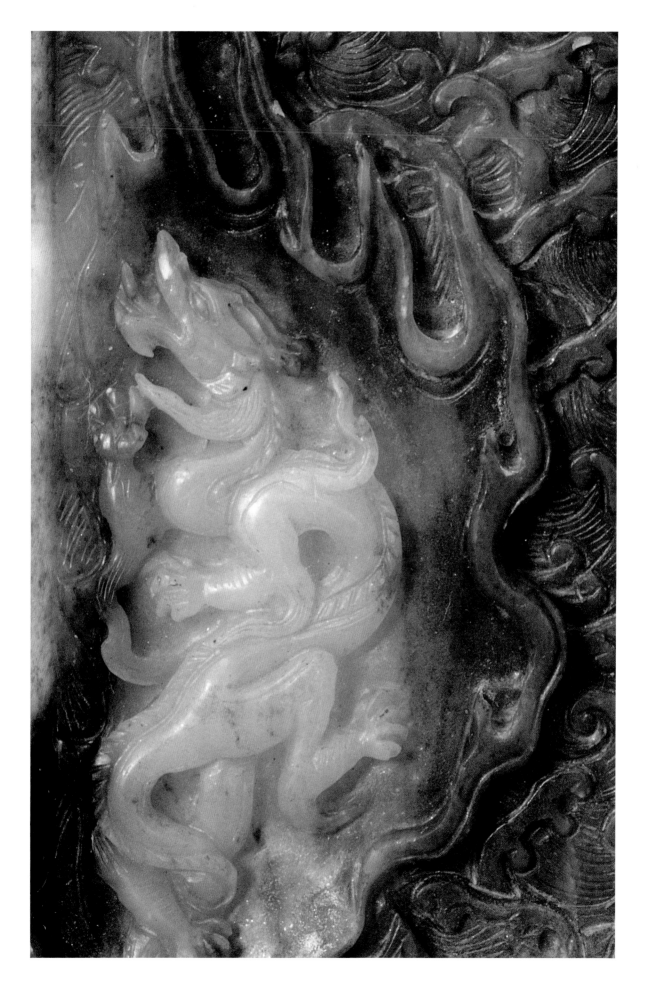

169

玉獅紋帶板
元
長6.7厘米　寬3.7厘米　厚0.9厘米

Jade belt tablet with lion design
Yuan Dynasty
Length: 6.7cm　Width: 3.7cm　Thickness: 0.9cm

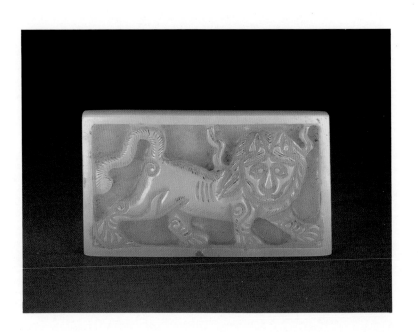

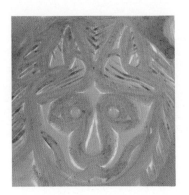

白玉，質地潤澤。器呈片狀，且較厚，長方形。正面減地深雕一雄獅，眼、鼻、嘴較大，四肢及尾根部有捲雲紋。身及尾上有毛紋。背面無紋，四角有對穿隧孔。

獅紋常作元代玉帶板的圖飾，技法以剔地陽文最多，且紋飾凸起較高，所飾獅紋的頭頸部似深刀切斷，粗粗的眉毛緊壓在眼上，使之顯得更加凶猛。

玉戲獅人紋帶板
元
長6.7厘米　寬5.2厘米　厚0.7厘米
清宮舊藏

Jade belt tablet with design of
a figure playing with a lion
Yuan Dynasty
Length: 6.7cm　Width: 5.2cm　Thickness: 0.7cm
Qing Court collection

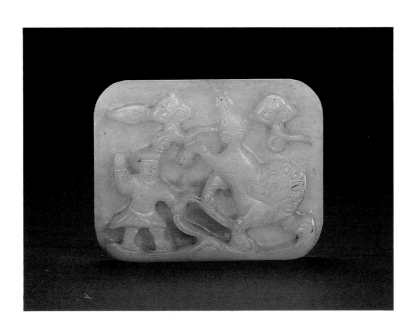

白玉。扁長方狀，正面減地浮雕飾一身著短衣，頭戴矮帽，手持綢帶，戲一健壯雄獅的人，上部綴彩雲兩朵。背面四角各鑽一對穿孔，可綴於革帶上。

此帶板雕琢異於同期的普遍技法，即不留他邊，為元代帶板中僅見者。《坤輿圖》說：獅“為百獸王，諸獸見皆匿影。性最傲，遇者俯伏，雖餓亦不噬。……又最有性，受人德必報。……擲以球，則騰跳轉弄不息。”元代喜獅紋，常見有“獅子滾繡球”或“獅子戲球”等。

玉鏤雕戲獅人紋帶板
元
長6.9厘米　寬5厘米　厚1.7厘米
清宮舊藏

Jade belt tablet with design of
a figure playing with a lion in openwork
Yuan Dynasty
Length: 6.9cm　Width: 5cm　Thickness: 1.7cm
Qing Court collection

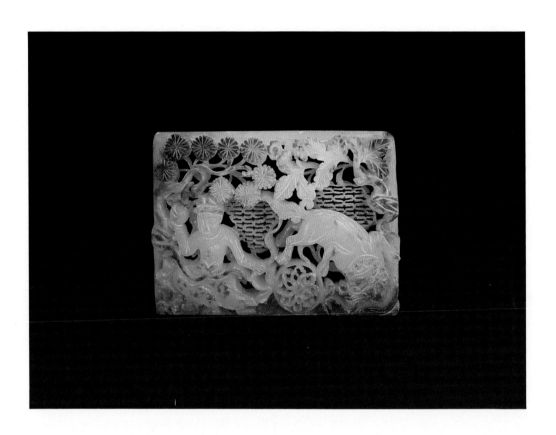

玉料青白色，表面有大片黃褐的玉皮色。器長方形，片狀，正面微凸起，另一面內凹。正面在鏤空的錦地上飾松樹、柞樹、一獅和一人。人身穿窄袖長袍，頭戴圓形橄欖式帽，腰繫寬帶，一手托火珠，一手拉繡球以戲獅。獅子膘肥體壯，弓身回首，張牙舞爪，做欲滾球之狀。

元代文武官員，凡二品以上者皆可繫玉帶，其帶板之紋圖，文官為禽鳥紋，武官為走獸紋，其中獅紋為一品標記和專用圖。其上耍獅人一般上著窄袖衣，下著短裙，腰繫革帶，足登皮靴。此件戲獅帶板，即為其中一件富有生活氣息且具典型的代表作。

玉鏤雕龍紋帶環
元早期
寬7厘米　高5.7厘米　厚1.4厘米

Jade belt ring with dragon design in openwork
In the early part of Yuan Dynasty
Width: 7cm　Height: 5.7cm　Thickness: 1.4cm

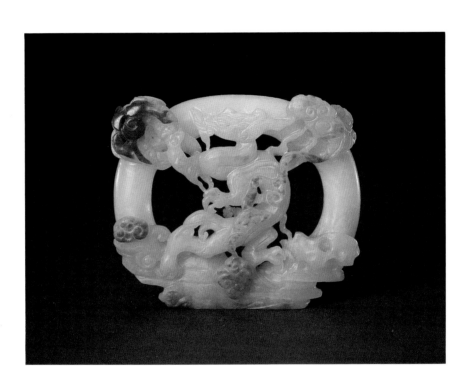

白玉，瑩潤光澤，有黃褐色沁。器底以環飾為托。其上龍首前後巧琢寶珠、火焰和靈芝形雲紋，下部琢飾山石和靈芝紋。工匠巧留玉皮原色，恰似在霞光映照下出現神龍飛舞。龍身兩側有隧孔，可供穿繫革帶用。

元代龍紋的一個共同特點是前右爪握寶珠。此器精美艷麗，所見僅此一件。

玉龍首帶鈎環
元
通環長10.5厘米　最寬3.8厘米　高2.3厘米
清宮舊藏

Jade dragon-head-shaped belt hook and ring
Yuan Dynasty
Ring length: 10.5cm
Maximum width: 3.8cm　Height: 2.3cm
Qing Court collection

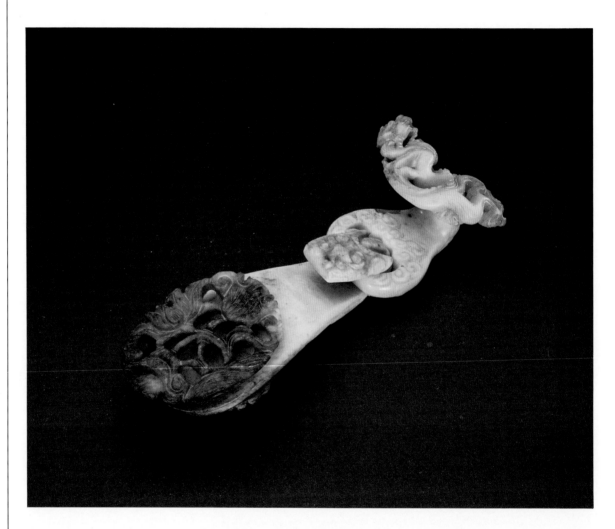

白玉經火後，有黑褐色斑並伴有黃色沁，呈半雞骨白色。全器分鈎和環兩部分。其中鈎龍首，腹間鏤雕蓮花紋，鈕為荷葉花紋；環口正、反面均隱起雲紋，環首鏤雕一龍。

此器雕琢的龍紋皆為三束髮，長雙角，粗眉上捲，寬鼻梁凸起，具有元代的明顯時代特點。又，帶鈎在元代是一種廣為流行的器型，但帶鈎與鈎環合為一器是少有的。帶鈎為實用器，鈎與環上飾龍紋，當為元代帝王專用。

玉持花童子

元

寬3.5厘米　高7厘米　最厚2厘米

清宮舊藏

Jade boy holding flowers

Yuan Dynasty

Width: 3.5cm　Height: 7cm　Maximum thickness: 2cm

Qing Court collection

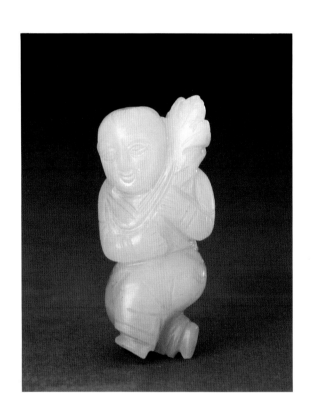

玉料青白色，間有褐沁。童子圓雕，身穿短衫，敞胸露懷，一手持花，另一手托罐，雙腿交疊，面帶微笑，髮髻中分。花與耳間有一不規則的孔，可供繫繩之用。

宋元時期，在藝術品上常出現含吉祥意的童子像，如童子持蓮荷葉花玉件就是與當時流行"鹿母蓮花生子"的故事有關而塑造的，以此寓意"子孫滿堂"。

玉騎鵝童子
元早期
寬4.2厘米　高7.3厘米
清宮舊藏

Jade boy riding a carne
In the early part of Yuan Dynasty
Width: 4.2cm　Height: 7.3cm
Qing Court collection

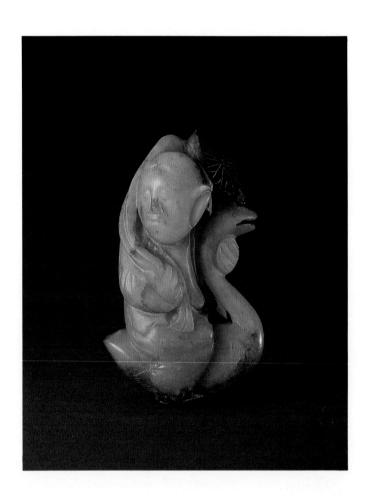

玉料青色，局部保留原玉璞的黃褐色沁。器圓雕，形作一童子手持蓮荷葉舉於肩並騎坐於一伏臥形的鵝背上。

宋元時常見童子持蓮的玉器，鵝為農家富貴之物，故此器似有"連生貴子"和"連年富貴"之意。

玉牧馬人鎮
元
長11.6厘米 寬5.1厘米 高5.6厘米

Jade weight in the shape of a herdsman
Yuan   Dynasty
Length: 11.6cm   Width: 5.1cm   Height: 5.6cm

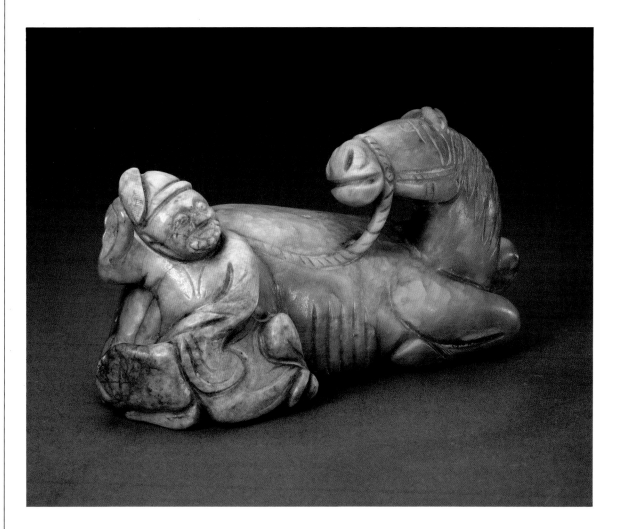

玉料青灰色。器圓雕一人一馬。馬作回首跪臥狀，其側為一頭戴圓緣尖頂
橄欖形帽，身著長袍，腰間束帶，圓形眼，高鼻梁，腮留短鬚，手拉韁繩
的牧馬人。從人物的穿著服飾看，完全具備了元代雕塑人的特點，當定為
同期器物。

玉鏤雕鶴鹿龜紋爐頂
元初
高4.7厘米　底徑3.5×4.1厘米
清宮舊藏

Jade knob (used on the cover of a censer)
With crane,deer and tortoise design in openwork
In the early part of Yuan Dynasty
Height: 4.7cm　Diameter of bottom: 3.5×4.1cm
Qing Court collection

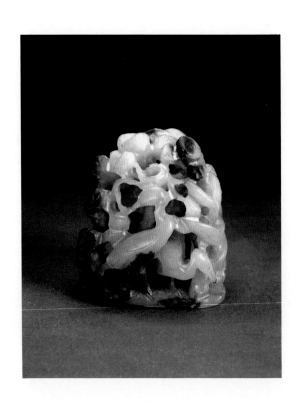

白玉，局部有人為赭色沁。器以立體鏤雕琢出三層紋飾，其中外兩層為姿態各異的雙鹿、雙鶴、單龜、靈芝等紋；最裏一層為兩棵松樹，並以茂密的枝葉伸展至外層頂部。底有兩對穿孔，可供綴繫用。

鹿、鶴、龜、靈芝、松樹，都有長壽之意，整個圖案寓"鶴鹿同春"，或有"群仙祝壽"之意。

150

玉鏤雕"五倫"紋爐頂
元
高5厘米　底徑3.7×4.6厘米
清宮舊藏

Jade knob (used on the cover of a censer) with five
distinct birds design in openwork
Yuan Dynasty
Height: 5cm　Diameter of bottom: 3.7×4.6cm
Qing Court collection

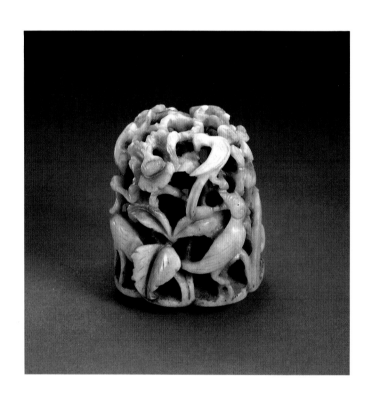

玉料灰白色，似經火燒所致。器圓形，鏤空雕刻立於花葉叢中的五種禽
鳥。玉鳥中有佔據顯著位置的鳥中皇后孔雀，有曲頸弓身的鷺鷥，有鶴立
雞群的仙鶴，有口銜花草的綬帶及高站枝頭的百靈。

此器中的五禽或即後來常見並寓意人倫的"五倫圖"。只不過後來寓意的
五倫圖除仙鶴外，餘四禽分別演變為鳳、鵓鴿、鶯和鴛鴦。

玉雙螭紋爐頂
元
高3.8厘米 底徑2.7×5.2厘米
清宮舊藏

Jade knob (used on the cover of a censer)
with double hydra design
Yuan Dynasty
Height: 3.8cm Diameter of bottom: 2.7×5.2Cm
Qing Court collection

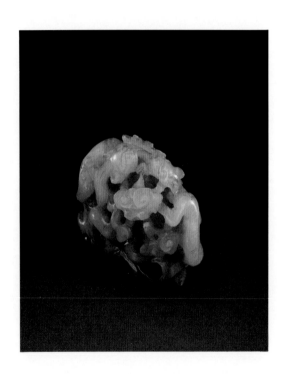

玉料青白色，光澤瑩潤，器立體鏤雕雙螭與靈芝。二螭面面相對，皆身曲捲，並飾竹節式紋，口銜靈芝。器底有兩對穿孔，以供與爐蓋捆結時穿繫用。

元代玉器中較多地出現了螭虎紋樣，其螭與漢代螭相比，造型較靈活，頭窄長，五官集於臉下部，眉、眼、鼻佔整個臉型的三分之一，多不見嘴。此為一例。

玉雲龍紋爐頂

元
高4.7厘米　底徑4.5厘米
清宮舊藏

Jade knob (used on the cover of a censer)
with dragon among clouds design
Yuan Dynasty
Height: 4.7cm　Diameter of bottom: 4.5cm
Qing Court collection

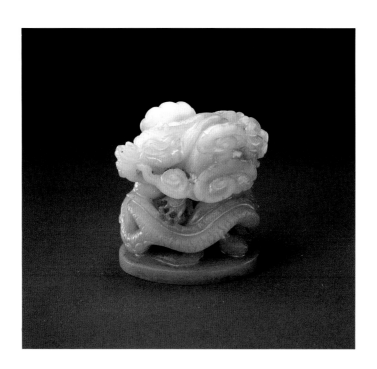

白玉，器立體鏤空，形如圓柱，在一環形托上，透雕一整體蟠龍，形作圓
凸眼，長眉，雙角，兩綹長髮後披，每爪四趾，軀體盤繞，背飾火紋，並
有靈芝形雲朵環繞。托底部等距對穿四對隧孔，用以穿綴。

玉雙嬰紋爐頂
元
寬4.9厘米　高6.3厘米　厚2.5厘米
清宮舊藏

**Jade knob (used on the cover of
a censer) with double child design**
Yuan Dynasty
Width: 4.9cm　Height: 6.3cm　Thickness: 2.5cm
Qing Court collection

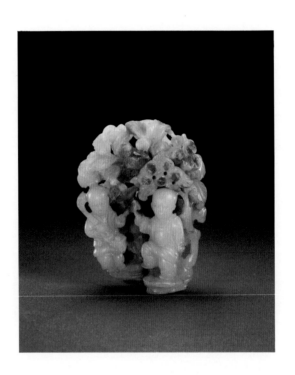

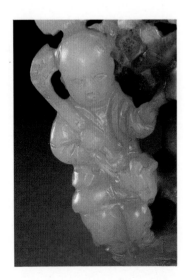

玉料青白色，局部有黃褐玉皮色。器立體鏤空飾一枝繁葉茂、碩果纍纍的
大樹，樹下站立二嬰。二嬰頭梳髮髻，身著對襟小襖，各用手共同舉著一
小人，似正嬉戲玩耍狀。間點綴山石與靈芝。

此器雕工粗獷、古樸，人物塑造生動、逼真，充滿生活氣息。所用立體鏤
空技術，是用鑽孔法製作，致使器物上仍留下許多直徑大小不一的管鑽孔
洞痕迹。

玉雙嬰紋爐頂

玉花式杯
元
高5.1厘米　口徑8.5厘米
清宮舊藏

Jade mallow-petal-shaped cup
Yuan　Dynasty
Height: 5.1cm　Diameter of mouth: 8.5cm
Qing Court collection

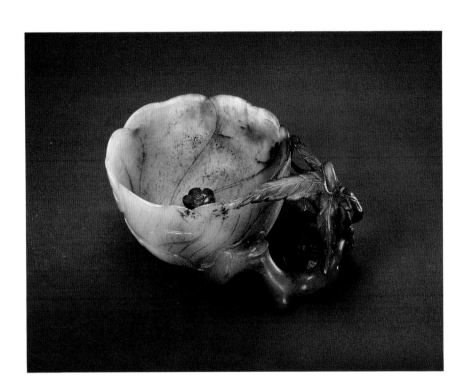

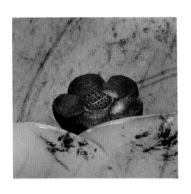

玉料青白色，經火而局部發黑。杯為葵花式，圓口，內中心凸雕起一花蕊，外壁鏤雕秋葵枝葉為柄和托。

元代的玉杯，目前已發現很多，部分器物表面拋光較亮，紋飾多以花卉、人物為主，刀法粗獷有力，可見刀、鑽痕，葉紋的中部往往挖得很深。

這件玉杯除造型、紋飾、色澤方面具備元玉器特徵外，在雕琢上也明顯表現出當時的工藝風格。

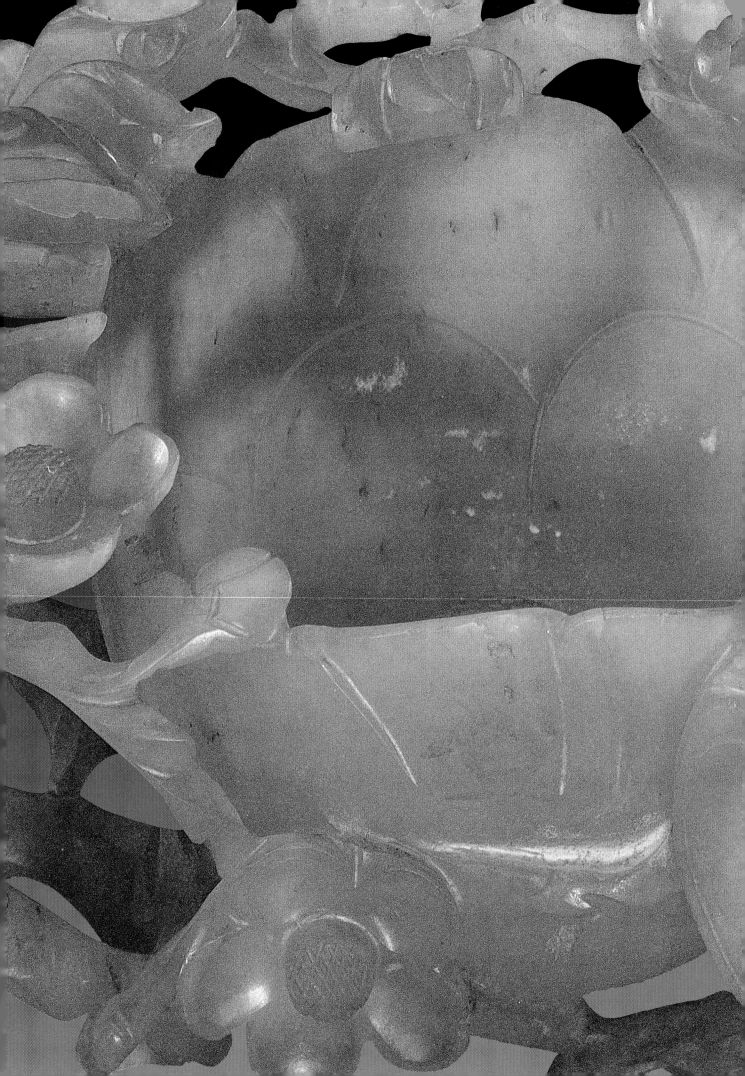

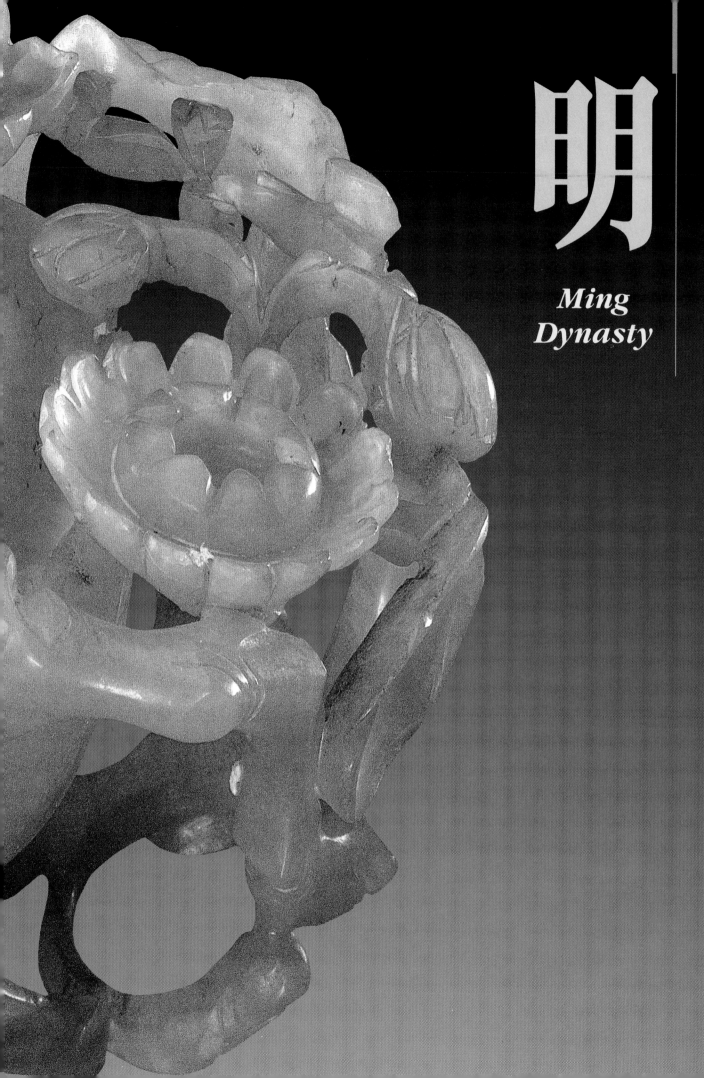

明

**Ming
Dynasty**

玉穀紋圭
明
高21.3厘米　寬6.3厘米　厚0.9厘米
清宮舊藏

Jade elongated tablet with corn design
Ming Dynasty
Height: 21.3cm　Width: 6.3cm　Thickness: 0.9cm
Qing Court collection

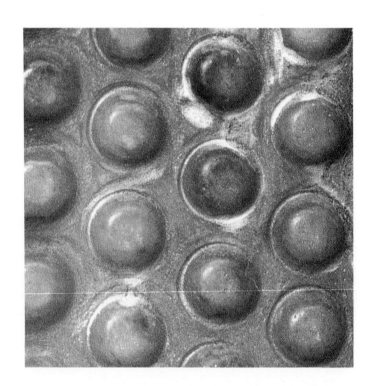

青玉表面有人為烤色，呈上尖下方的厚片狀，器兩面各減地雕五豎行穀紋。造型古樸，琢技粗獷。玉圭原有清乾隆時期配置的木座，木座凹槽內的底層刻"大清乾隆年製"六字楷書，四邊陰刻填金十二章紋符號，底刻"有虞十二章"五字銘。

圭為中國古代玉製禮器，在祭祀、喪葬、朝聘等活動中使用，為六種"瑞玉"之一。明代始見穀紋圭，從考古資料看，多發現於女性墓或棺槨內，這與古籍所載："穀圭，以聘女"之載相符。這件玉圭從造型和紋飾上看，當屬明代物。清乾隆皇帝愛好古物，常命工在古舊玉器上刻上乾隆年款，頗有"偷梁換柱"之意。此為一例。

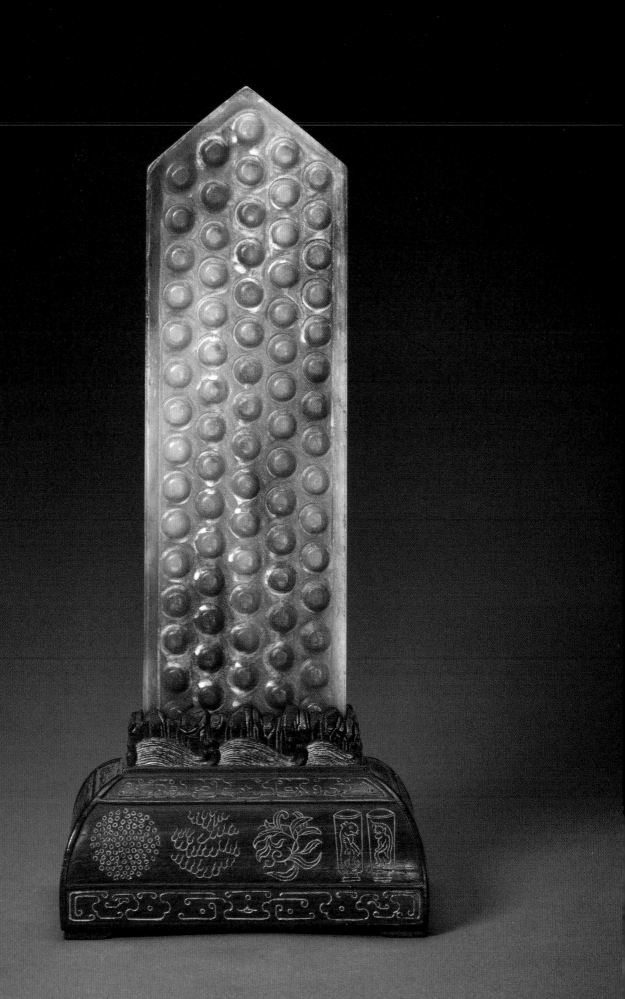

玉九螭蠶紋璧
明
外徑20.4厘米　口徑5.8厘米　最厚2厘米
清宮舊藏

Jade Bi-disc with design of
silkworm and nine hydras design
Ming Dynasty
Diameter: 20.4cm　Diameter of orifice: 5.8cm
Maximum thickness: 2cm
Qing Court collection

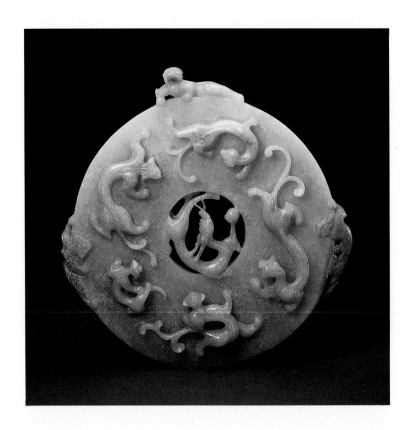

和闐青玉，厚圓片狀，局部有沁色。以浮雕，鏤空技法一面飾臥蠶紋，一面琢姿態各異的八螭紋及孔內鏤飾爪握寶珠的一螭紋。

明清玉器，寓吉祥意的居多。這件玉璧，中心飾龍紋，其周飾螭紋，寓"教子成龍"之意。

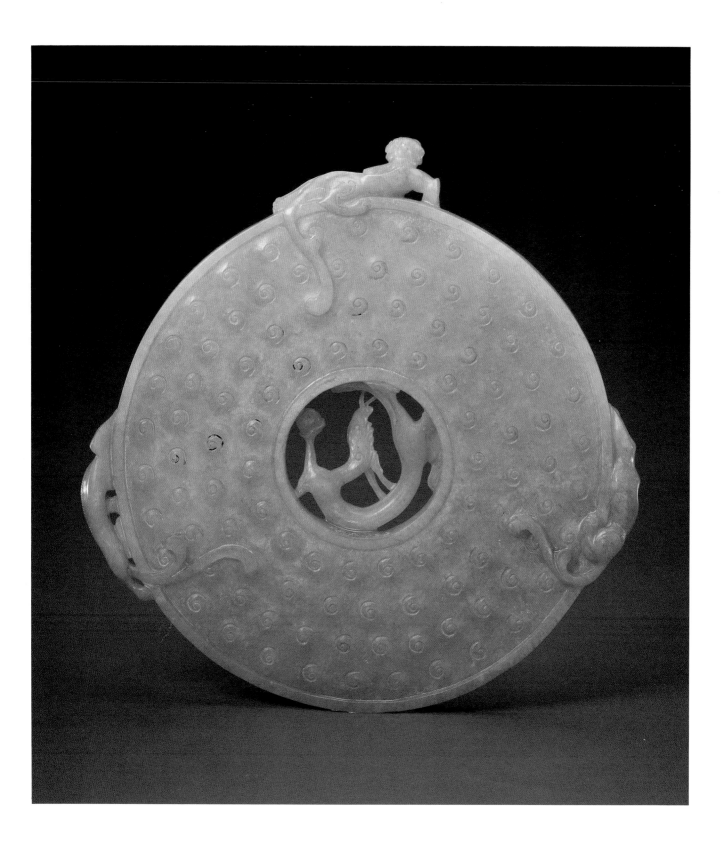

玉人物龍紋磬
明中期
長20.4厘米　寬20.1厘米
最厚0.9厘米
清宮舊藏

**Jade Qing (a musical instrument)
with figure and dragon design**
In the Middle part of
Ming Dynasty
Length: 20.4cm
Width: 20.1cm
Thickness: 0.9cm
Qing Court collection

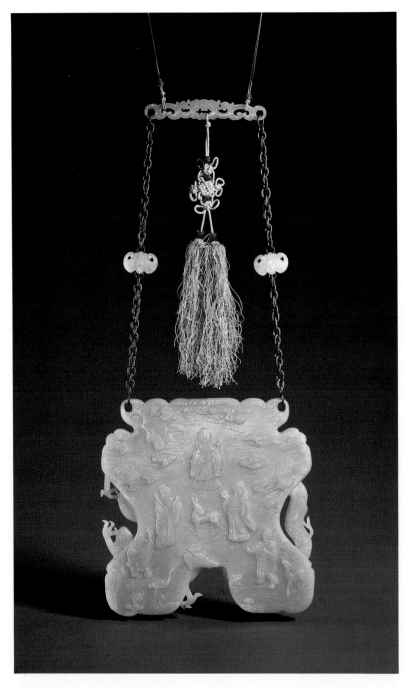

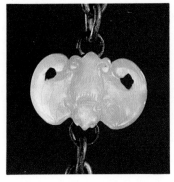

玉料青白色，局部有淺褐色斑沁。體呈扁平長方形，兩面飾紋各異，一面
飾二龍戲珠，另一面正中上部為壽星，兩側為長老，下部為童子，邊有鶴
鹿等紋，有"福、祿、壽"三星高照之意。

磬為古時的禮樂器，早在商代已見。惟以玉作磬，出現較晚，所見明代為
最早遺品，此為其一。

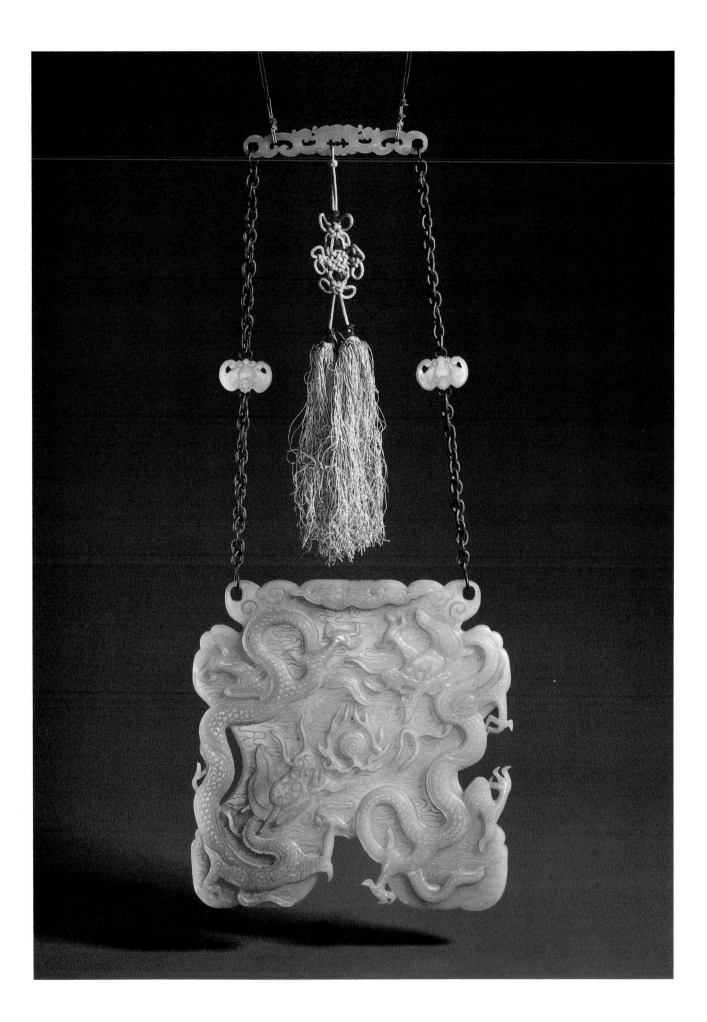

玉螭紋筆
明
通長23.7厘米　管徑1.6厘米　帽徑2厘米
清宮舊藏

**Jade writing brush with cap and with
hydra design on its shaft**
Ming Dynasty
Overall length: 23.7cm　Diameter of shaft: 1.6cm
Diameter of cap: 2cm
Qing Court collection

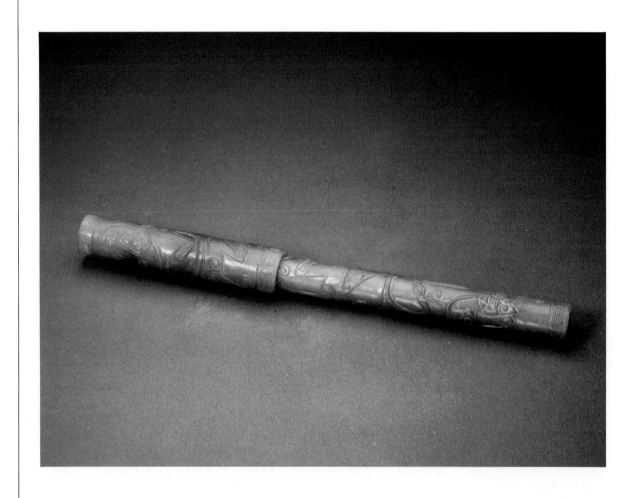

青玉，筆管與帽皆圓柱形。筆管外壁以浮雕技法琢一蟠螭，於頂端外沿陰刻五組橫陰線，頂部以圓玉片將孔封死。筆帽兩端外沿分別陰刻五組及六組陰線，其間浮雕一盤繞形螭紋，於端頂嵌一圓玉片。

明代有各種質地的筆，如雕漆管筆、玻璃管筆、黑漆描金管筆、檀香木管筆等，紋飾各異。其中尤以玉管筆最為珍貴，且為迄今所知最早者，此為典型實例之一。

159

玉荷葉式洗
明
寬17.6厘米　高8.5厘米
清宮舊藏

Jade lotus-leaf-shaped brush washer
Ming Dynasty
Width: 17.6cm　Height: 8.5cm
Qing Court collection

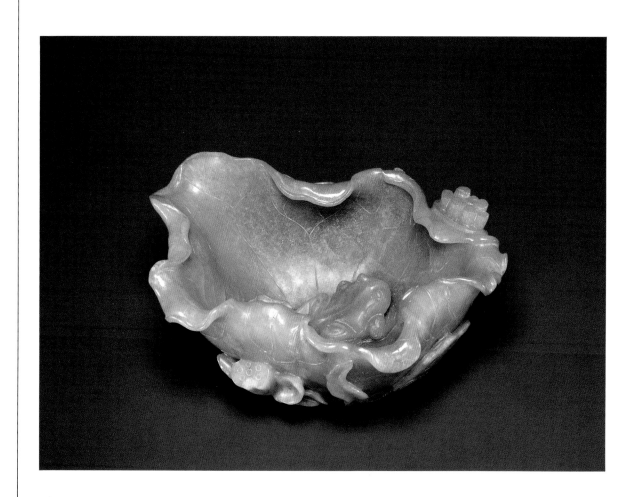

玉料青灰色，局部褐色斑沁較重。器作一捲式荷葉，內外均琢凸起的葉脈，內底部高浮雕一青蛙，呈弓腿臥伏狀，外壁巧雕蓮荷枝、葉和花，並以一束荷枝作柄。

此器是文房用具中用於洗筆之器皿，設計巧妙，琢磨圓潤，生動逼真，是一件精美的實用工藝品。

玉異獸形硯滴
明
長12.7厘米　寬6.5厘米　高5.1厘米
清宮舊藏

Jade water dropper in the shape of
a strange animal
Ming Dynasty
Length: 12.7cm　Width: 6.5cm　Height: 5.1cm
Qing Court collection

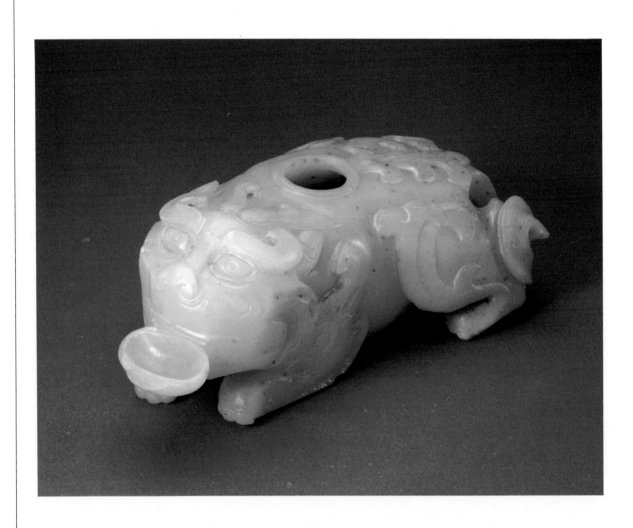

新疆青玉，立體圓雕，形作異獸形，大眼圓睜，粗寬眉，雙角，捲耳，長
髮後披，口部銜一羽觴形飾，前肢飾羽翼，兩後肢飾火焰紋。兩前肢之間
有後刻的“乾隆年製”四字隸書款。背部一圓孔，膛內掏空可貯水。

異獸即神獸，被視為祥瑞之物，明代極為盛行，常以圓雕陳設或硯滴形式
出現。

玉雙孔式花插
明
高21.9厘米　口徑5.5×6厘米　4.5×4.7厘米
清宮舊藏

Jade double-tube-shaped flower receptacle
Ming Dynasty
Height: 21.9cm
Diameter of mouth: 5.5×6cm　4.5×4.7cm
Qing Court collection

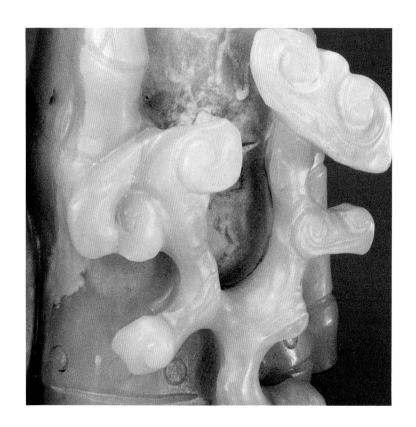

玉料青色，內含瑕斑。器為雙筒形，內空，可供插花用。其中一筒為竹節式，外壁鏤雕竹枝、竹葉，靠近根部雕靈芝兩枝；另一筒為桃樹椿式，外壁雕桃枝及雙桃，底部雕一叢盛開的蘭花。靠近口沿處凸起一桃枝與竹節纏繞，桃枝上枝葉齊全，花朵盛開，碩果纍纍。

明代鏤雕技術發達，自明前期的玉帶到明後期的玉杯、插屏、帶飾等都有表現。此器立體鏤雕，形體較大和厚重，工藝設計極為精緻巧妙，可謂明代玉器粗中有細的代表作。

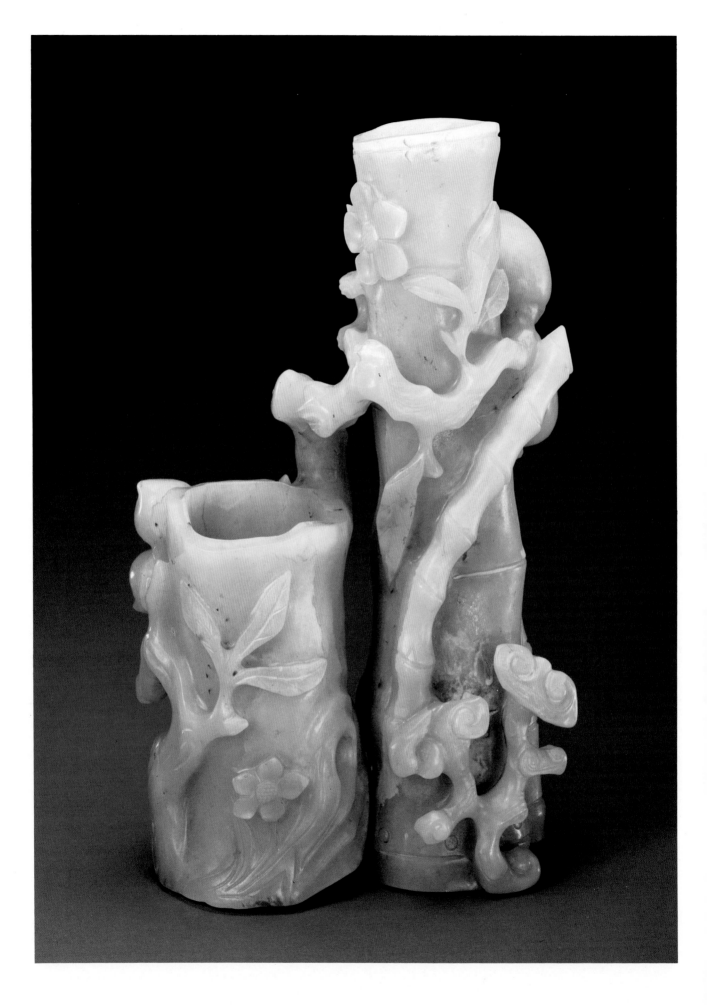

玉靈芝式花插
明
高24厘米　口徑10厘米
清宮舊藏

Jade magic fungus-shaped flower receptacle
Ming Dynasty
Height: 24cm　Diameter of mouth: 10cm
Qing Court collection

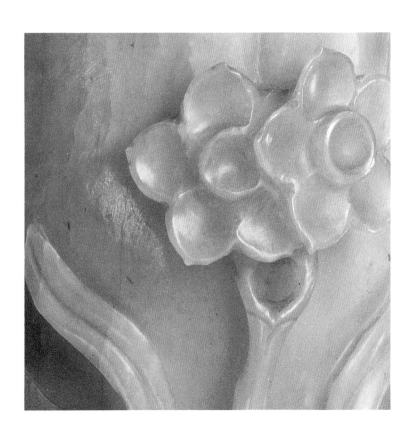

玉料青色，局部有灰色石質綹。器主體為中空的圓筒狀，上部作靈芝形，四周浮雕四朵折枝靈芝和水仙，與器下部鏤雕的竹節、壽石相互交結在一起。

類似於本器的陳設式玉器，大約起源於唐代，盛行於明清。由於經過了前幾代的不斷發展，所以明代的玉器不但在器皿種類上有所增加，表現手法上也更貼近現實生活。本器的造型，主體用吉祥物靈芝，再以其他植物點綴其間，令人有耳目一新之感。器上所飾為寓意長壽之物，且有諧音為"祝"字的竹，故此器合稱為"群仙祝壽"。

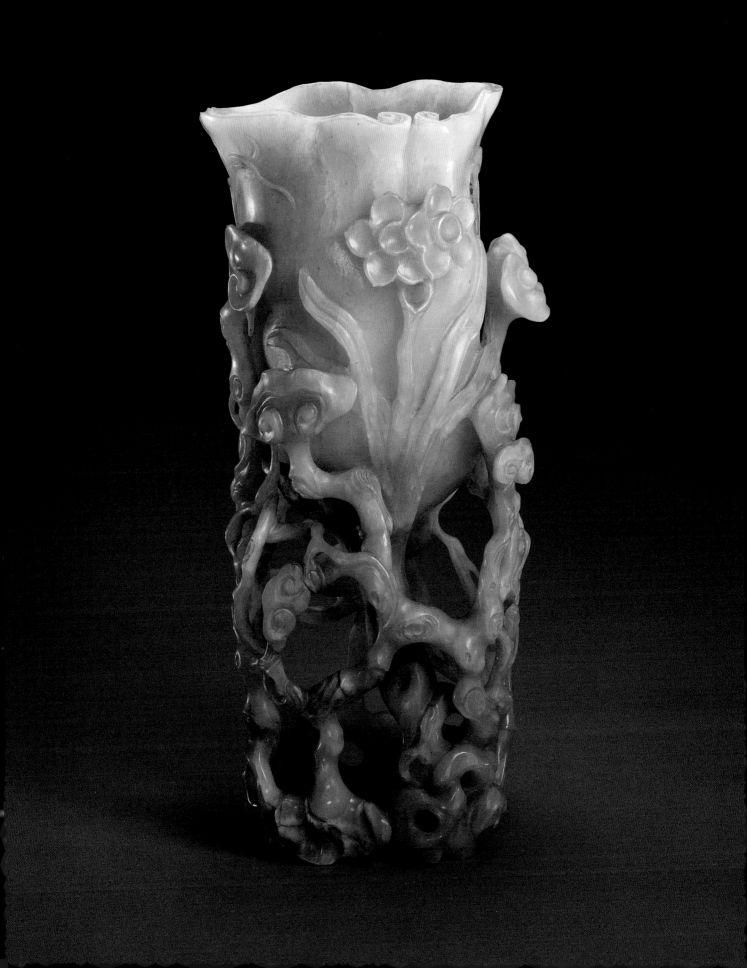

玉壽鹿山子
明
寬9厘米　高14.8厘米
清宮舊藏

Jade-carving in the form of a hill
with design of the God of Longevity
and a deer
Ming Dynasty
Width: 9cm　Height: 14.8cm
Qing Court collection

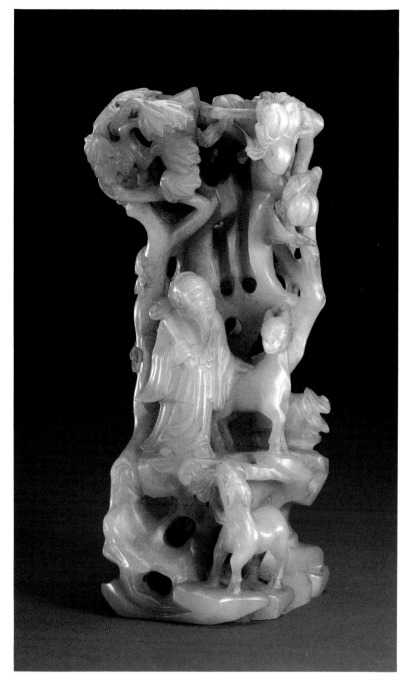

玉料青綠色，局部略有花斑。體鏤空成不規則柱形。巧作一老者策杖而立，面部表情深沉，身穿長袍大褂，背有大樹、山石，身旁及石下各有一隻小鹿在戲玩。

此器所用紋飾寓意長壽，鹿諧音為"祿"，表示吉祥之意。也是一件頗具生活氣息的陳設品。

玉成組佩（53件）
明晚期
通長53.6厘米
清宮舊藏

Jade pendant composing of 53 pieces
decorated with distinct designs
In the latter part of Ming Dynasty
Overall length: 53.6cm
Qing Court collection

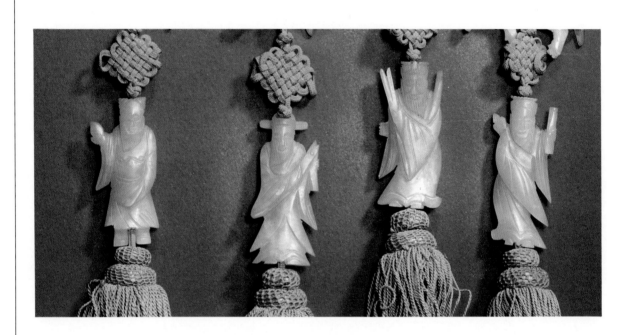

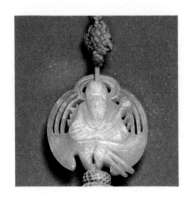

白玉，由五十三塊玉飾組成，鏤雕騎鳳壽星、玉葉、"卍"字、"壽"字、雙魚、桃、柿、鳳鳥、麒麟、蓋、四仙人等，分五行，掛綴於銅鍍金雙龍首橫梁上，並有兩個銅鍍金鈎，供掛佩用。

明代玉成組佩故宮博物院收藏兩件，這是其中一件，此佩可掛於胸腹部，走起路來以上面的三十二片玉葉，撞擊其他各飾件，則發出美妙動聽的聲音，既動聽且極富豪華和美觀。

這類玉佩在江西南城朱祐檳墓和朱翊鈏合葬墓共出土六副，在北京市的萬曆帝陵墓中亦發現多套，是明晚期皇室中極時興的佩飾。

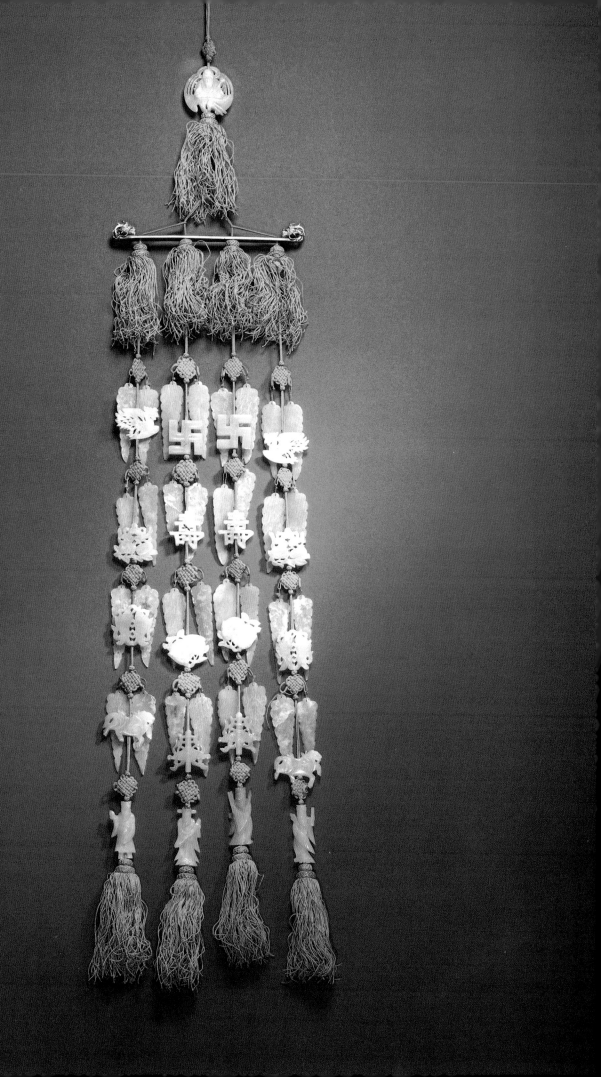

玉花樹紋帶
明
寬2厘米　直徑13厘米　厚0.7厘米
清宮舊藏

Jade belt with flower and tree design
Ming Dynasty
Width: 2cm Length: 13cm Thickness: 0.7cm
Qing Court collection

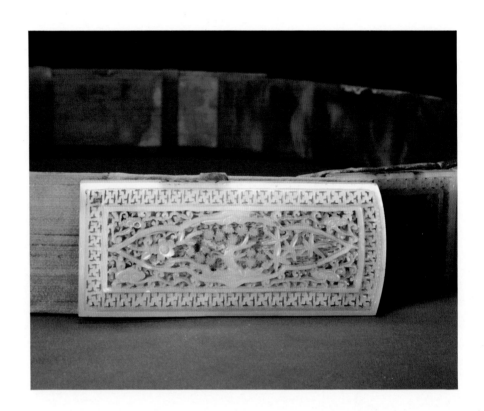

玉料青白色，局部略有淺褐色斑沁。玉帶由帶板和革鞓組成。革鞓為朱紅色環形。玉帶上共有二十塊帶板，其中呈寬長方形者八塊，桃形者六塊，窄長方形者四塊，圭形者二塊。每塊均鏤空透雕雲朵、樹木、花草紋，邊框鏤空透雕"井"字回紋，以銅絲結綴在鞓帶上。

玉帶雖最早出現是魏晉南北朝時期，延續至明代，保留有原有革鞓者極罕見，它對研究明代玉帶有重要的意義。

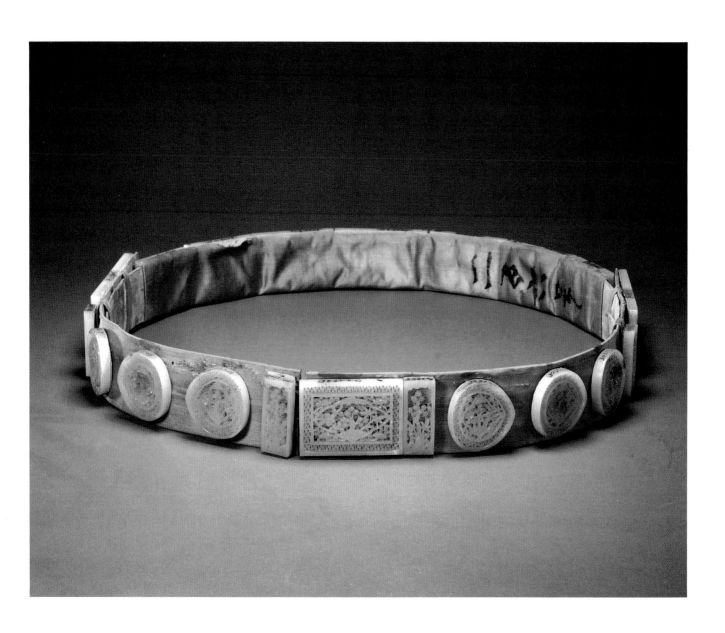

玉鏤雕龍穿花帶
明
鉈尾長 14.9厘米　寬5.5厘米　厚0.9厘米
方形銙長8.6厘米　寬5.6厘米　厚0.9厘米
條形銙長5.5厘米　寬2.3厘米　厚0.9厘米
桃形銙徑5.2×5.5厘米　　　　　厚0.9厘米
清宮舊藏

Jade belt with dragon design in openwork
Ming Dynasty
Endmost tablet:　　　　Length: 14.9cm　Width: 5.5cm　Thickness: 0.9cm
Square tablet:　　　　 Length:　8.6cm　Width: 5.6cm　Thickness: 0.9cm
Long narrow tablet:　　Length:　5.5cm　Width: 2.3cm　Thickness: 0.9cm
Peach-shaped tablet: Diameter: 5.2×5.5cm　Thickness: 0.9cm
Qing Court collection

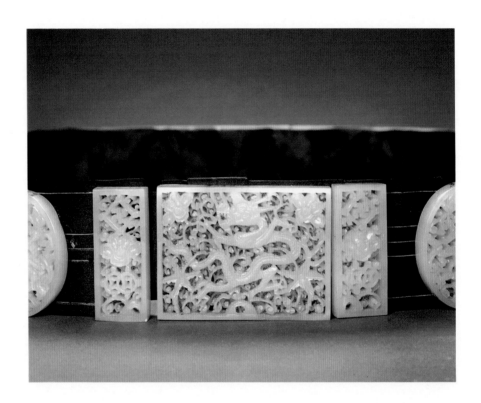

全套帶板用新疆青玉琢製，共計二十塊，均鏤雕而為。其中鉈尾、方形
銙、桃形銙均飾穿花龍紋；長條形銙飾"卐"字、雙錢及花朵紋。革鞓外
包藏蘭色綢布，玉帶板下托金片，極精美。

此玉帶似是明萬曆時期製作，龍紋的最大特點是向前探鬚，正面豬形鼻，
細身，輪形爪。龍紋玉帶通常只有皇帝許佩帶。一般官員除非特賜，否則
是不能穿用的。

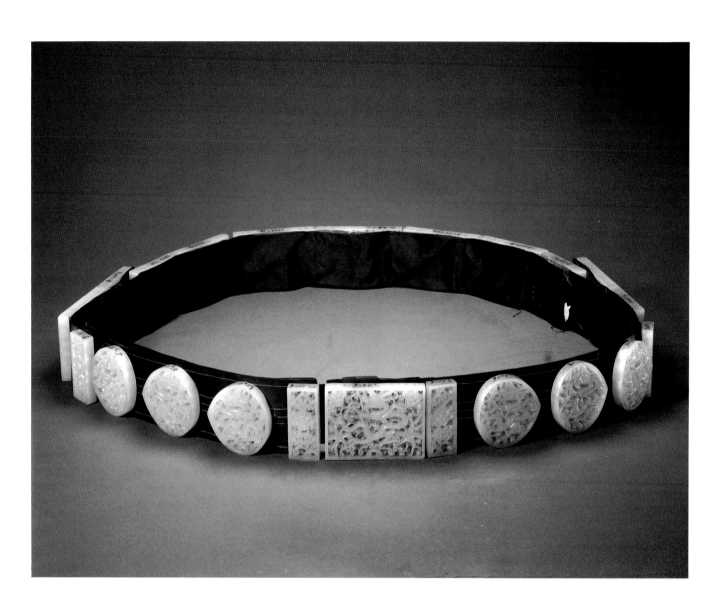

玉鏤空花卉紋帶板

明

桃形徑4.2厘米　鉈尾7.5×4.3厘米

條形4.2×2.4厘米　4.3×1.5厘米（1份20塊）

清宮舊藏

Jade belt with floral design in openwork

Ming Dynasty

Diameter of peach-shaped tablet: 4.2cm

Diameter of endmost tablet: 7.5×4.3cm

Diameter of long narrow tablet: 4.2×2.4cm　4.3×1.5cm

Qing Court collection

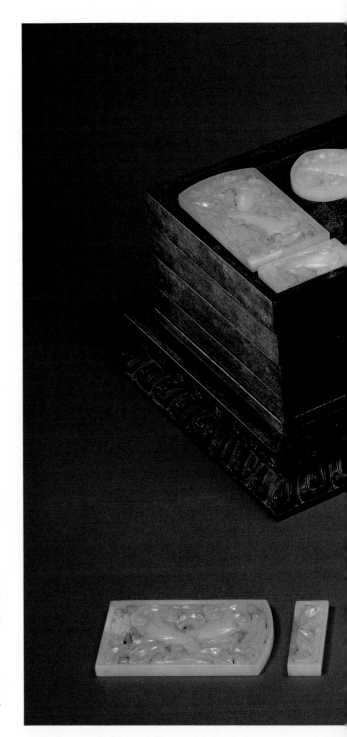

白玉，帶板一份共計二十塊，皆扁平體，其中圭形鉈尾二塊，大長方形銙八塊，小長方形銙四塊，桃形銙六塊。各塊均透雕凌霄花及翻捲的花葉。

明代玉帶上的帶板在明中期後固定為二十塊一套，圖案內容有龍、麒麟、人物、花鳥紋等，多用上等羊脂白玉，以多層鏤雕、剔地陽紋和陰線刻紋等技法琢製。

這套玉帶板，玉質雕工皆精良，受到清乾隆皇帝喜愛，不僅配以紫檀木匣，且於其上刻詩、題款，被視為珍寶收藏。

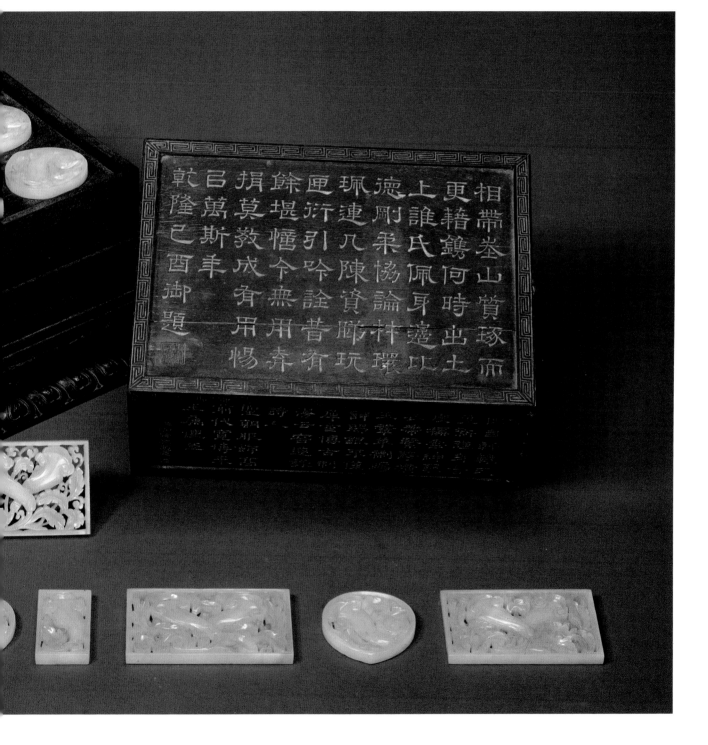

168

玉鏤空"壽"字帶板
明
鉈尾長14.4厘米　寬6.5厘米　厚1 厘米
桃形長 6.1厘米　寬5.9厘米　厚0.9厘米
清宮舊藏

Jade belt with characters "*Shou*" (longevity) in openwork
Ming Dynasty
Endmost tablet:　　　Length: 14.4cm　Width: 6.5cm　Thickness:　1cm
Peach-shaped tablet: Length:　6.1cm　Width: 5.9cm　Thickness: 0.9cm
Qing Court collection

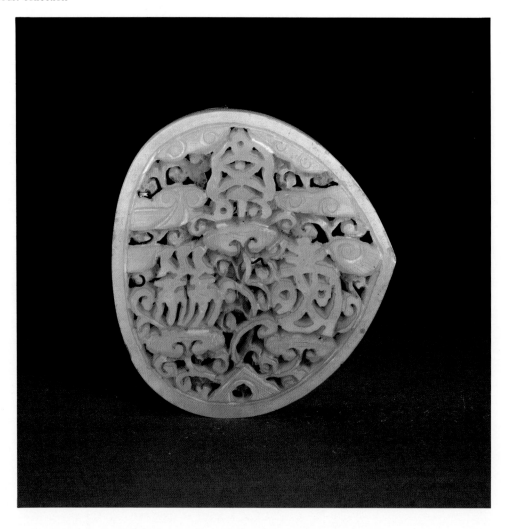

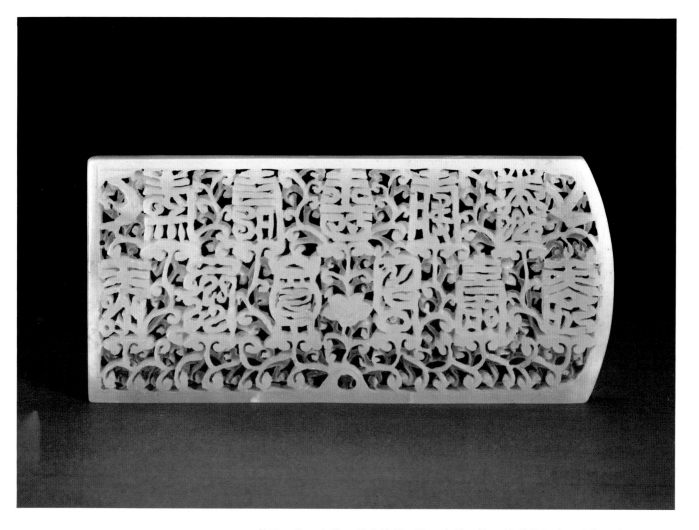

青玉，共二十塊。其中鉈尾兩塊，方銙八塊，桃形銙六塊，長條形銙四塊。各塊均鏤雕紋飾，除長條形兩塊雕蓮花、兩塊琢龍紋外，其餘均飾篆體"壽"字。

這份壽字帶板為明萬曆時期皇帝佩戴之物，有"壽比南山"之意。

玉嬰戲紋帶板
明
長方形：長7.9厘米　寬5.7厘米　厚0.9厘米
桃形：徑5.6厘米　厚0.7厘米
清宮舊藏

Jade belt with frolic children design
Ming Dynasty
Rectangular tablet: Length: 7.9cm　Width: 5.7cm　Thickness: 0.9cm
Peach-shaped tablet: Diameter: 5.6cm　Thickness: 0.7cm
Qing Court collection

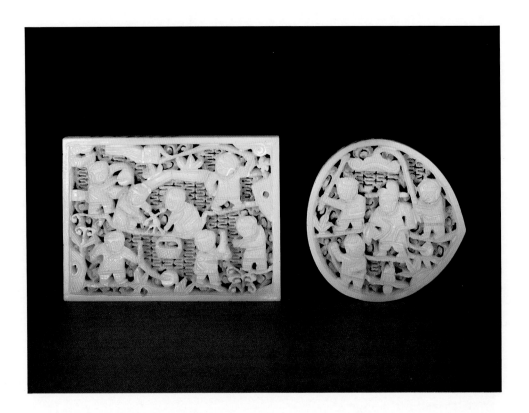

白玉，潔白無瑕。帶板一套共計二十塊，此乃其中一方形及桃形銙，分別
在鏤空錦地上雕出羣嬰嬉戲的圖景，有放風箏的，有打鼓的，有提籃的，
有高舉荷葉及竹棍的等等。人物形象生動有趣，嬰童憨態流露。

明代的帶板多採用鏤雕、透雕的技法，有二至三層者，玉質也大多採用上
等羊脂白玉，質地瑩潤，雕工精良，內容豐富多彩，以雲龍紋、松鹿、麒
麟紋、嬰戲紋等為多。此嬰戲紋帶板為代表作品之一。

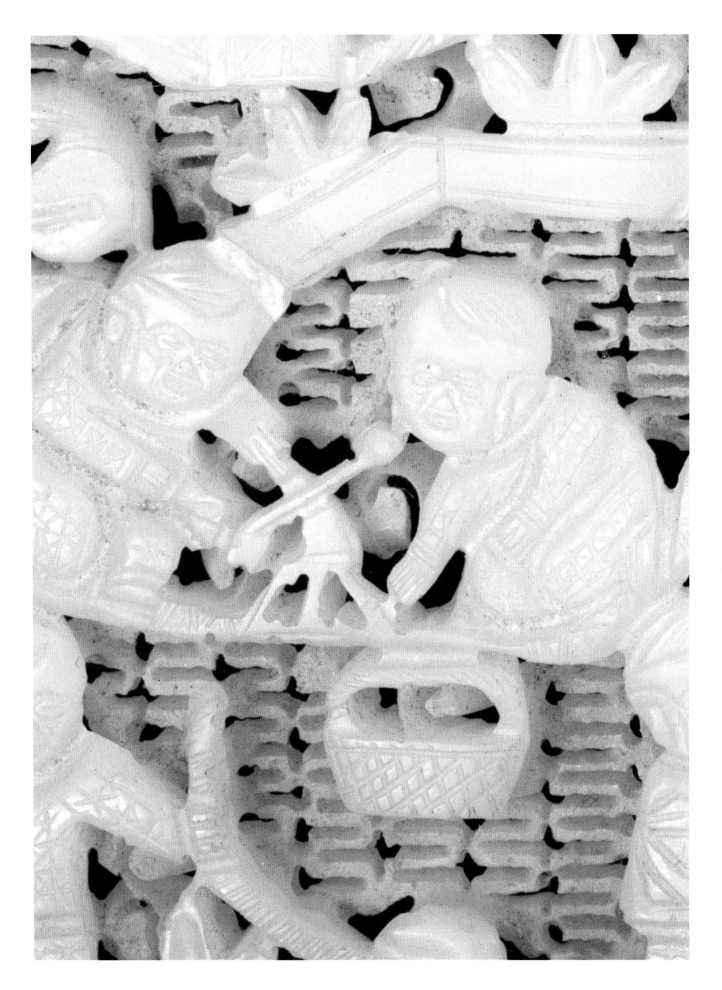

玉鏤雕鶴紋鉈尾
明
長9.5厘米　寬4.5厘米　厚0.7厘米

Endmost tablet of a jade belt
with crane design in openwork
Ming Dynasty
Length: 9.5cm　Width: 4.5cm　Thickness: 0.7cm

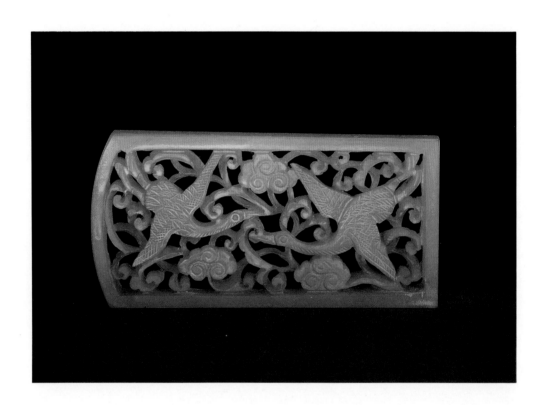

白玉，質光潔瑩潤。器呈長方片狀，一端平齊，一端外凸弧圓，邊欄內鏤雕朵雲和雙鶴紋。

《淮南子・説林訓》曰："鶴壽千歲，以極其游。"古人亦有"以鶴取壽"之說，對鶴極為崇拜，地位僅次於鳳。鶴的年壽長，又被神化，故常與神仙組合在一起。這就是鶴紋成為傳統紋飾的主要原因。又按古代禮制，禽鳥紋代表文官各品，獸紋代表武臣，其中鶴在明代表一品文官，由此可見此帶飾當為一品文臣用物。

玉麒麟紋鉈尾
明
長9.4厘米　寬5.7厘米　厚0.7厘米
清宮舊藏

Endmost tablet of a jade belt with unicorn design
Ming Dynasty
Length: 9.4cm　Width: 5.7cm　Thickness: 0.7cm
Qing Court collection

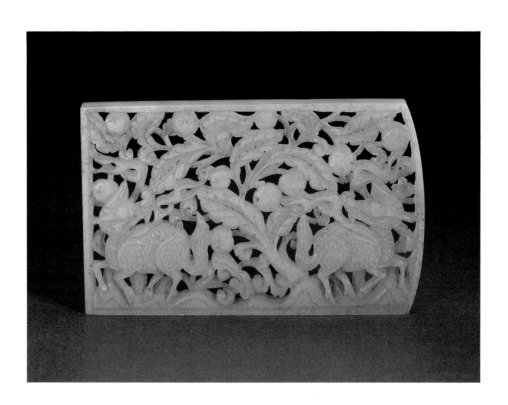

白玉。此器為整套二十塊鏤雕帶板中的一塊。正面在枝葉瓜果林之兩端，琢兩隻回首相顧、前後肢上部均飾火紋，毛髮上飄，身飾鱗紋的麒麟紋。

麒麟為古代傳統吉祥紋飾之一，雄性為麒，雌性為麟。傳說麒麟屬無種而生，獨角設武備而不用。世不恒有，可活三千年，牠的出現，認為是聖王之"嘉瑞"。麒麟紋自漢代就有，明清時期更為時興，多代表一品武臣。

玉鏤雕龍穿花帶飾
明
徑8.4×7.5厘米　厚1.6厘米

Jade belt ornament with design of
dragon among flowers, openwork
Ming Dynasty
Diameter: 8.4×7.5cm　Thickness: 1.6cm

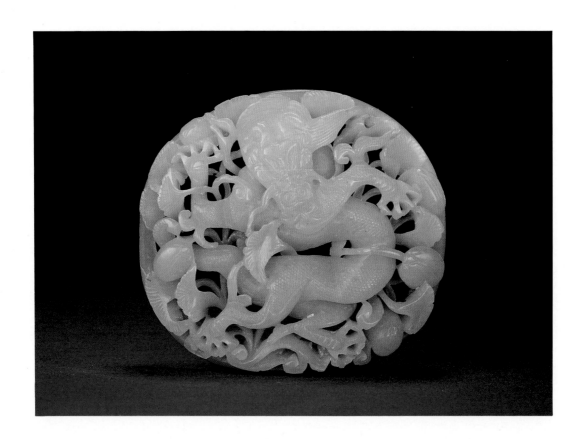

玉料青色。器正面以三層透雕、平雕、浮雕和陰刻等技法，琢一正面龍，龍騰躍於葉叢中行走舞爪。背面有一橢圓形環，其兩側各雕有穿帶孔。

這件帶飾雖為明物，但其技藝仍有元代遺風，突出表現為層次多，又此器所施齒紋和陰刻線也恰到好處，如龍的身軀粗壯，蟠捲有致，小臂飾節狀紋，近似輪形爪，其雙眉似倒置的逗號等。明中期以後龍身逐漸變細。

龍原是神武和力量的象徵，到了封建社會後期，龍便成了"帝德"和"天威"的標誌，代表皇帝，一般平民百姓之物是不許以龍為飾的，此等龍紋飾物當為帝王用品。

玉鏤雕飛龍紋帶飾
明
長5.1厘米　寬4.7厘米
清宮舊藏

Jade belt tablet with flying
dragon design in openwork
Ming Dynasty
Length: 5.1cm　Width: 4.7cm
Qing Court collection

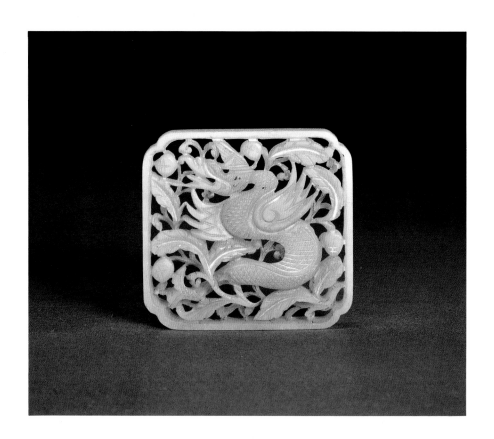

青玉。呈委角方形，中間鏤雕飛龍，旁邊以花果紋襯托，雕工嫻熟，造型
巧妙。

帶板通常以二十塊為一套，而此塊帶板雖是其中僅存的一塊，在故宮現存
的同形帶板中，無論玉質，還是雕工，可說是最好的一件。

玉獸面紋匜
明
口長13.2厘米　口寬7.5厘米　高9.2厘米

Jade elliptical ewer with spout and handle and
decorated with beast mask design
Ming Dynasty
Length of mouth: 13.2cm
Width of mouth: 7.5cm　Height: 9.2cm

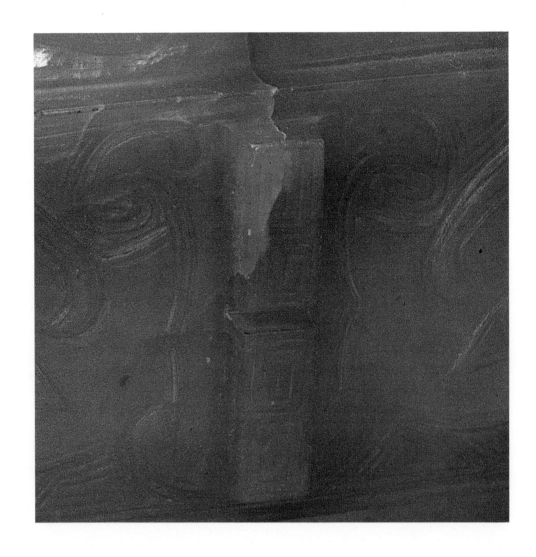

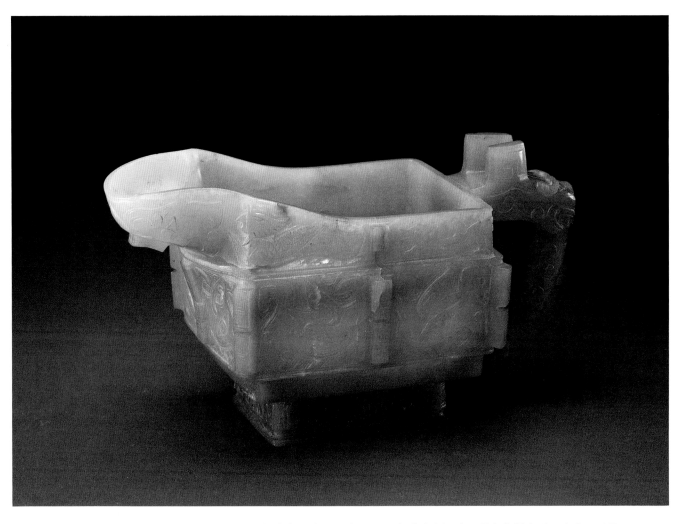

玉料青色，內含沁色及瑕。有玻璃光澤感。器身作長方形，內空可貯物。
內壁光素，外壁淺浮雕獸面紋及夔鳳紋，並有八出戟和迴紋。一側有流，
一側凸雕雙耳上豎的獸為柄，底有一長方形高圈足。

據載，仿古玉在宋代已出現，至明代則更加盛行，所仿多為古彝器之類，
與漢代以前的青銅器很接近，幾可亂真。這正如明末高濂所説："如式琢
成，偽亂古制。"此件玉匜為明代仿古的代表作之一。

玉獸面紋出戟匜
明
高5.1厘米　口徑9.8×5.3厘米
清宮舊藏

Jade elliptical ewer with vertical flanges
and decorated with beast mask design
Ming Dynasty
Height: 5.1cm　Diameter of mouth: 9.8×5.3cm
Qing Court collection

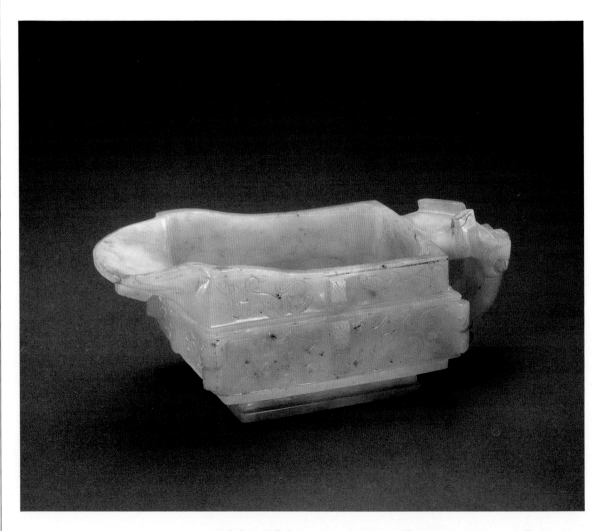

玉料青色，有黃色沁，有一定光澤。器為長方形，方足，一側為流，另一側琢龍形單柄。外壁雕琢八出戟，口下飾夔鳳紋及夔龍紋，腹部飾獸面紋。

匜是古代的水具。最早出現於西周中晚期的青銅器中，到了宋代出現了用玉製作匜，明代則廣為流行。這件玉匜是仿青銅匜製作而成，從雕刻手法上看，具備了明代的特點，故定為明代作品。

玉鳳紋匜
明
長5.8厘米　寬3.6厘米　高7.8厘米
清宮舊藏

Jade elliptical ewer with phoenix design
Ming Dynasty
Length: 5.8cm　Width: 3.6cm　Height: 7.8cm
Qing Court collection

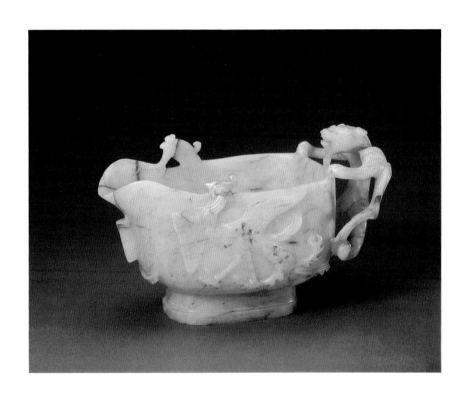

玉料青白色，局部有褐色沁斑，體呈長方形。圈足外撇。正面和背面的外壁各淺浮雕一隻展翅行走的鳳鳥。鏤雕螭形柄，螭頭高翹，前爪抓匜口，身體彎曲。

此玉匜為明代酒器，仿古代青銅器造型，紋飾有變化，鳳鳥自明代始已代表皇后，故此器似為明宮后妃用物。

玉荔枝紋匜
明早期
通柄寬14.5厘米　高6厘米
口徑11.5×6.5厘米　足徑6.5×4.5厘米
清宮舊藏

Jade elliptical ewer with litchi design
The early Ming Dynasty
Handle width: 14.5cm　Height: 6cm
Diameter of mouth: 11.5×6.5cm
Diameter of foot: 6.5×4.5cm
Qing Court collection

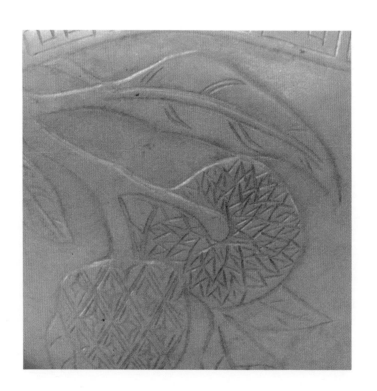

玉料青色。器仿青銅匜而作，外壁淺浮雕荔枝紋，側有一螭耳，山字形紋圈足。

明代玉器的飾紋，早晚期各有所別。早期倡花鳥來寓意吉祥，晚期倡道教題材，以長壽為中心內容。此器飾荔枝紋，寓意利及財富，是明早期玉器上流行飾紋的一例。

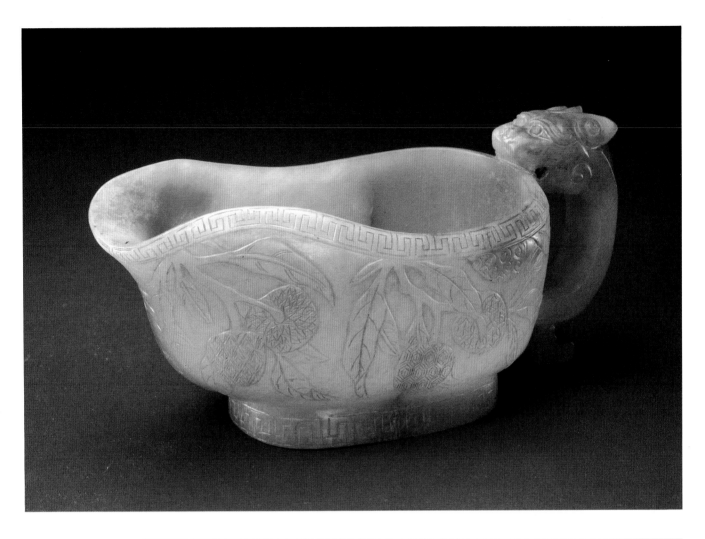

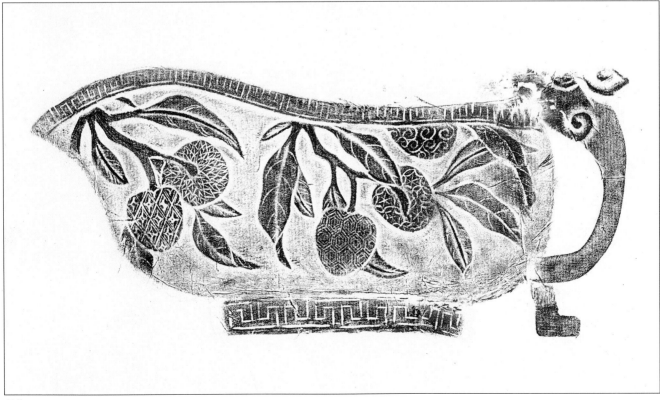

拓片

玉"鹿鶴同春"螭柄卮
明
高11.8厘米　口徑4.6×7厘米
足徑3.7×5.3厘米
清宮舊藏

Jade wine cup with deer and crane design and with a
hydra-shaped handle
Ming Dynasty
Height: 11.8cm　Diameter of mouth: 4.6×7cm
Diameter of foot: 3.7×5.3cm
Qing Court collection

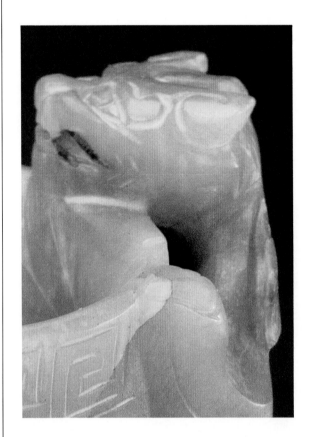
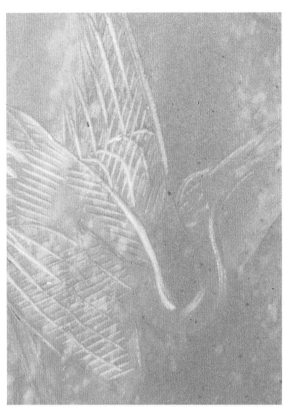

青玉，有綹紋及瑕斑。器呈立體扁圓狀。頸部微收，腹部略鼓，口微侈，口沿及近足處各有陰刻迴紋一周，外壁淺浮雕松、竹、梅、靈芝、仙鶴與鹿。一側鏤雕一螭為柄，一側有流。底為橢圓形高足。

此卮為酒器，仿青銅器造型。此器做工精緻，紋飾豐富，為明代晚期玉器。

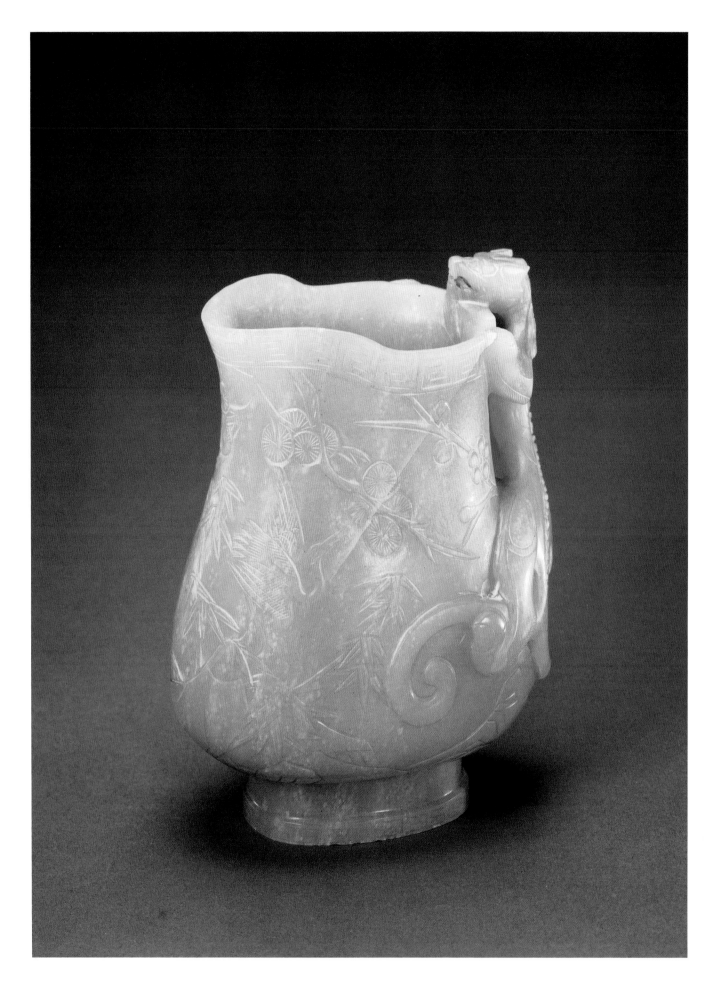

玉八出戟方觚

179

明
高22.7厘米　上口徑8.1×8.5厘米
下口徑4.9×6厘米
清宮舊藏

Jade square beaker with eight vertical flanges
Ming Dynasty
Height: 22.7cm
Diameter of the upper mouth: 8.1×8.5cm
Diameter of the lower mouth: 4.9×6cm
Qing Court collection

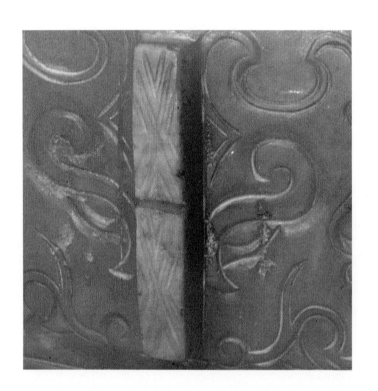

玉料青綠色，內含瑕斑。器呈方形，上大下小，口略外侈，頸與足上部陰刻俯仰蕉葉紋及夔紋。通體上下有垂直的凸戟八道，其中四角的凸戟皆鏤空，餘四道上陰刻紋飾。腹部兩面皆微微鼓起，並淺浮雕獸面紋各一組。

明代仿古玉觚一般由上、中、下三部分組成。上部為長頸、敞口，中部為立方體或鼓式結構，下部與上部對稱但稍短，紋飾琢刻粗獷、有力、古樸，作陳設或插花用。

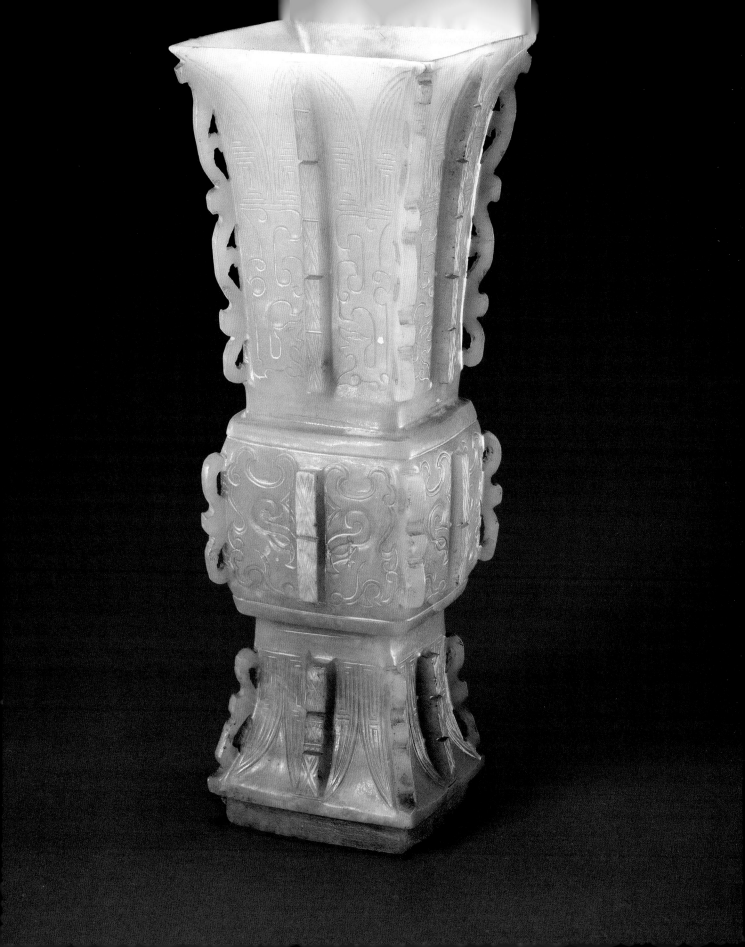

玉八出戟方形觚
明
高23.8厘米　口徑8.7×8.4厘米　足徑6.4×6厘米
清宮舊藏

Jade square beaker with eight vertical flanges
Ming Dynasty
Height: 23.8cm　Diameter of mouth: 8.4×8.7cm
Diameter of foot: 6.4×6cm
Qing Court collection

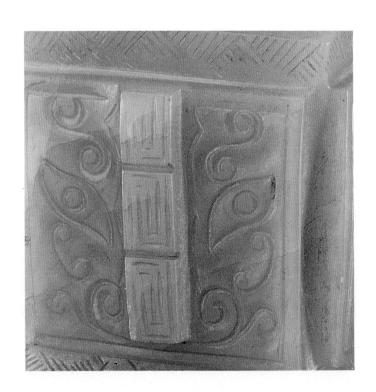

玉料青色，略帶黃色沁。器分為三節，上、下兩節內中空，但不相通，上
兩節與下一節的中間有隔。器外有八出戟，戟上飾迴紋。器口沿飾迴紋一
周，上層兩出戟間飾夔龍紋、葉紋；中層出戟間飾獸面紋；下層出戟間飾
葉紋，器底邊及三層分界處飾有三組"人"字紋。

陶觚最早見於新石器時代，商代開始大量製作銅觚，玉觚始自明代。此器
從造型到紋飾都以青銅觚為摹本，是明代玉器中常見的一種，屬於玉琢鼎
彝一類的仿古器皿。此類玉質花觚，在某種程度上和它的原型青銅觚一
樣，也應屬於禮器的範疇，使用上沒有琮、璧、圭等莊重神聖。明代，仿
古器物的選材往往是用"邊皮蔥玉"來製造，只注重器物的內涵，而並不
太計較材料的精良性，因而造成明代多數仿古器物材質方面的缺憾。但從
仿古者來看，它們又往往能滿足"古色古香"之需要，從這個意義上說，
又是可取的。

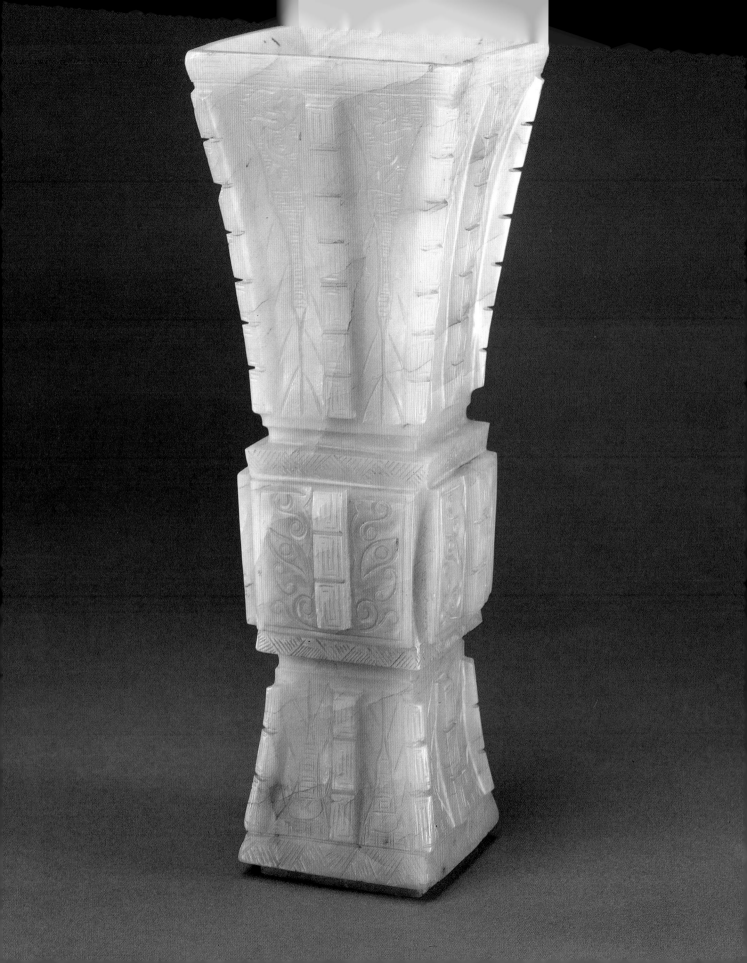

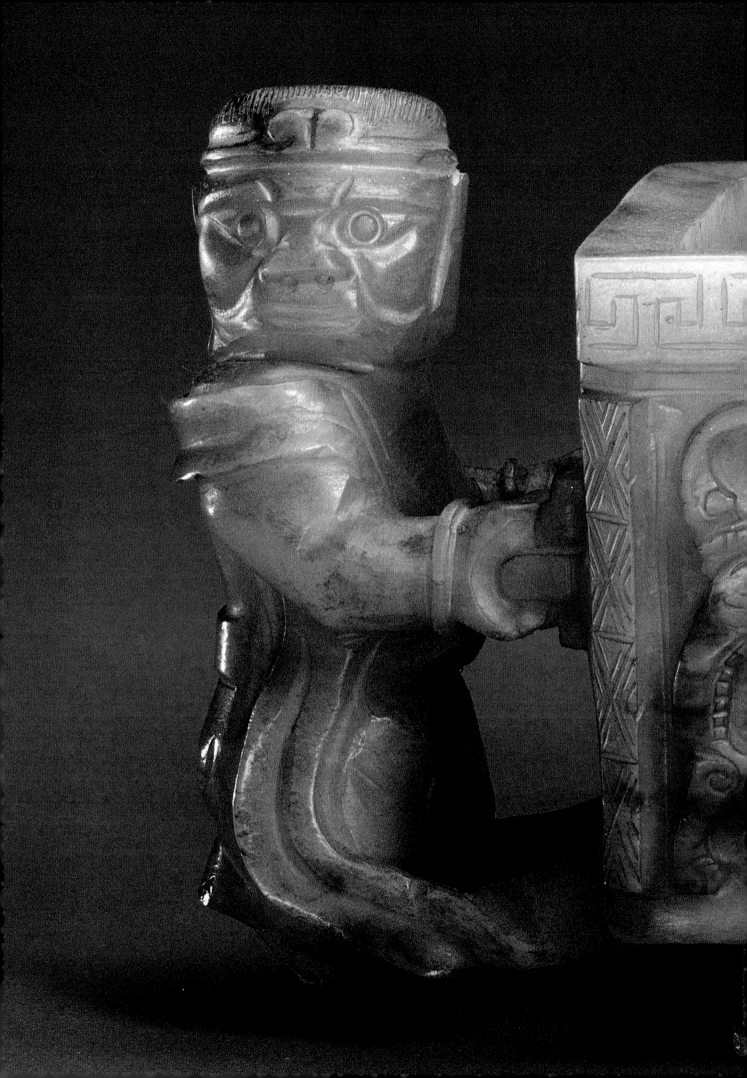

玉人耳"壽"字長方爐

明

通耳高9厘米　口徑10.6×8.1厘米

足徑8.1×4.9厘米

清宮舊藏

Jade rectangular censer with two human-shaped
handles and with "*Shou*" characters

Ming Dynasty

Overall height (with the handle): 9cm

Diameter of mouth: 10.6×8.1cm

Diameter of foot: 8.1×4.9cm

Qing Court collection

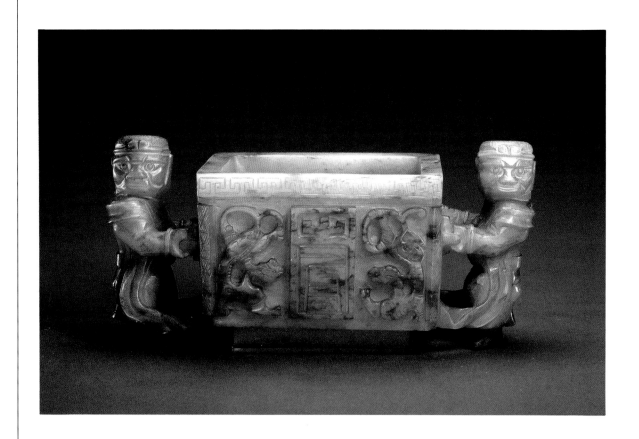

玉料青色，有黃褐色沁斑。器較厚重，長方形口和足。玉爐內壁光素，兩外壁凸雕壽字及二螭，口沿陰琢"T"字紋一周，兩側各鏤雕雙手握爐壁環、側首、圓眼、捲髮狀的人為形柄。

明代仿古器一般以青銅器為原型，但細部花紋變化較大，造型較渾厚、粗獷。此件玉爐即反映了明仿古的這一特點，惟上飾"壽"字則具明代風格。

玉條紋獸耳簋式爐
明
通耳高8.8厘米　口徑13.2厘米　足徑9.4厘米
清宮舊藏

Jade censer in the style of a deep circular vessel
with two animal-shaped handles and
decorated with stripe design
Ming Dynasty
Overall height (with the handle): 8.8cm
Diameter of mouth: 13.2cm　Diameter of foot: 9.4cm
Qing Court collection

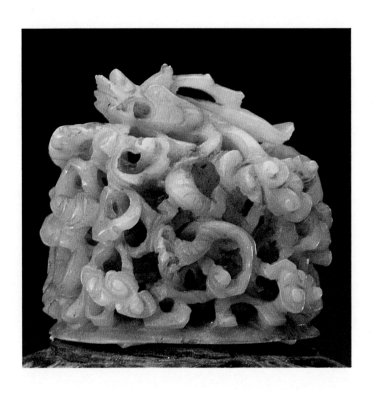

青玉。形作深膛，圓撇口，圈足，雙獸吞耳，頸部陰刻夔龍紋，兩側各凸雕一獸面紋和兩組戟紋，腹部琢豎條紋。

簋，為商周時的食器。多為青銅質或陶質製作。商周的簋形器，往往與鼎成組相配，作為標誌貴族等級身份的禮器。這件簋式爐為明代仿三代青銅簋而作。清代配以紫檀蓋，並嵌上元代鏤雕龍紋爐頂，用作陳設品。

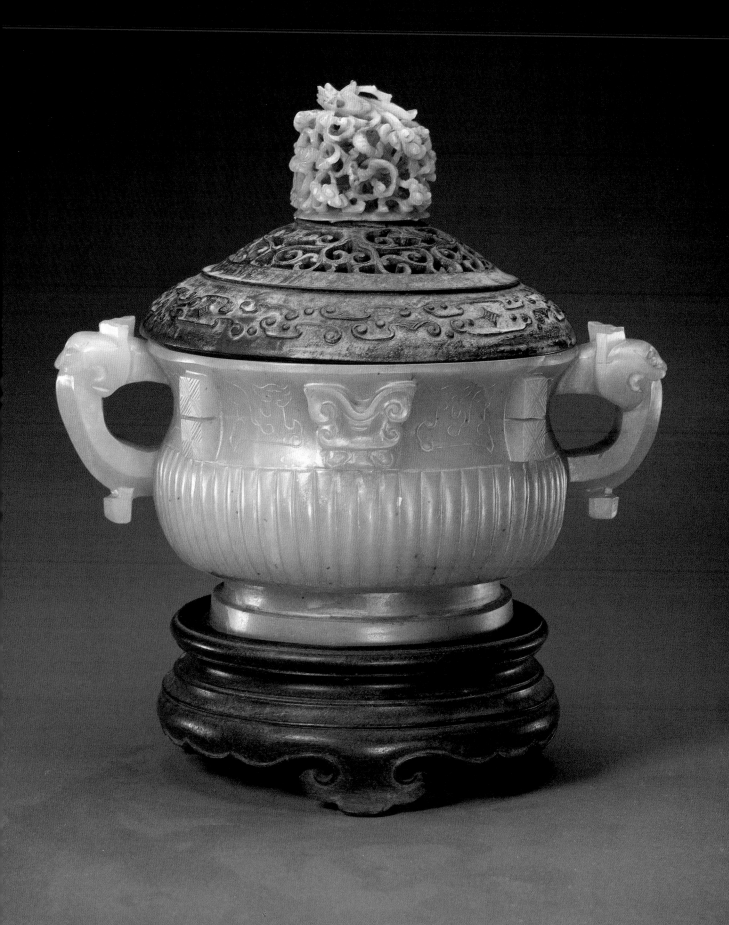

玉仿古銅紋單耳杯
明
高12厘米　口徑10×5.2厘米
足徑4.5×7.1厘米
清宮舊藏

Jade cup with handle decorated with varied designs
in the style of that on ancient bronzes
Ming Dynasty
Height: 12cm　Diameter of mouth: 10×5.2cm
Diameter of foot: 4.5×7.1cm
Qing Court collection

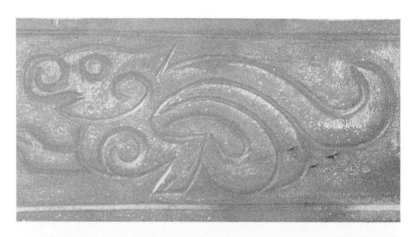

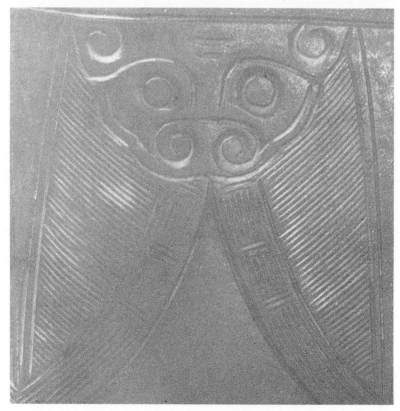

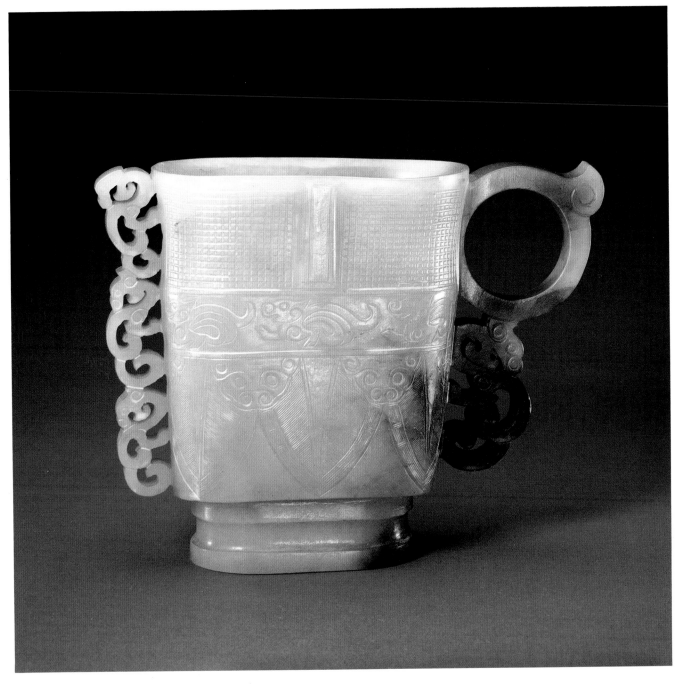

青玉，局部有人為褐色沁。橢圓體，深膛。頸部細琢網格紋，腰際隱起夔
龍六條。腹部飾獸頭六個及蕉葉紋六片，一側有一帶尾環形鋬，下透雕捲
體夔紋。另一側鏤雕三條首向外的連體夔龍紋。

此器從造型到紋飾，均仿商周青銅器，莊重、古雅，為明代仿古陳設品，
或又可作飲具用。

玉角杯
明
最高20.8厘米　口徑6.5×4厘米
清宮舊藏

Ming Dynasty
Maximum height: 20.8cm　Diameter of mouth: 6.5×4cm
Qing Court collection

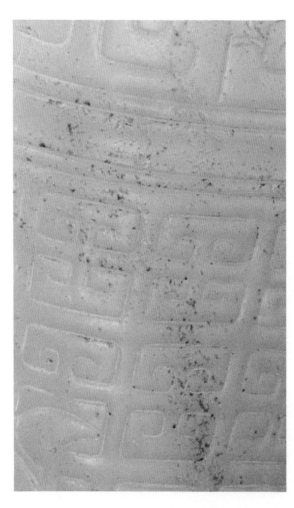

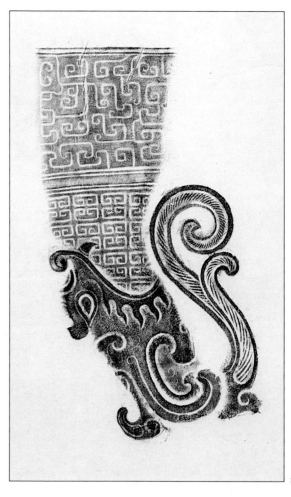

拓片

玉料青白色，局部有褐色斑沁，體呈不規則的橢圓形，深腹，外壁上部淺
浮雕簡化龍紋，下部雕一龍，呈大嘴銜杯狀，並於上翹捲尾為柄。

此式杯不多，近似的最早實物是廣州西漢南越王墓出土一件。此角杯是一
件明仿前代玉器典型的實例。

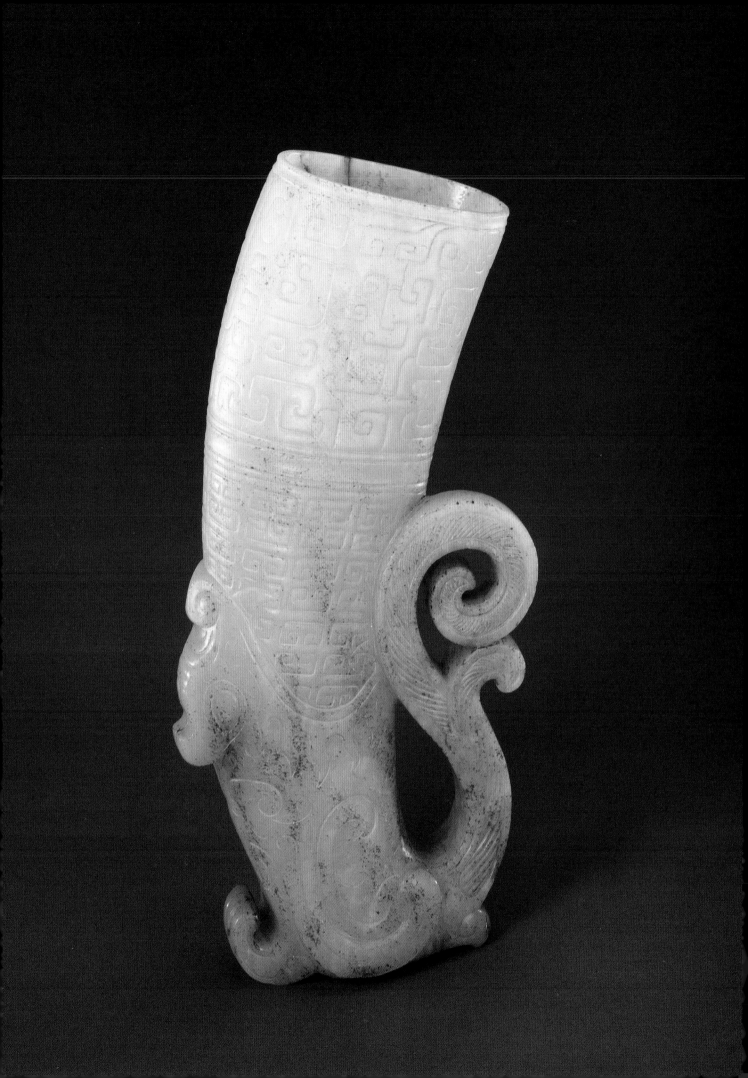

玉三足環把蓋樽
明
通高11.2厘米　口徑6.2厘米
清宮舊藏

Jade covered wine cup
with a round handle and three feet
Ming Dynasty
Height: 11.2cm　Diameter of mouth: 6.2cm
Qing Court collection

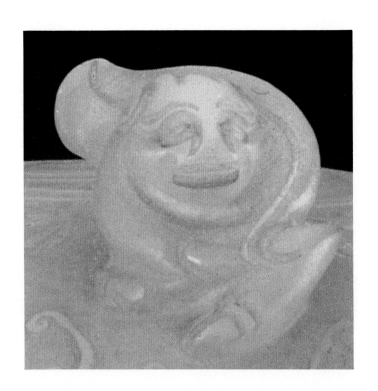

玉料青白色，局部有花褐色點狀沁斑。體呈圓筒形，由器和蓋兩部分組
成。蓋頂略呈弧凸狀，面飾旋渦紋，有三隻立雕羊首作等距排列。中心有
一圓凸鈕。樽深腹，外周於勾連雲紋為錦地上再施淺浮雕變形夔龍紋，一
側鏤空一環狀朵雲形柄，上飾夔龍紋，底平，邊沿處有三個距離相等的獸
首足。

此器為明代仿漢玉樽而作，其用途應為酒器。

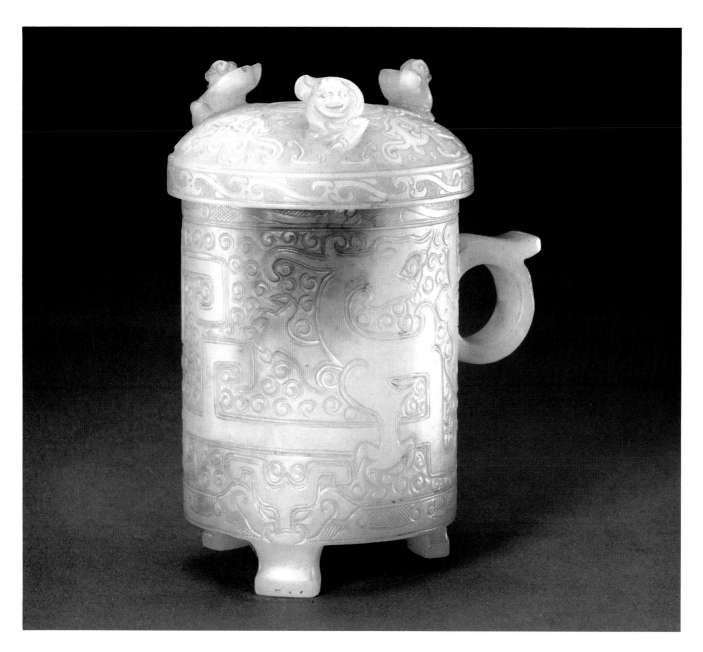

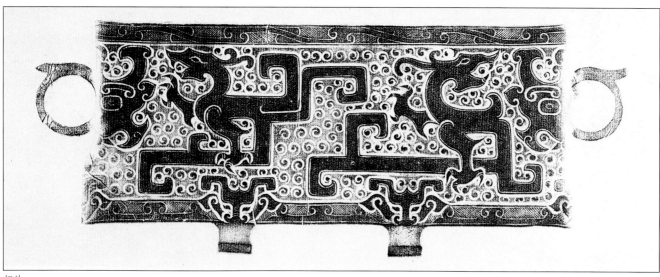

拓片

玉"壽"字花卉碗
明中期
高6.7厘米　口徑14.5厘米　足徑6.7厘米
清宮舊藏

Jade bowl with character "*Shou*" (longevity)
and floral design
In the middle part of Ming Dynasty
Height: 6.7cm　Diameter of mouth: 14.5cm
Diameter of foot: 6.7cm
Qing Court collection

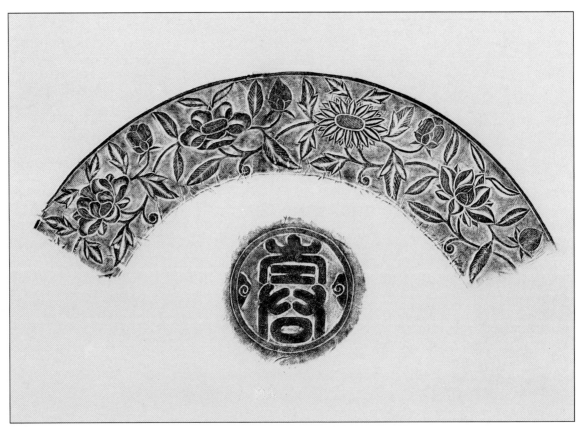

拓片

青玉。圓形撇口，深膛，圈足，裏壁光素無紋，裏底隱起篆體"壽"字。
外壁淺浮雕加陰刻牡丹、菊花等四朵連枝花。花卉盛開，花葉翻捲有致，
形態逼真，栩栩如生。

明代碗類，往往以花卉、龍紋或山水人物作裝飾。琢磨圓潤，刀法有力。

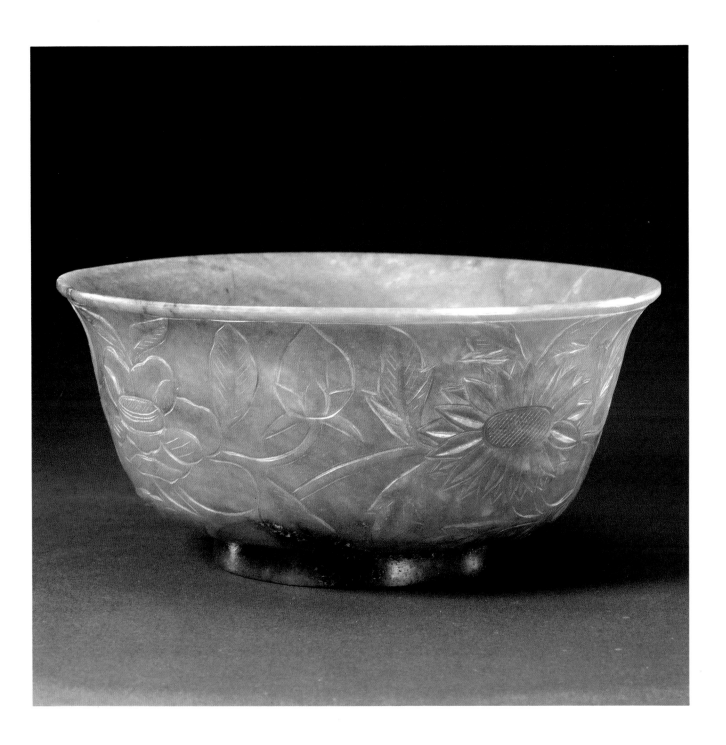

187

玉纏枝花卉紋碗
明早期
高7.4厘米　口徑13.9厘米
足徑7厘米

**Jade bowl with
interlocking floral design**
In the early part of Ming Dynasty
Height: 7.4cm
Diameter of mouth: 13.9cm
Diameter of foot: 7cm

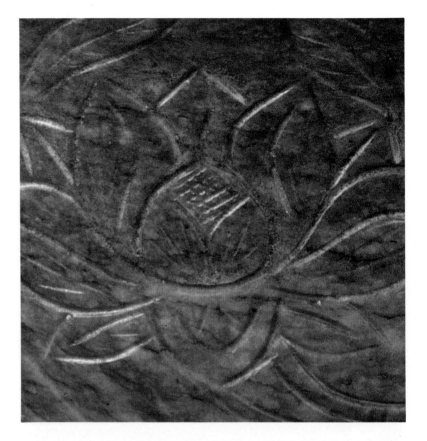

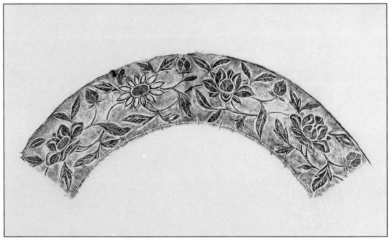

拓片

玉質石性較大，呈青綠色。器立體圓雕，圓形，撇口，圈足，口內沿陰刻
迴紋一周，外沿及足上部各陰琢弦紋一周，其間淺浮雕四朵連枝葉的盛開
牡丹和菊花紋。

此碗壁厚體重，撇口，形似明代宣德時期瓷或漆碗。其上花卉之圓潤程度
及厚圈足，也似明早期風格。故定為明早期物無疑。

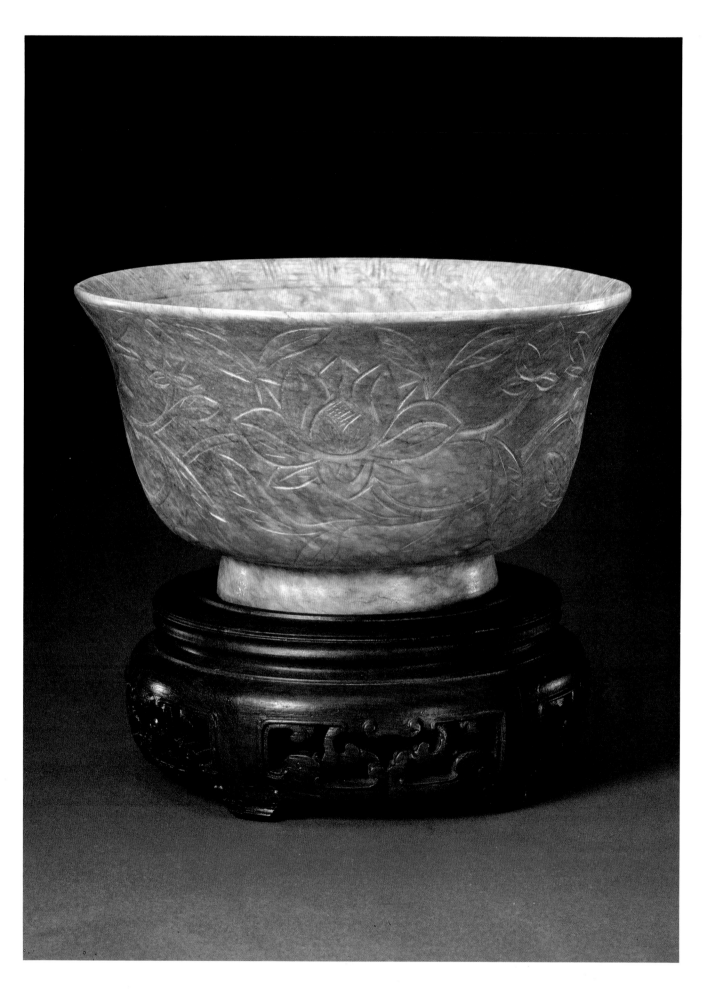

玉花鳥紋碗
明
高7.1厘米　口徑13.9厘米　足徑6.2厘米
清宮舊藏

Jade bowl with bird and flower design
Ming Dynasty
Height: 7.1cm　Diameter of mouth: 13.9cm
Diameter of foot: 6.2cm
Qing Court collection

玉料青色，質地瑩潤。碗為圓形，撇口，圈足，內壁光素無紋，外壁淺浮雕枝繁葉茂，碩果纍纍的桃樹與石榴樹各一，兩隻綬帶鳥或立於枝頭，或立於山石之上。

明代中晚期，玉器上大量出現帶有吉祥含義的圖案和文字。此器所飾的桃、石榴、綬帶鳥、靈芝等，都是寓意吉祥的圖案。明代玉杯較多，而玉碗很少。此件玉碗，玉質極潤澤無瑕，碗胎薄，製作較精，表現了較高的技術水平，堪稱珍品。

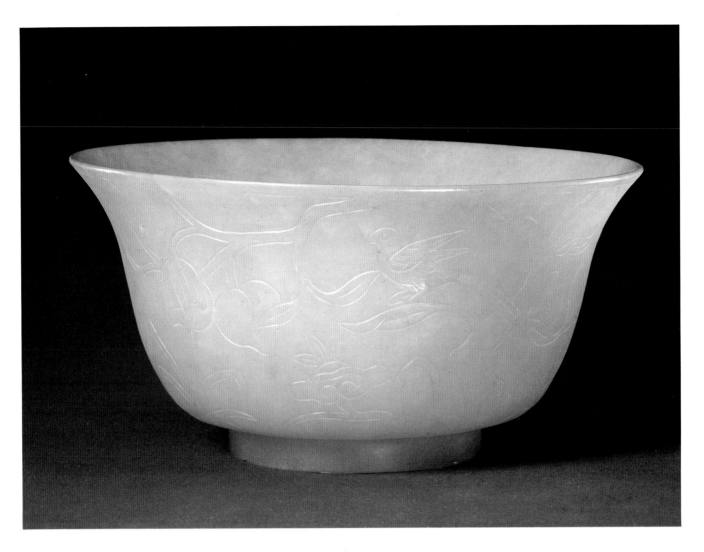

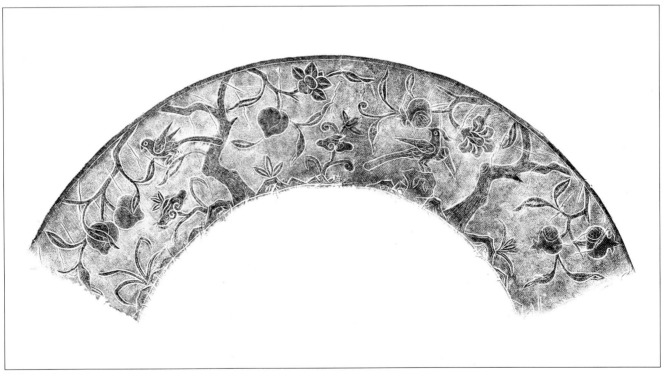

拓片

玉飛龍喜壽字碗

189

明
高6.5厘米　口徑14.8厘米　足徑7.7厘米

Jade bowl With flying dragon design and
characters Xi (happiness) and Shou (longevity)
Ming Dynasty
Height: 6.5cm
Diameter of mouth: 14.8cm
Diameter of foot: 7.7cm

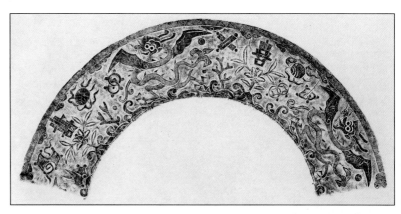

拓片

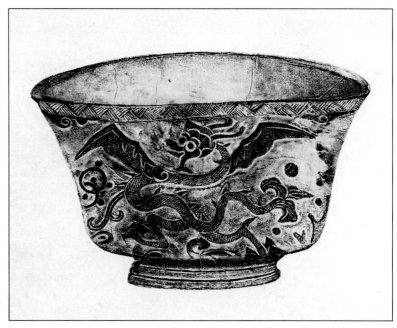

拓片

青玉，有暗褐沁斑。碗體較薄，圓形，撇口。口內沿陰刻迴紋一周。外沿刻三角幾何紋一圈，內壁光素。外壁淺浮雕有翼雙飛龍、"喜"、"壽"字各一，及蓮花、火珠、銀錠、犀角、鹿茸、花草、祥雲福海等。

明代晚期玉器，一改以往粗、大、厚重的手法，而採用工藝較細，技術水平較高之作法，製造了大量帶有吉祥壽意的藝術珍品。此碗胎薄，製作較精練，上飾有翼飛龍等紋，皆姿態優美，富於變化，表現了較高的技術及藝術水平。

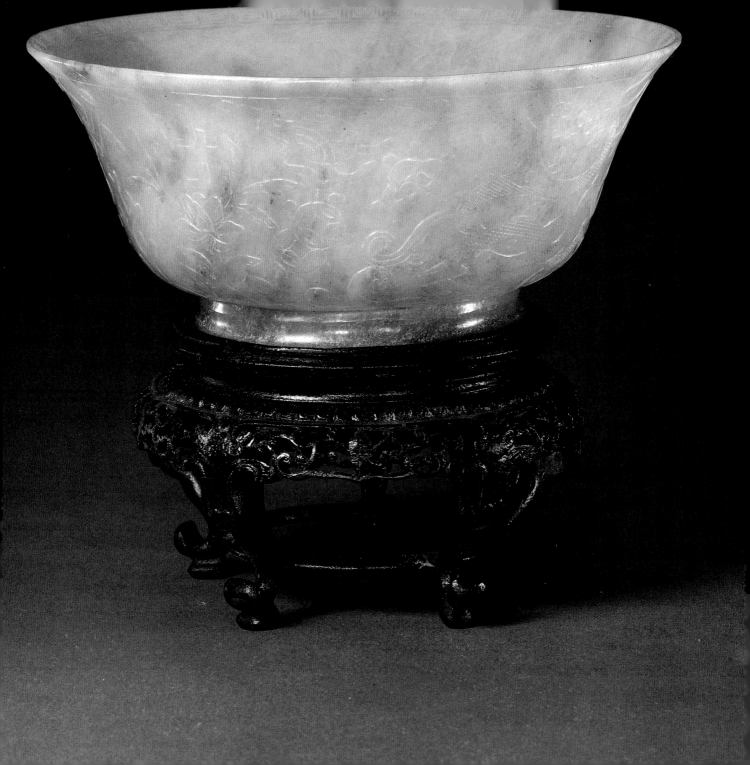

玉雙螭耳杯
明
高6厘米　口徑7.7厘米　足徑4.4厘米
清宮舊藏

Jade cup with two hydra-shaped handles
Ming Dynasty
Height: 6cm　Diameter of mouth: 7.7cm
Diameter of foot: 4.4cm
Qing Court collection

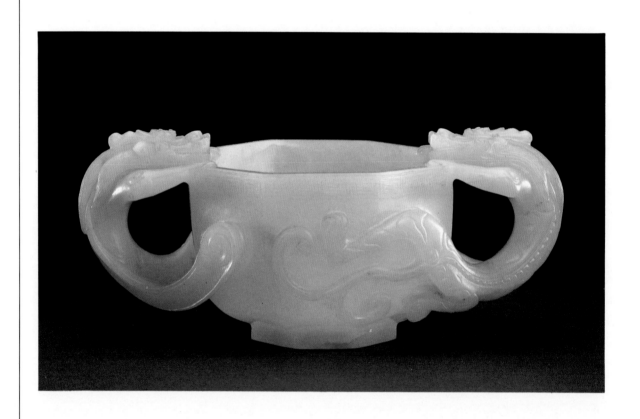

和闐青白玉，立體圓雕。杯體呈八角形，中空，裹壁光素無紋，口沿外側
陰刻迴紋一周，兩側各透雕一螭為耳。前身懸空，後半身黏於杯壁。

此杯為帝王、皇后之飲具，也可做陳設品。具鮮明的時代特徵。

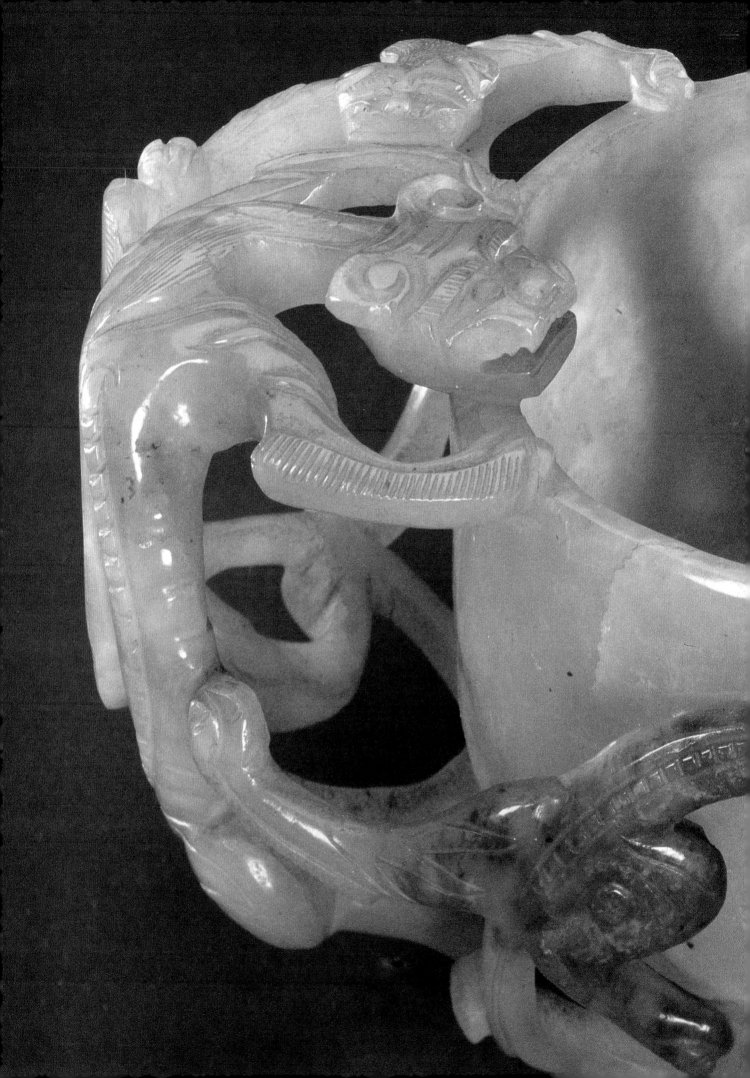

玉鏤雕螭紋杯
明
長15.2厘米　高6.5厘米　足徑5.1厘米
清宮舊藏

Jade cup with hydra design in openwork
Ming Dynasty
Length: 15.2cm　Height: 6.5cm
Diameter of foot: 5.1cm
Qing Court collection

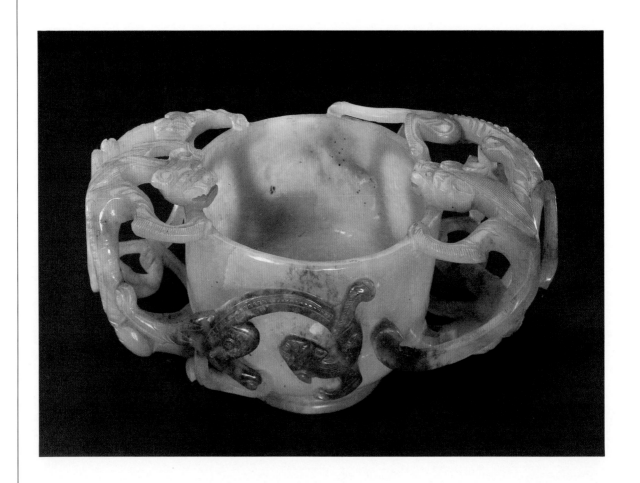

青玉，局部有皮色及黃沁。杯呈圓形，圈足，直口，外壁鏤雕四螭作盤繞狀並作雙柄。

玉杯在明代多種多樣，均各有自己的特殊圖案和造型。本器用鏤雕螭點綴於杯外，為明代的典型作品之一，也是一件藝術水平較高的作品。

玉獸耳蟠螭六棱杯

明早期
高4.3厘米 口徑8厘米
清宮舊藏

192

Jade hexagonal cup with animal-shaped
handle and decorated with interlaced hydra design
In the early part of Ming Dynasty
Height: 4.3cm Diameter of mouth: 8cm
Qing Court collection

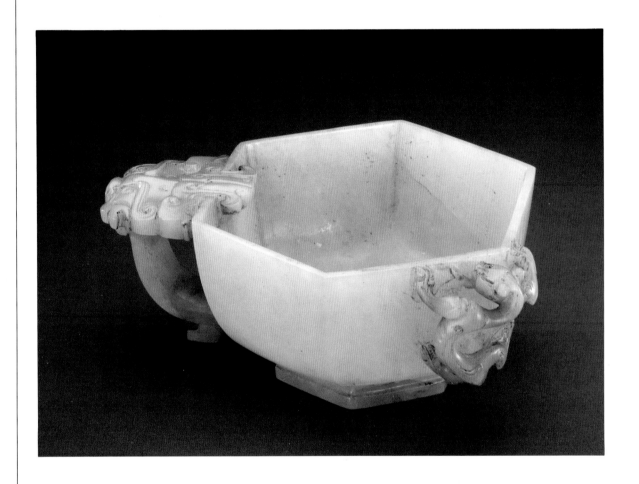

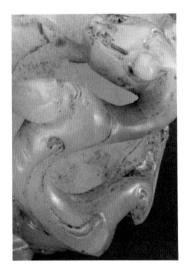

青玉。體呈六棱形，圓雕，中空，一側柄面飾一獸首紋且下連夔式耳，另
一側鏤雕一蟠螭紋，餘光素無紋。

此器似仿宋代紋樣，為明代仿古杯類之代表作。

玉九螭杯
明
高7厘米　口徑9.3×5.2厘米
足徑3.3×5.5厘米
清宮舊藏

Jade cup with nine hydras design
Ming Dynasty
Height: 7cm　Diameter of mouth: 9.3×5.2cm
Diameter of foot: 3.3×5.5cm
Qing Court collection

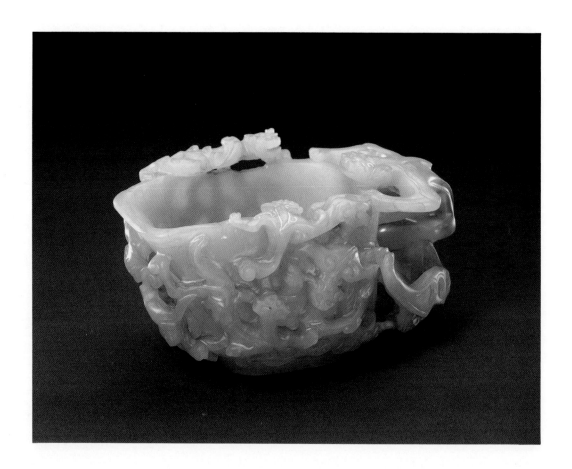

新疆青玉，呈匜式。器作夔耳，腔內光素。一螭繞耳伏於杯口，外壁以高浮雕、透琢之技藝，琢飾八隻姿態各異的螭紋，有的在杯口觀望，有的纏咬嬉戲。

螭為龍的一種。此圖有"教子成龍"之意。

玉雙龍把杯
明
長6.5厘米　寬6.2厘米
清宮舊藏

**Jade cup with
two dragon-shaped handles**
Ming Dynasty
Length: 6.5cm　Width: 6.2cm
Qing Court collection

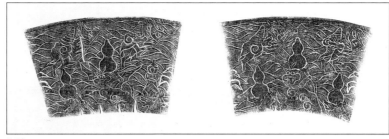

拓片

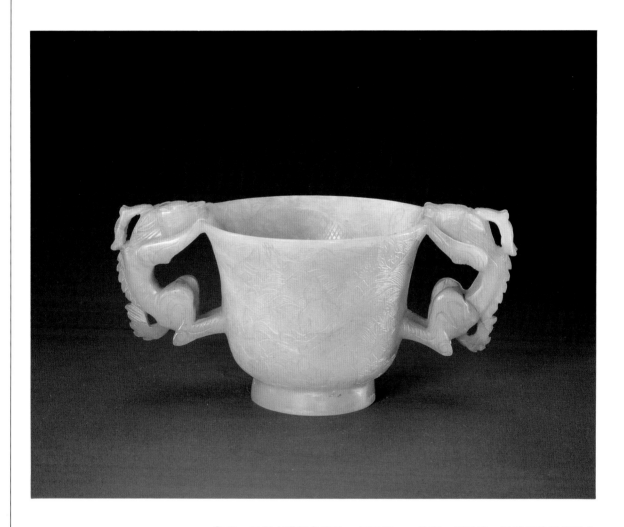

青玉，局部有淺褐色斑沁。杯圓撇口，收腹，圈矮足。通體用陰刻線雕出
水獸紋，杯兩側各有一龍形把，龍口啄杯沿，雙前爪抓沿邊，後爪抓杯
底。深腹。內外壁飾海獸魚等紋。

這種造型的玉杯，上飾紋圖在明代頗罕見。

玉螭紋托杯
明
杯高4.9厘米 口徑7.4厘米
足徑3.7厘米 盤高1.5厘米
長18.1厘米 寬13厘米
清宮舊藏

**Jade cup with saucer decorated
with hydra design**
Ming Dynasty
Cup: Height: 4.9cm
Diameter of mouth: 7.4cm
Diameter of foot: 3.7cm
Saucer: Height: 1.5cm
Length: 18.1cm　Width: 13cm
Qing Court collection

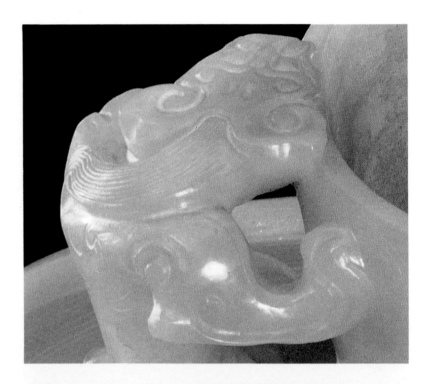

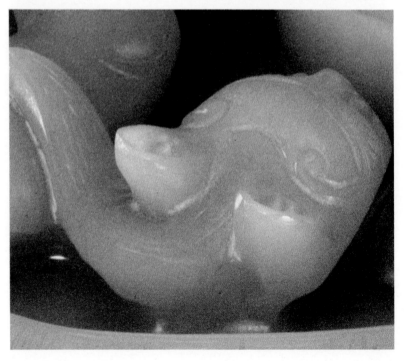

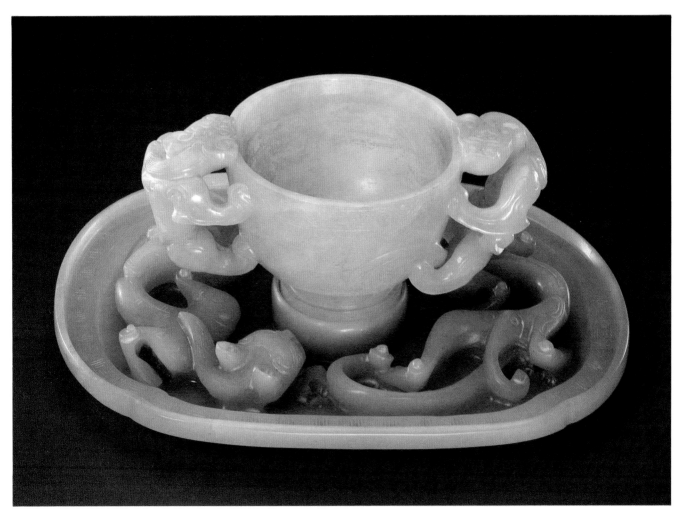

青玉。杯與托合為一件，杯圓口，圈足，深膛，兩側透雕雙螭為耳，口外沿陰刻捲草紋一周。托盤呈矮角海棠花式，邊緣琢迴紋一周，盤中心凸起高圓台，可納杯足，台兩側高浮雕雙螭紋，盤背面中心內凹，平足，周圍凸弦紋一圈。

明代托杯，多飾螭或龍紋，托盤形式多為長方矮角海棠花式。皇帝御用品有的製成嵌寶石金托，有的還帶有金蓋。

玉龍耳象首活環托杯
明
杯高5.4厘米 口徑9.4厘米 足徑4.2厘米
托盤高0.8厘米 長19.8厘米 寬14.1厘米
清宮舊藏

Jade cup (with saucer) with dragon-shaped handles
and an elephant head with loose ring
Ming Dynasty
Cup: Height: 5.4cm Diameter of mouth: 9.4cm
Diameter of foot: 4.2cm
Saucer: Length: 19.8cm Width: 14.1cm Height: 0.8cm
Qing Court collection

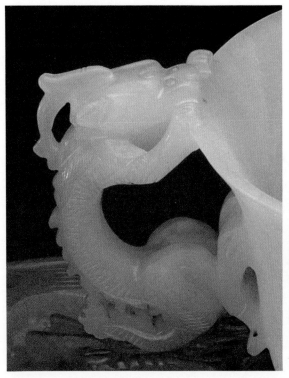
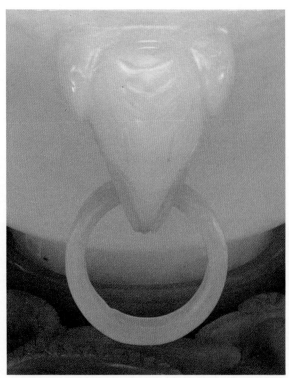

青白玉。器由杯和托盤組成。圓撇口，圈足，光素無紋，兩側各鏤雕一拱體龍為耳，一面高浮雕象首並套活環。托盤青色，長方形，四角內凹，角上各施一垂雲紋。寬邊飾陰刻迴紋。中心凸起為杯托，可納杯足。內浮雕兩條舞龍紋。

龍紋、象紋是明清時期極時興的紋飾。此器原為明宮帝王用物，寓意"太平有象"。有太平盛世之意。

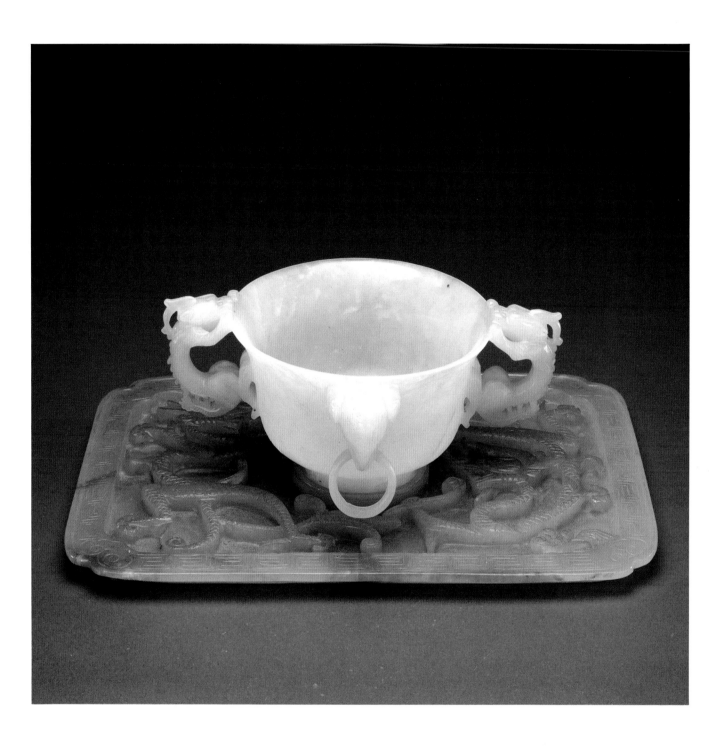

玉桃式杯
明
高6厘米 口徑10.1×8.5厘米
足徑4厘米
清宮舊藏

Jade peach-shaped cup
Ming Dynasty
Height: 6cm　Diameter of mouth: 10.1×8.5cm
Diameter of foot: 4cm
Qing Court collection

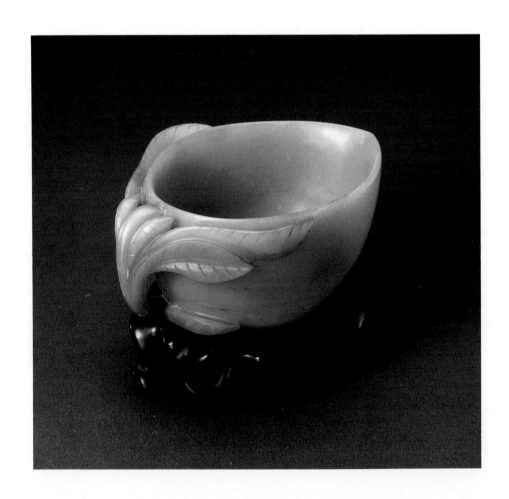

新疆優質青玉。杯呈桃式，中空，以透雕連體枝葉為柄，口沿後半部對稱
的琢飾四片桃葉及雙葉苞，桃枝沿體向下，末端盤為環狀足形。

桃式杯，含長壽之意。明代，特別是明中晚期，因受道教的影響，桃形器
極為盛行，此為一證。

玉鏤雕葵花式杯

明
長13厘米 寬9厘米 高4.5厘米
清宮舊藏

Jade mallow-shaped cup, openwork
Ming Dynasty
Length: 13cm Width: 9cm Height: 4.5cm
Qing Court collection

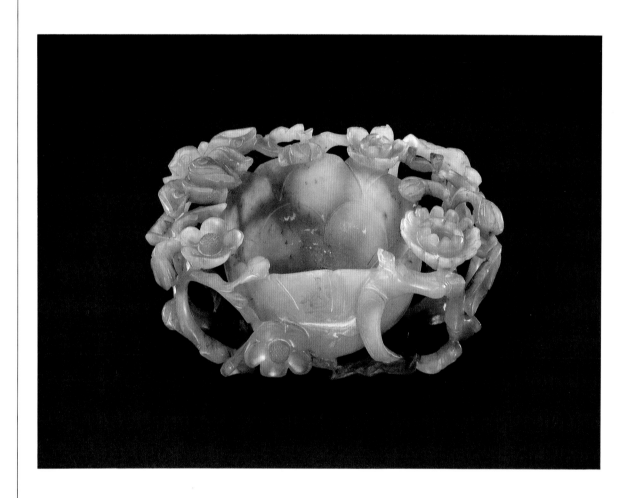

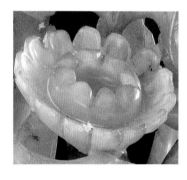

青玉。杯身作葵花式，內外壁均雕花瓣形，杯內凸起網狀紋的花蕊。杯外鏤雕菊花、桃花、蓮花、梅花及枝葉，纏繞於杯壁四周，並以枝葉為杯足。

明代玉杯的形制多種多樣，飾紋豐富多彩。尤以透雕花果形杯為多，並出現了大量的吉祥圖案，涉及到社會生活各個方面，常見的有神仙、壽字及靈芝、桃、梅、竹、蘭、菊、蓮、鹿、鶴等。此件玉杯是以各種花卉寓意吉祥的佳作。

199

玉竹節式杯

明

高10.5厘米 口徑7.5×3.9厘米

清宮舊藏

Jade bamboo-joint-shaped cup

Ming Dynasty

Height: 10.5cm Diameter of mouth: 7.5×3.9cm

Qing Court collection

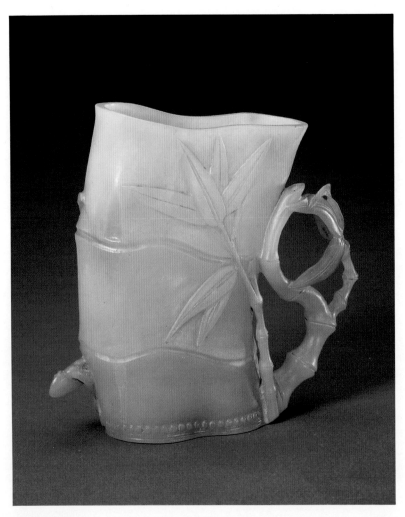

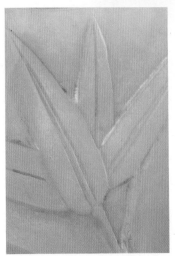

玉料青色，外表有玻璃光澤感，局部有黃色沁。杯呈扁圓竹節筒狀，中空，以一竹節為杯底，一捲曲鏤雕竹節為柄，前後各浮雕一組竹葉。

明代喝茶飲酒之風盛行，故玉杯的數量與日俱增。明中晚期文人常以清高作為生活上追求的目標，因而以"歲寒三友"——松竹梅為內容的作品廣泛流行。這種藝術潮流在玉雕製品上也常出現，其中用竹子作圖案，就是上述思潮的體現，也是明代中晚期盛行的諸多吉祥圖案中的一種。

玉 "英雄" 杯

明
通高9.9厘米 雙連口徑8.4厘米
足徑7.5厘米 單口徑4厘米

Jade double-tube-shaped cup decorated
with an eagle stepping on a crouching bear
Ming Dynasty
Overall height: 9.9cm Diameter of double mouth: 8.4cm
Diameter of foot: 7.5cm Diameter of single mouth: 4cm

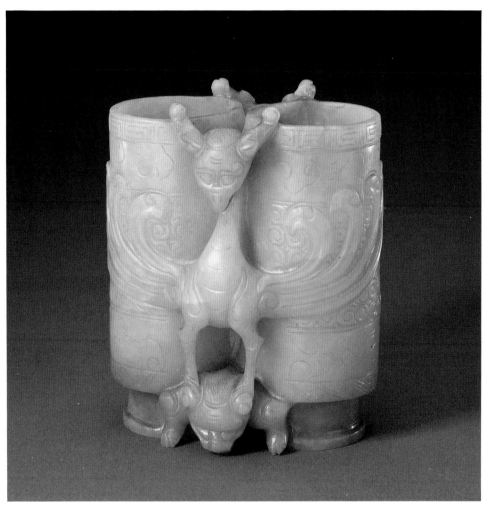

正面

青玉，局部有黃色沁。器為雙筒形，兩筒間有一展翅鷹，腳下踩有一伏地熊。

此器造型構思巧妙、新穎，紋飾雕琢寬粗，有些陰刻線在轉折連接處不甚緊密連貫，具有典型的明代中晚期北方玉器的特點，即鑒賞家們常說的 "粗大明"。杯體上以鷹、熊諧音 "英雄"，故名 "英雄" 杯。

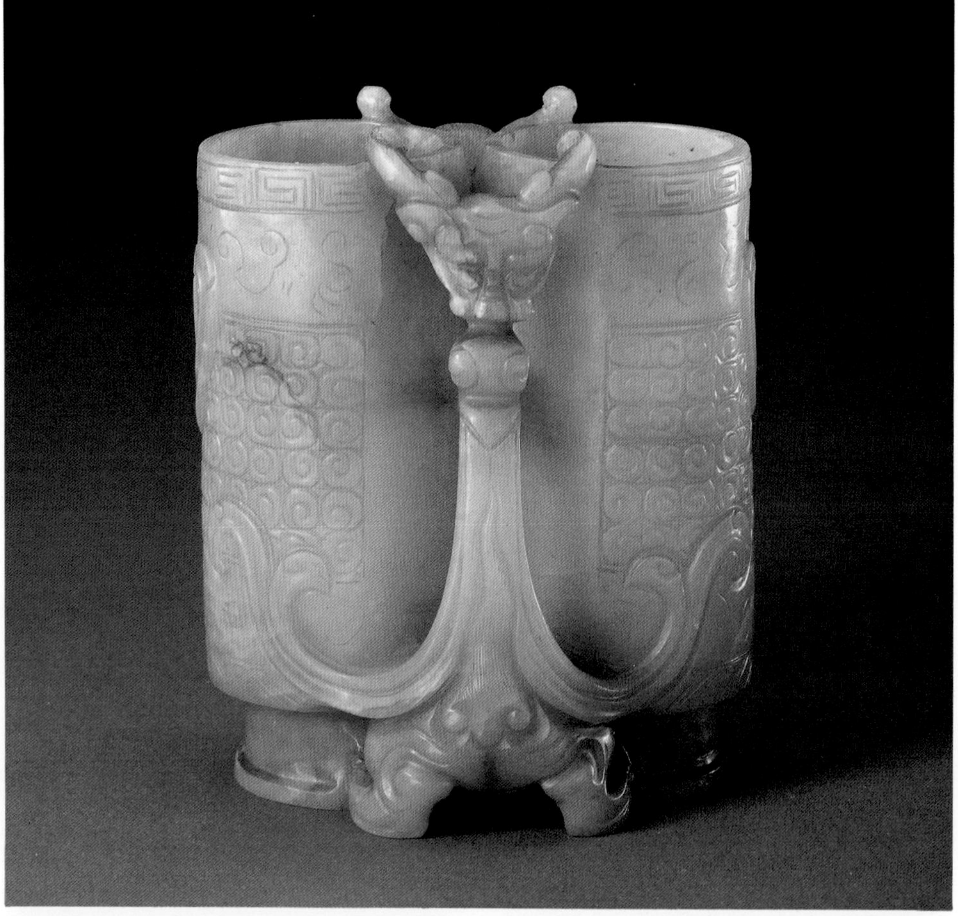

背面

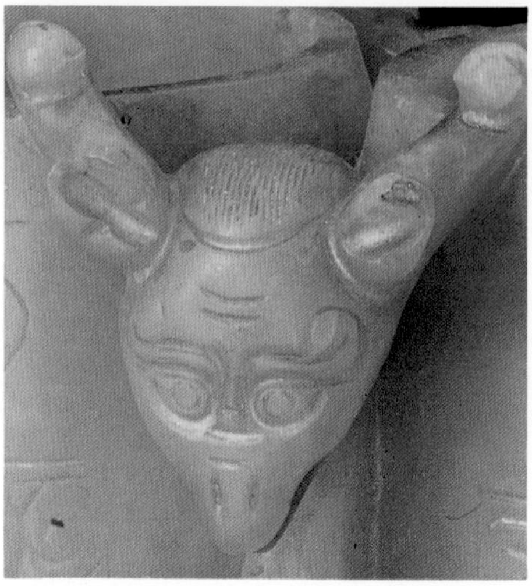

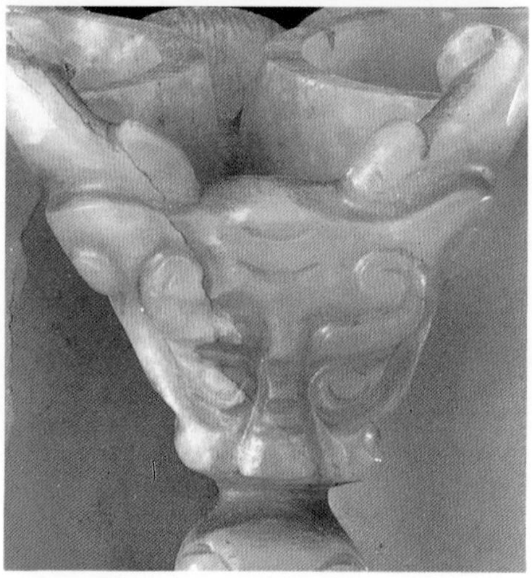

玉"英雄"合卺杯
明
高10.4厘米
口徑3.75×4.05厘米 3.85×4.05厘米
清宮舊藏

Jade double tube-shaped cup decorated

with an eagle seizing a bear
Ming Dynasty
Height: 10.4cm Diameter of mouth: 3.75×4.05cm 3.85×4.05cm
Qing Court collection

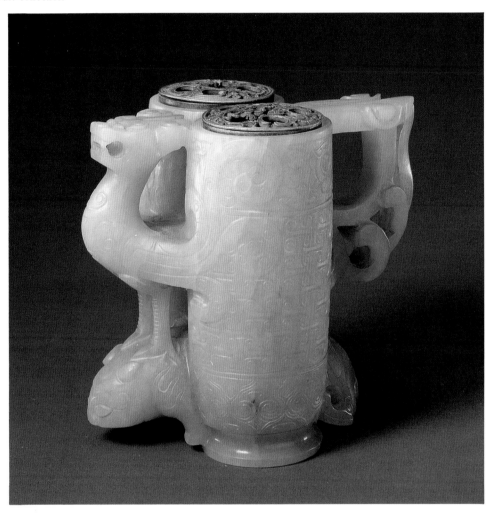

玉料青白色，局部有淺褐色斑沁。體為兩圓筒連成。筒上線浮雕簡化迴龍
紋，兩筒間夾抱鷹和熊各一。熊在下，四肢着地，垂首。鷹在上，雙爪攫
熊耳，雙翅分開貼於兩側筒壁，尾於杯後側並於其上透雕一獸首，其下飾
分開的帶式紋並與熊尾相連。

此器上的鷹與熊為主紋飾，鷹熊諧音"英雄"。"英雄"杯始見於明，清
代亦有仿作。"英雄"杯原為酒器，清代於其內作一銅鍍金飾，以供插花
用。

玉松林策杖紋斗式杯
明
高6.8厘米 口徑13厘米 足徑9.4厘米
清宮舊藏

Jade square cup with design of
an old man walking among pine trees
Ming Dynasty
Height: 6.8cm
Diameter of mouth: 13cm
Diameter of foot: 9.4cm
Qing Court collection

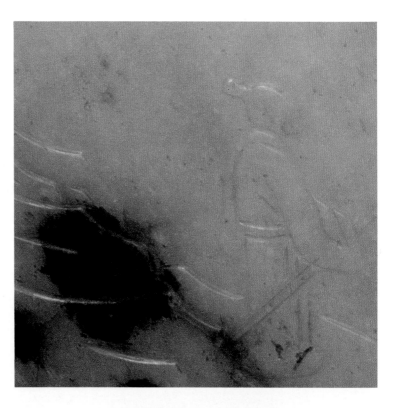

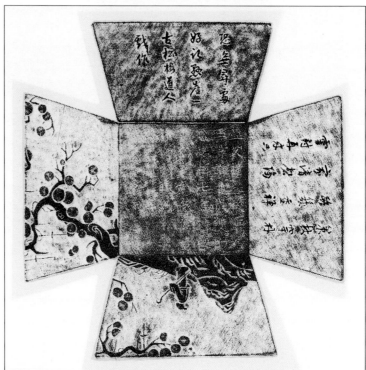

拓片

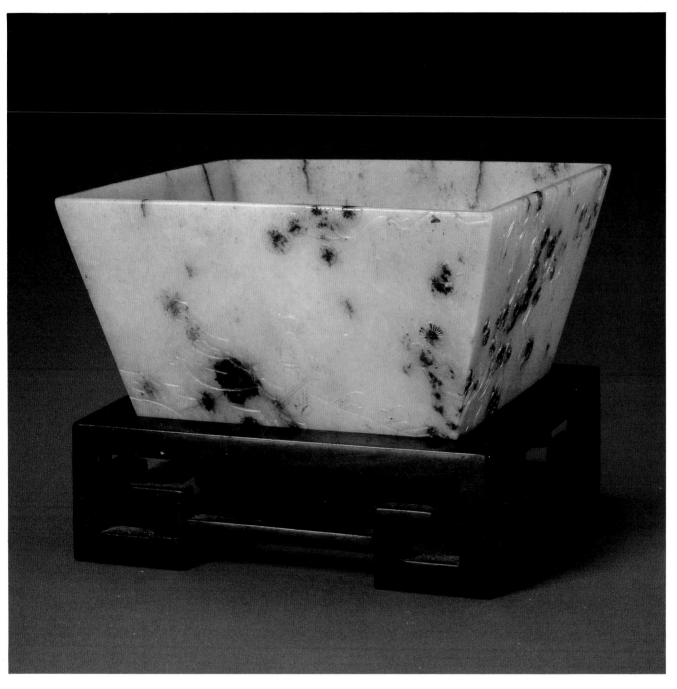

玉料青灰色，內含大片暗褐沁斑。器呈方斗形，平底。內壁光素，外壁淺浮雕一老人策杖漫步於松林之中。身後山石橫臥，古松連天。並有陽文草書七絕一首：「策杖穿林路幾重，禪家清磬隔雲封。再來只恐無尋處，好記懸崖一古松」。末署「梅道人戲作。」器底陰刻清乾隆御題楷書五言律詩一首：「亞父撞之後，重為玉斗誰，連成雙面畫，接刻七言詩，迥異俗之態，依然古作詩，藉瑕繪松鬣，思已漸鄰奇。」末署「乾隆癸卯御題」，並琢隸書「幾瑕怡情」方印。

此器倍受乾隆皇帝喜愛，在其上作詩題款，視其為宮中珍寶。

玉鏤雕花耳人物紋杯
明
通耳高5.2厘米　口徑8厘米
足徑4.25×4.35厘米
清宮舊藏

Jade cup with floral-spray-shaped handles in openwork
and decorated with figure design in low relief
Ming Dynasty
Overall height (with the handle): 5.2cm
Diameter of mouth: 8cm
Diameter of foot: 4.25×4.35cm
Qing Court collection

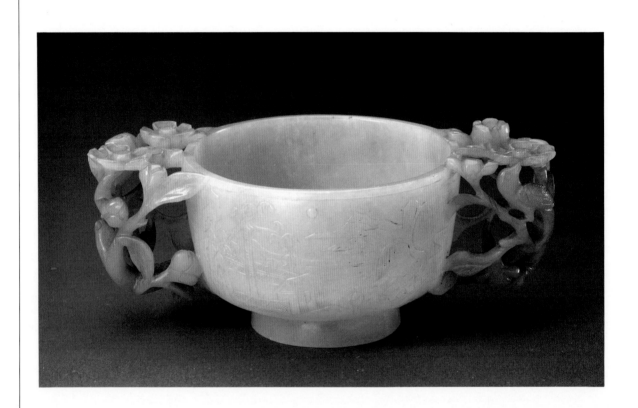

玉料青色。器圓口，圈足，口外以陰線飾弦紋一周，兩側各鏤雕一折枝梅
花和鵲為耳，腹外壁以淺浮雕手法飾山水人物紋，並於一角以剔地陽文草
書五言詩兩句："長鳴白雲靜，高步碧山深"。

明代玉器由於受文人畫的影響，故出現許多代表文人意志，反映文人情趣
的作品。這類玉器多以山水人物間和題詩作主要裝飾內容，本件玉器就是
其中的一件，圖案與當時的文人畫風格相似。

玉"鶴鹿同春"人物紋杯
明
高7.5厘米 口徑7.8厘米 足徑4.7厘米
清宮舊藏

Jade cup with crane, deer and figure design
Ming Dynasty
Height: 7.5cm　Diameter of mouth: 7.8cm
Diameter of foot: 4.7cm
Qing Court collection

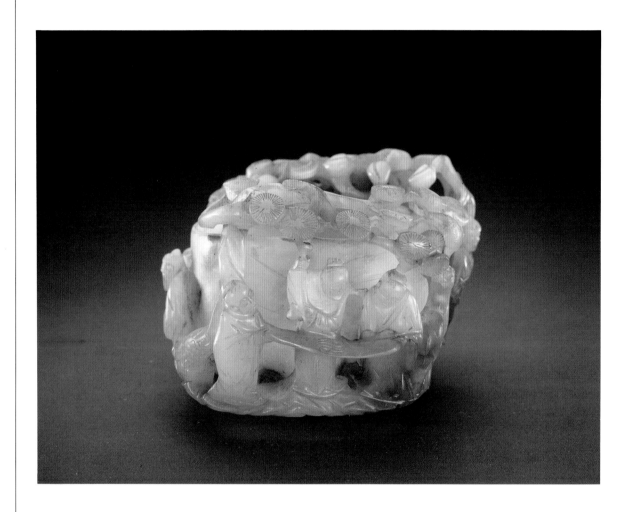

青玉，局部有褐色沁。杯圓形，外壁鏤雕松鶴人物通景圖。圖中三老人於
松樹下，圍觀一畫軸，旁立一鹿，並一展翅欲飛之仙鶴。桃樹下，一老人
雙手攀桃枝，似欲摘桃，山石一側，一老人傍一童子而立，二老人對弈而
坐。近足處飾有靈芝、水仙、竹枝等。

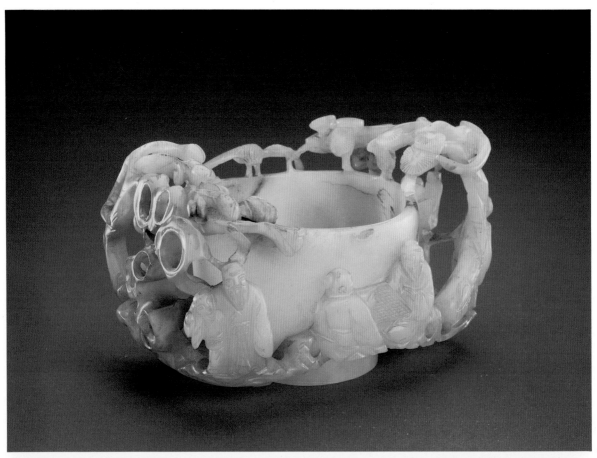

正面

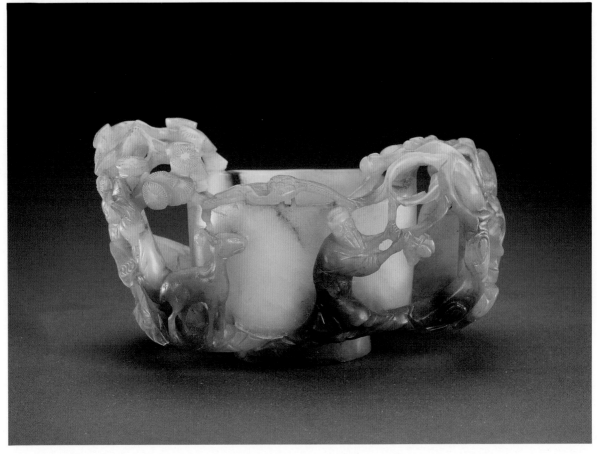

背面

266

玉蓮花式執壺
明
高15.6厘米 口徑9.7厘米 足徑7.7厘米
清宮舊藏

Jade lotus-shaped ewer
Ming Dynasty
Height: 15.6cm Diameter of mouth: 9.7cm
Diameter of foot: 7.7cm
Qing Court collection

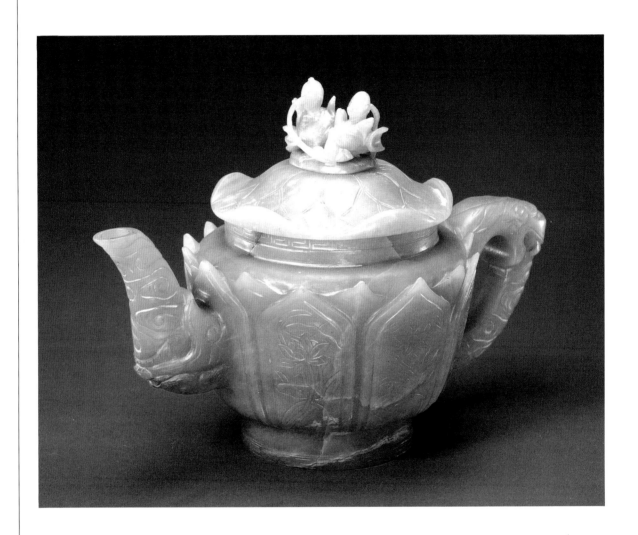

玉料青色，內有瑕斑。執壺由蓋和器兩部分組成。壺作圓形口和足，獸吞
流和柄，並雕雲紋。壺身如盛開的蓮花，外層的花瓣上分別雕飾芙蓉花、
蘭花、梅花、菊花等六種花卉紋。蓋為荷葉形，邊緣上捲，頂鏤雕雙鴛鴦
臥蓮鈕。

明代玉執壺的造型受瓷器等工藝的影響，改變了玉雕中的仿古風格，圖案
更加豐富，造型多種多樣，除蓮花式較常見外，還有荷花式、竹節式、八
方式等等。多飾吉祥圖案。宮廷使用的玉執壺則多雕有壽字，造型渾厚，
雕工剛勁有力。

玉八仙紋執壺

明
通高27厘米　口徑7.8×6厘米
足徑8.2×6.5厘米
清宮舊藏

Jade ewer with Eight Immortals design
Ming Dynasty
Overall height: 27cm　Diameter of mouth: 7.8×6cm
Diameter of foot: 8.2×6.5cm
Qing Court collection

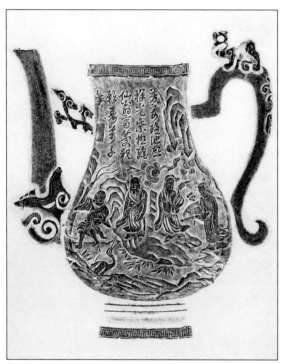

拓片

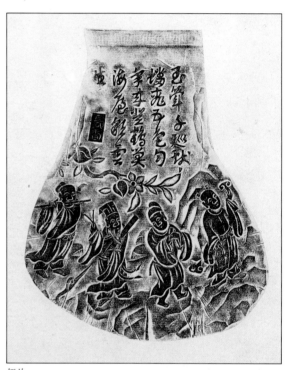

拓片

玉料青色。體為扁圓形，細頸闊腹，圈足，兩面雕有八仙、花草及山石等圖案，口沿及足刻有一圈山字紋，夔形柄，上有一鏤雕獸。頸部有兩首剔地陽文草書五言詩，其一為："王母千巡獻，蟠桃五色勻。年來登鶴算，海屋彩雲生。"末署"長春"。其二："芳宴瑤池熙，祥光紫極纏。仙翁齊慶祝，願壽萬千年。"末署"永年"。蓋鈕鏤雕壽星騎鹿，蓋緣亦刻山字紋一周。

執壺是明代玉器中極有特點的玉器皿，造型往往受瓷器、紫砂器等其他工藝的影響。圖案豐富多彩，其中有些是受道教的影響，八仙圖案即為其一，多見於明代中、晚期。

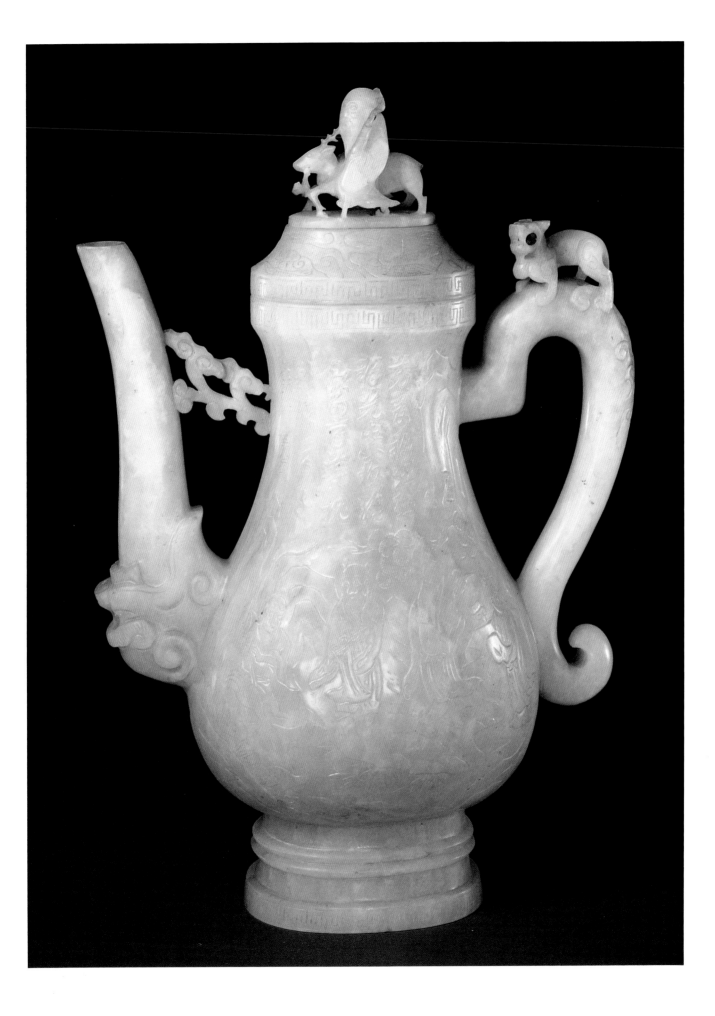

玉"壽"字執壺

207

明

通寬29厘米　通蓋高34厘米

口徑8-11厘米

清宮舊藏

Jade ewer with character "Shou"

Ming Dynasty

Overall width: 29cm　Overall height: 34cm

Diameter of mouth: 8-11cm

Qing Court collection

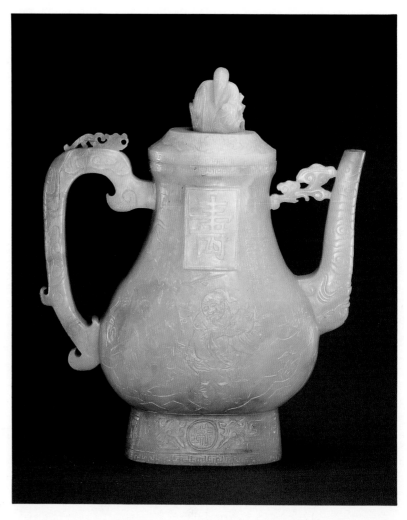

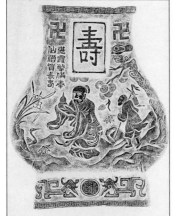

拓片

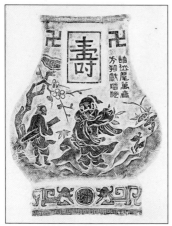

拓片

玉料青白色，局部有褐色斑沁。體扁圓，寬腹，圈足略外撇。器由蓋和壺體兩部分組成，壺口呈長方委角形，頸部兩面各雕刻一陽文"壽"字；腹部兩面淺浮雕人物，間點綴松、竹、梅和靈芝等紋飾。獸首流，頸與流口鏤雕靈芝相連，螭形柄，柄上鏤雕一立態的龍。蓋鈕為一坐態的壽星，身旁一鹿為伴。

此器以長壽為主題，是明代中晚期典型的作品。惟此器造型典雅，器大厚重，為所見之最。

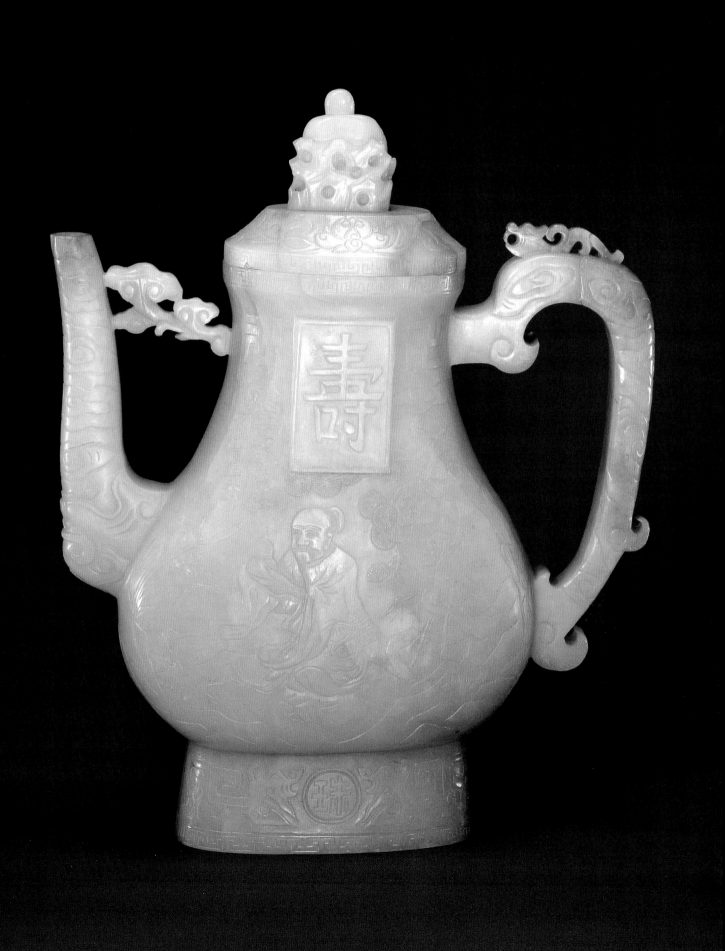

208

玉海東青啄雁飾
明
長5.5厘米　寬3.3厘米　厚1.4厘米

Jade ornament with design of
an aquila making a grab at a wild goose
Ming Dynasty
Length: 5.5cm　Width: 3.3cm
Thickness: 1.4cm

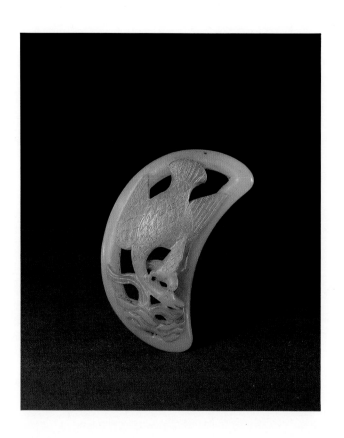

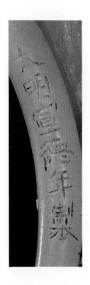 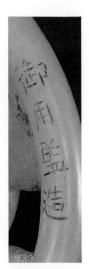

玉料青白色，局部有淺土色斑沁。體呈月牙形。正面透雕一大雁隱藏於蘆葦叢中，一海東青啄其頭。背部為月牙形環，一側陰刻"大明宣德年製"，一側陰刻"御用監造"。

此類玉器，宋元間極多，明代較少，而琢刻有年款者，所知僅此一件，十分珍貴。

玉狗
明
長7.3厘米　寬2.4厘米　高3厘米
清宮舊藏

Jade dog
Ming Dynasty
Length: 7.3cm　Width: 2.4cm　Height: 3cm
Qing Court collection

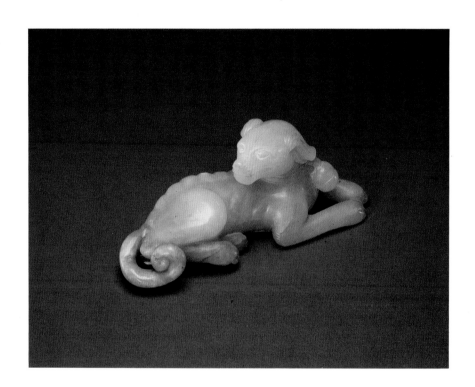

玉料青白色，局部有褐色斑沁。器圓雕一狗伏臥狀，前爪前伸，回首後視，兩耳下垂，頸繫一鈴鐺，尾彎捲。

此狗造型逼真，形態雕琢得非常準確，給人一種真實感。

玉狗的出現，早在商代已見，此後消失。及至唐宋時復又出現。唐宋玉狗未見有出土，故此器年代或可能早於明而為宋代物。

玉銜靈芝臥鹿
明早期
長9.8厘米　高5.8厘米
清宮舊藏

Jade crouching deer with
Lingzhi in its mouth
In the early part of Ming Dynasty
Length: 9.8cm　Height: 5.8cm
Qing Court collection

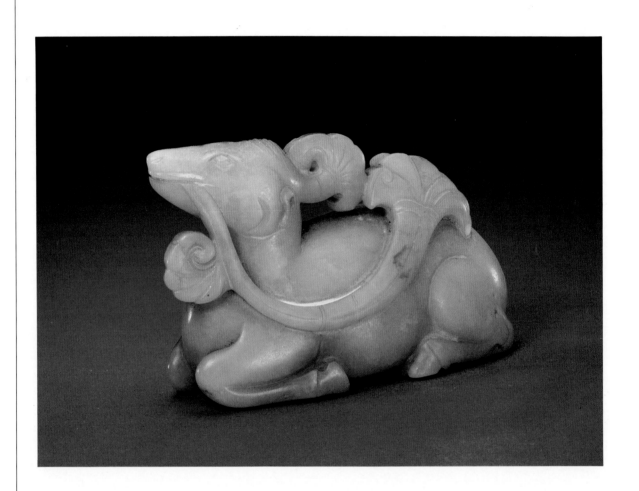

玉料青色，稍有黃色沁。全器立雕成一臥鹿，無角，短尾，頭頂琢靈芝，
嘴銜靈芝一莖。雕刻粗放，構思獨特。

明代吉祥圖案，涉及社會生活的各個方面，並直接反映在玉雕技藝上。此
器上的鹿和靈芝都是明代吉祥圖案中的組成部分。

明代玉獸是在漢代獸形玉鎮、玉水丞的傳統上發展起來的。是明代玉雕中
一種與眾不同的雕琢形式。

此器可用作書鎮或陳設。

玉"一團和氣"圖飾
明中期
徑9.1厘米　最厚1.5厘米
清宮舊藏

Jade ornament with design of
an amicable old man holding a scroll
with characters "*Yi Tuan He Qi*"(harmony)
In the middle part of Ming Dynasty
Diameter: 9.1cm　Maximum thickness: 1.5cm
Qing Court collection

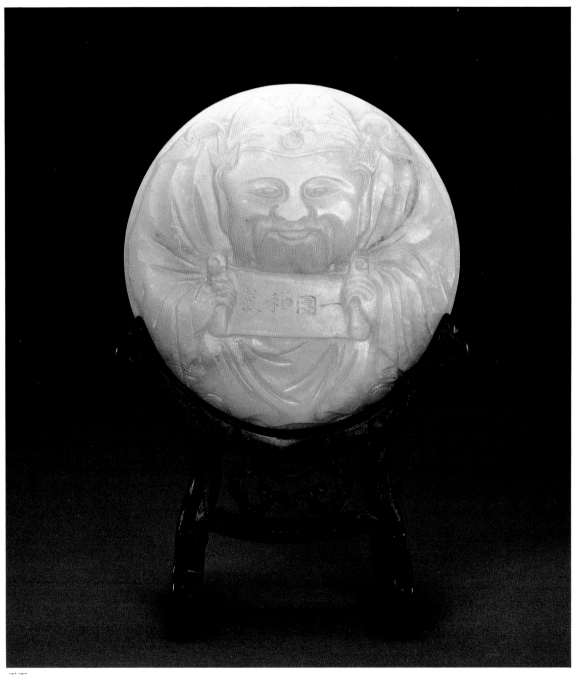

正面

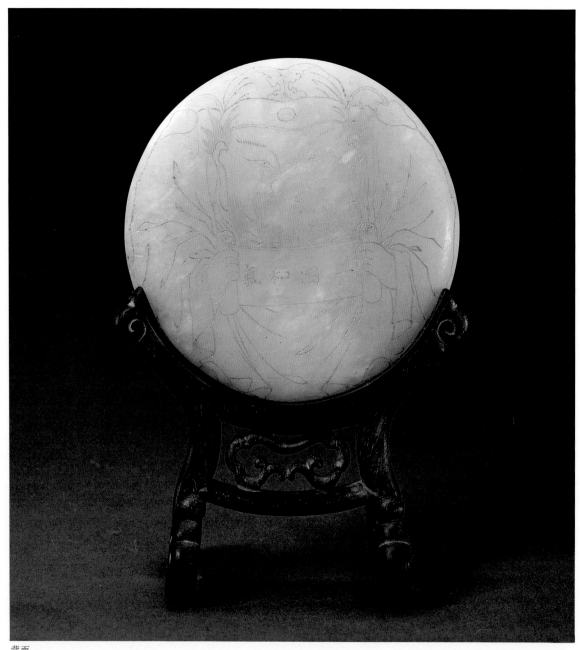

背面

玉料青色。圓形，中間略厚，周邊薄，兩面飾紋雖相同，但琢刻的線條粗細不一，皆作一老人像。頭戴烏紗帽，留長髯，大耳，圓臉，口微張呈歡笑態，身著寬袖長衣，雙手舉一"一團和氣"四楷字的手卷，捲縮成一團。

"一團和氣"圖紋，已有很久的歷史，一般見於建築裝飾、織物和民間工藝品的圖案等。以玉為飾，此為最早遺物，且所知僅此一件。關於"一團和氣"的典故來歷，據《二程全書》載稱："明道先生，坐如泥人，及接人，渾是一團和氣。"又謂："其人面目親和友善，一見即令人發笑云。"由此可知"一團和氣"圖紋，是明道先生的縮影，其意在於令人發笑歡樂，友善團和。

玉"羲之愛鵝"圖飾
明
邊長6.5×10厘米　厚1.3厘米
清宮舊藏

Jade ornament with design of the great calligrapher
Wang Xizhi holding a book, together with a goose (*Xizhi Ai'e*)
Ming Dynasty
Length of edge: 6.5×10cm　Thickness: 1.3cm
Qing Court collection

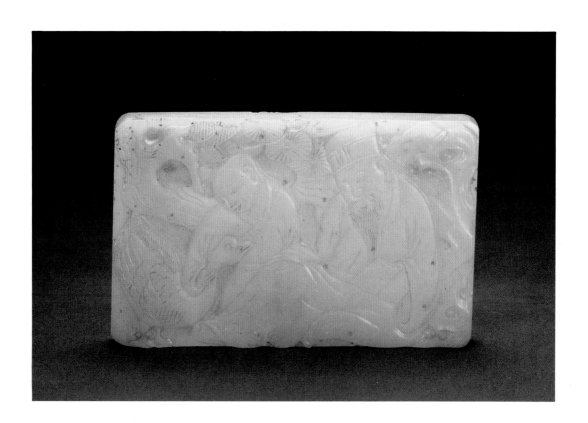

玉料青白色。長方形，正面以淺浮雕和陰線刻法飾一老一少二人，老者長
髯，頭戴紗帽，身著寬袖長衣，一手捧書，呈微笑地端坐於地上狀；少者
為童子，手抱一鵝側坐於長者身前；二人間點綴古松和山石。背面內凹凸
邊，原似一嵌飾。

此器所飾，即"羲之愛鵝"圖。羲之，即王羲之，生於公元321年，卒於
公元379年，字逸少，東晉琊琊臨沂（今山東省境內）人，居會稽山陰
（今浙江紹興），係中國偉大的書法家。據說，王羲之有愛鵝的習慣，並
從家鵝的行水，悟出了用筆的方法，故有"羲之愛鵝"的典故。

玉 "太白醉酒" 圖飾
明
長6.5厘米　寬3厘米　高4.6厘米
清宮舊藏

Jade ornament with design of the great poet Li Taibai
in drink (*Taibai Zuijiu*)
Ming Dynasty
Length: 6.5cm　Width: 3cm　Height: 4.6cm
Qing Court collection

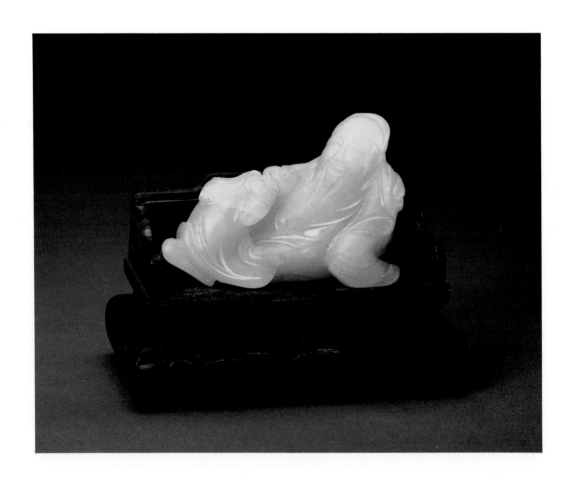

玉料青色。質地瑩潤。器圓雕一老者，頭纏巾，長鬚飄於胸前，右手持一
柄靈芝式如意，左手縮於袖中撐於地，身呈仰臥狀。

所描述的是 "太白醉酒" 圖。太白即唐代偉大詩人李白，常醉酒時吟詩。
為明清時玉器紋圖中重要內容之一。

玉臥鹿壽星嵌飾
明
寬8.5厘米 高11.5厘米 厚5厘米
清宮舊藏

Jade ornament in the shape of
the God of Longevity with a crouching deer
Ming Dynasty
Width: 8.5cm Height: 11.5cm Thickness: 5cm
Qing Court collection

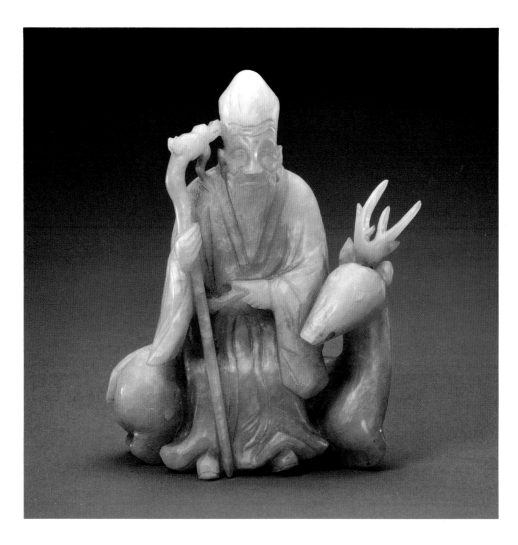

玉料青色，局部有褐色沁。壽星形作長頭，大耳，尖鼻，長髯飄於胸前，
右手拄一龍頭拐杖，左手置於胸，鹿臥於身後，頭依老者之身。角成枝杈
狀，四肢收於腹下，器底有穿而不透孔，可供插嵌用。

壽星、鹿是明代常用的題材。人們以壽星為仙人，以鹿為仙獸，表示長壽
和祿的象徵，在各種場合用以表達祝壽的主題。

玉彌勒坐像
明
底最長7.5厘米　最寬5.5厘米
高6.1厘米
清宮舊藏

Jade statue of seated "Future Buddha"

Ming Dynasty

Maximum Length of bottom : 7.5cm　Maximum width: 5.5cm

Height: 6.1cm

Qing Court collection

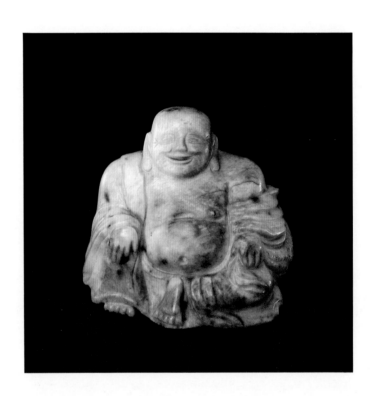

玉料淺黃白色，局部有花斑，似經火燒。彌勒圓雕，身穿單褂，敞胸露懷，雙手扶膝，面帶笑容，盤腿而坐。

彌勒佛，為佛教裏的諸佛之一，彌勒造像早在宋元間就很流行，但玉製彌勒像，此為最早實物之一。

216

玉觀音
明
高26.4厘米
底徑5.4×10.2厘米
清宮舊藏

Jade statue of the Goddess of Mercy
Ming Dynasty
Height: 26.4cm
Diameter of bottom: 5.4×10.2cm
Qing Court collection

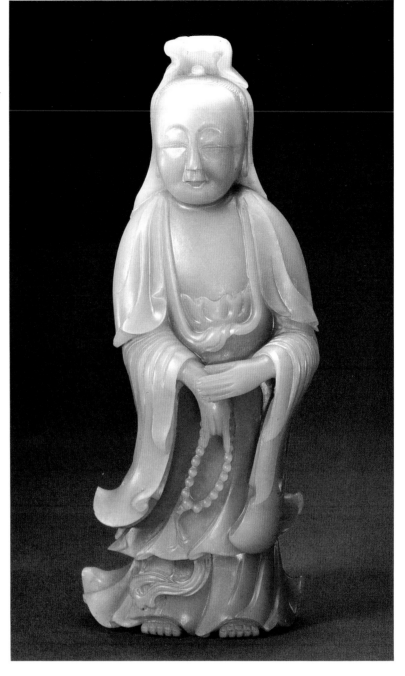

青玉，質瑩潤無瑕。觀音立體圓雕，眠目，直鼻，小嘴，高髻，並飾頭
披。袒胸，身著長衣、長裙、寬肥袖，左手指搭於右腕，右手持念珠。裙
角露雙足，呈直立形。

觀音，即觀世音，為佛教中四大菩薩之一，後因唐諱太宗李世民之名，故
去“世”字，而改名觀音。據稱觀音可應機以種種化身救眾生苦難。佛教
把他描寫為大慈大悲的菩薩。女相觀音造像，約始於南北朝，盛於唐代以
後，早期多為塑像，惟明代始見玉作。

玉觀音送子像
明
高17.2厘米　底寬6厘米
清宮舊藏

Jade statue of the Goddess of Mercy holding a baby
Ming Dynasty
Height: 17.2cm　Width of bottom: 6cm
Qing Court collection

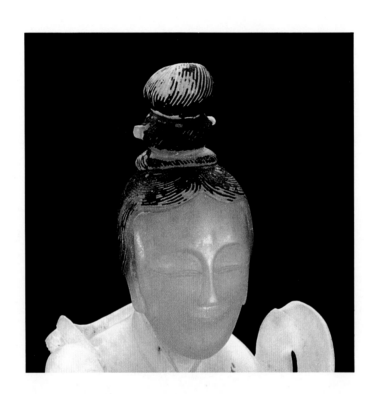

玉料青白色，稍有黃沁。全器雕一站立觀音，雙手托一嬰。

明代玉雕中世俗化的傾向較為明顯，所以玉製品在器型、紋飾等方面都表
現出了更多的與日常生活有關的內容，如人物、動物、吉祥圖案、文人畫
等。這種具有明顯的祈福象徵的"觀音送子"玉雕，就是在以上世俗化背
景中產生的，是一種具有佛教色彩的陳設品。

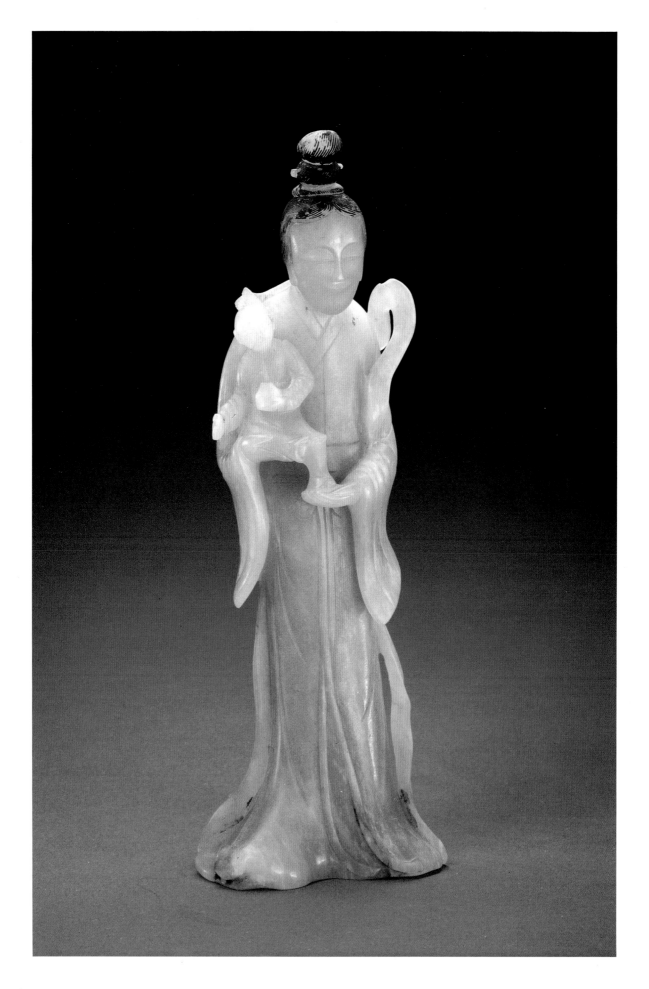

玉福祿壽三星佩
明
長5.4厘米　寬5.25厘米　厚0.8厘米
清宮舊藏

Jade pendant with design symbolizing
the three gods of happiness,
official position and longevity
Ming Dynasty
Length: 5.4cm　Width: 5.25cm　Thickness: 0.8cm
Qing Court collection

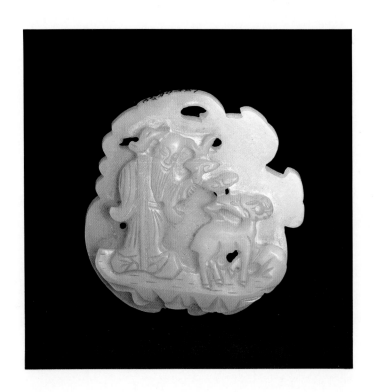

青色"籽"玉，質瑩潤，無瑕斑。佩呈片狀，一面透琢一"福"字；另一面在山石上浮雕手執靈芝的壽星和一頭銜靈芝回首鹿。

福祿壽紋飾，為傳統的吉祥圖案，明清時極流行。其中福有時以手執桃子的福星，或以蝙蝠代替，祿以鹿表示，壽以松、鶴和壽星表示。這件以福祿壽為圖案的佩飾打破常規，構思精巧，為晚明新穎之作。

玉"子剛"款山水人物紋方盒
明
高6.2厘米 口徑7.8厘米 足徑6厘米
清宮舊藏

**Square jade box with landscape and
figure design and with "*Zi Gang*" mark**
Ming Dynasty
Height: 6.2cm Diameter of mouth: 7.8cm
Diameter of foot: 6cm
Qing Court collection

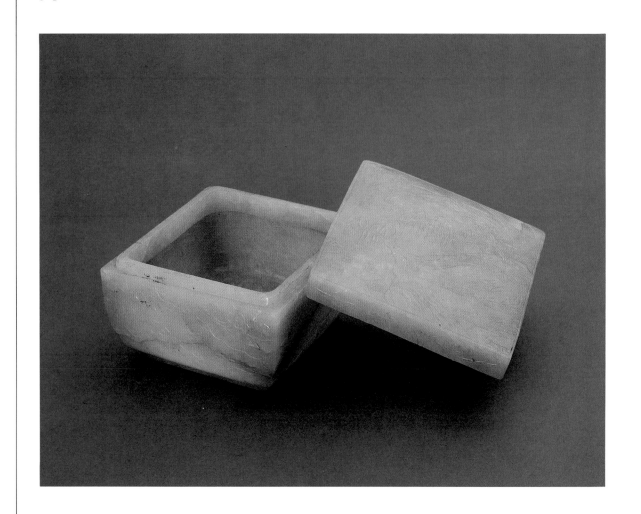

青玉。盒呈方形,蓋面淺浮雕山水人物圖案及"桃紅含宿雨,柳綠帶朝
煙"的詩句。器與蓋的四側邊飾通景的折枝四季花卉紋,即俗稱過枝花卉
的圖案。底有"子剛製"三字款。

子剛,即陸子剛,明代著作中對其有較多的記述,稱其治玉為吳中絕技,
上下百年保無敵手。陸子剛治玉高峰期約在嘉靖至萬曆年間,其作品當時
成為富賈、權貴們追尋和收藏的對象。

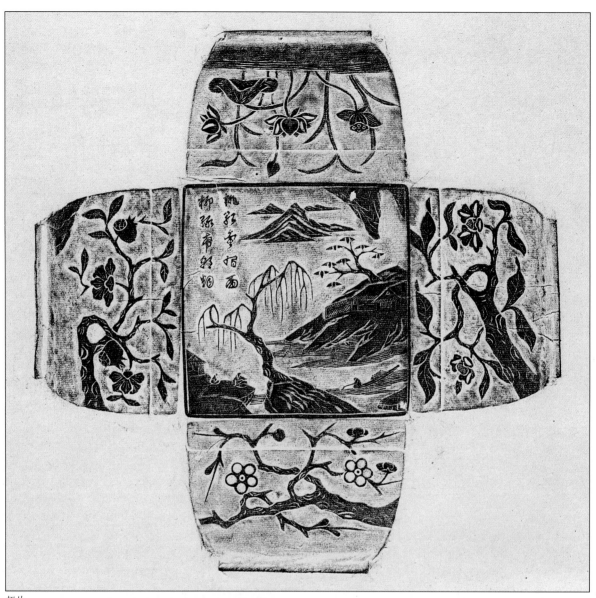

拓片

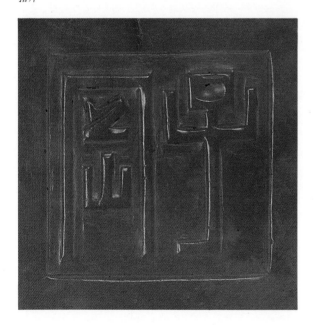

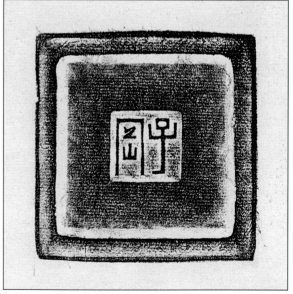

拓片

玉"子剛"款桃式杯
明
高6.1厘米　口徑9.5-10.3厘米
清宮舊藏

Jade peach-shaped cup with "*Zi Gang*" mark
Ming Dynasty
Height: 6.1cm　Diameter of mouth: 9.5-10.3cm
Qing Court collection

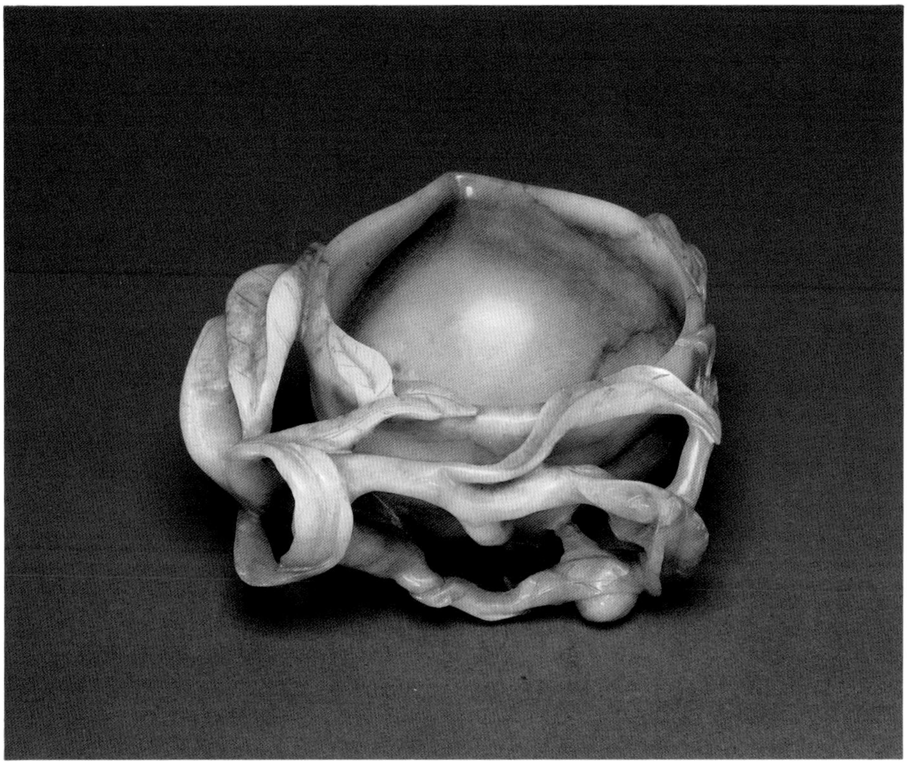

　　青玉，局部有花黑點及黃褐色沁斑。杯體為桃形，鏤雕枝葉為柄，並有部分枝葉繞於杯身。玉杯於口沿下陰刻篆書四言詩一首："君顏如桃，挹而飲之，似盛甘醪，斷瑕甚璧。"末署"子剛製"三字篆書款。

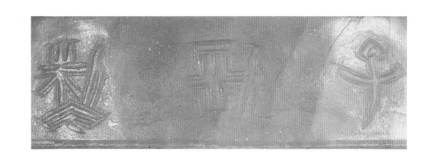

玉"子剛"款合巹杯
明
高8.3厘米 口徑5.8厘米
清宮舊藏

Jade nuptial wine cup with
***"Zi Gang"* mark**
Ming Dynasty
Height: 8.3cm
Diameter of mouth: 5.8cm
Qing Court collection

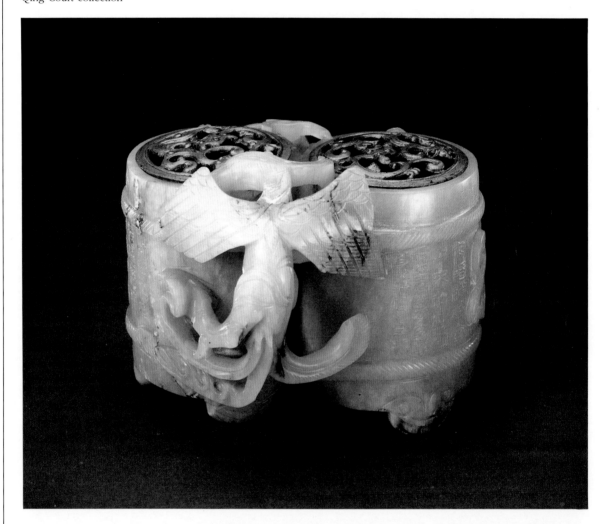

玉料青白色,有褐色沁,足部甚重。杯為兩個圓形直筒器,由繩紋連接而成。底有獸首足,一面鏤雕一鳳作杯把,另一面凸雕分別趴於兩筒壁的雙螭。兩螭之間,在繩紋結紮口上琢一方形飾,上有"萬壽"二隸書銘。杯身兩側分別有隸書銘文各一組和杯名及款識各一。其中一組銘文是:"濕濕楚璞,既用既琢。玉液瓊漿,鈞其廣樂"。末署"祝允明"三字。詩的上部在繩紋之上有"合巹杯"名;另一側的銘文是:"九陌祥煙合,千香瑞日明。願君萬年壽,長醉鳳凰城。"詩上端與"合巹杯"相對稱之處有"子剛製"三篆書款。

此件合巹杯,製作古樸典雅,詩詞富有情趣。祝允明與陸子剛是同時代人,而陸氏所製玉器在當時就名氣極高,其人其物名聞朝野,技壓羣工,可與士大夫匹敵。陸子剛的作品傳世很多,其中一部分出自陸子剛之手,但大多數是後人仿製的。

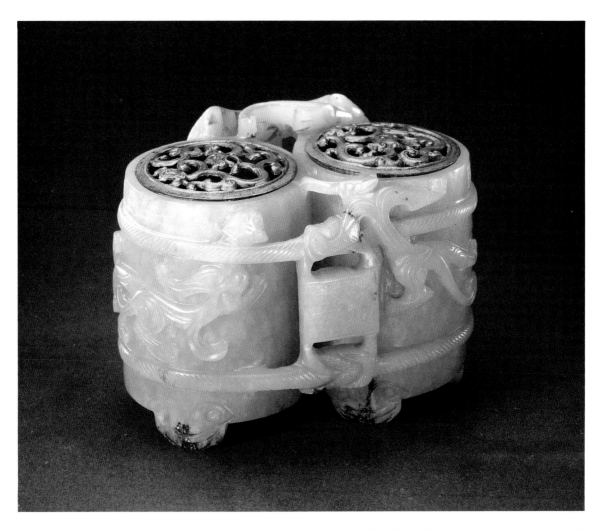

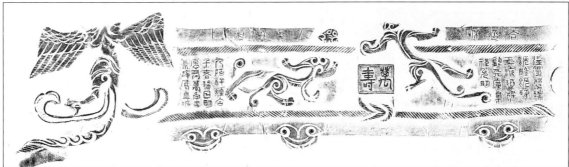

拓片

玉"子剛"款嬰戲紋執壺
明晚期
通高12.3厘米　口徑3.8×6.1厘米
清宮舊藏

Jade ewer with frolic child design
and with "*Zi Gang*" mark
In the latter part of Ming Dynasty
Overall height: 12.3cm Diameter of mouth: 3.8×6.1cm
Qing Court collection.

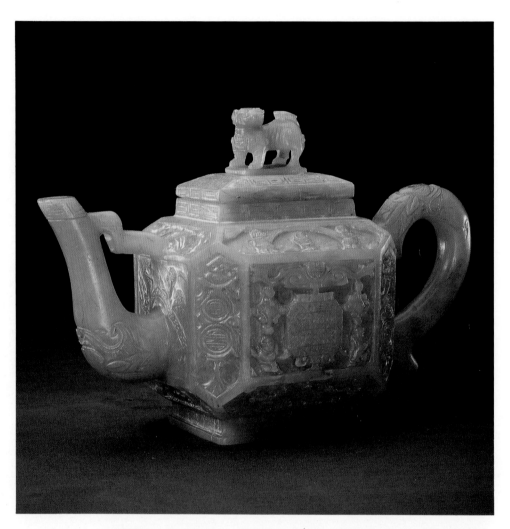

玉料青色，並有黃色沁。器呈四方委角形，弧形柄和曲流上琢花果圖案，
蓋口沿、流嘴處以陰線手法飾迴紋，肩部、腹部及委角處皆開光，內飾嬰
戲圖及剔地陽文的"卐"和"壽"字等；蓋鈕為一立獅，蓋內藏刻"子
剛"二字款。

玉器從明代中期末開始，紋飾逐漸向繁瑣方向轉化，此器即為一例。